Michael Preißer/Stefan Erdmann/
Eike Giersdorf/Timo Möllers

Umwandlungsrecht

2021
HDS-Verlag
Weil im Schönbuch

HDS
Verlag

Bibliografische Information der Deutschen Nationalbibliothek
Die Deutsche Nationalbibliothek verzeichnet diese Publikation
in der Deutschen Nationalbibliografie; detaillierte bibliografische Daten
sind im Internet über http://dnb.de abrufbar

Gedruckt auf säure- und chlorfreiem, alterungsbeständigem Papier

ISBN: 978-3-95554-721-9

www.hds-verlag.de
info@hds-verlag.de

Einbandgestaltung: Peter Marwitz – etherial.de
Layout: HDS-Verlag
Druck und Bindung: WIRmachenDRUCK GmbH

Printed in Germany
2021

HDS-Verlag Weil im Schönbuch

Die Autoren

Prof. Dr. Dr. h.c. Michael Preißer ist Partner der Steuerberatungsgesellschaft PRS – Preißer von Rönn Schultz-Aßberg in Hamburg. Er ist als pensionierter Professor Studiengangsleiter des Masterstudiengangs „Master of Taxation" an der Leuphana Universität Lüneburg.

Stefan Erdmann Steuerfachangestellter, Bachelor of Arts (B.A.); Master of Laws (LL.M.) im Steuerrecht. Seit 2020 Steuerberater. Er ist als angestellter Steuerberater bei der Kanzlei Fischer – Wirtschaftsprüfer und Steuerberater in Hamburg tätig.

Eike Giersdorf hat nach einem Dualen Studium zum Bachelor of Science (B.Sc.) in Finance und Bankkaufmann mehrere Jahre als Firmenkundenberater innerhalb der Sparkassenorganisation gearbeitet. Während seiner anschließenden Tätigkeit bei PricewaterhouseCoopers im Bereich Wirtschaftsprüfung und Steuerberatung absolvierte er einen Studiengang zum Master of Laws (LL.M.) im Steuerrecht und legte das Steuerberaterexamen erfolgreich ab. Er betreut als Steuerberater kleinere und mittlere Unternehmen sowie Privatpersonen.

Timo Möllers, Wirtschaftsjurist, Ausbildung als Rechtsanwaltsfachangestellter, im Anschluss Studium Bachelor of Laws (LL.B.) im allgemeinen Wirtschaftsrecht. Er arbeitet als Wirtschaftsjurist bei GvW Graf von Westphalen in Hamburg und absolviert derzeit berufsbegleitend sein Master of Laws (LL.M.)-Studium im Bereich des Wirtschaftsrechts mit dem Schwerpunkt Corporate & Business Law an der Leuphana Universität Lüneburg.

Vorwort

In Gesprächen mit Juristen kommt oftmals zum Vorschein, dass die komplexe Materie des Umwandlungsrechts – abgesehen von einem gesellschaftsrechtlichen Schwerpunkt – in der juristischen Ausbildung nicht konkret, vertieft und präsent behandelt wird. Für ergänzende Module an Universitäten oder Hochschulen oder auch in spezialisierten Masterstudiengängen fehlen häufig grundlegende Kenntnisse des Stoffes.

In diesem Buch wird das Umwandlungsrecht ausgehend von einem zivilrechtlichen Vorverständnis so präsentiert, dass neben der Vermittlung des Gesetzesstoffes die Hintergrundinformationen mitgeliefert werden, um die Zielsetzung der einzelnen Umstrukturierungen zu verstehen.

Für ein noch tiefergehendes Verständnis der Umstrukturierungsmöglichkeiten mit all seinen Zusammenhängen sind teilweise Inbezugnahmen des Umwandlungssteuergesetzes (UmwStG) im Buch zu finden. Für eine noch tiefere und detailliertere Auseinandersetzung mit der Materie und der Wechselwirkung zwischen dem UmwG und dem UmwStG empfiehlt sich das Buch „Umwandlungsrecht/Umwandlungssteuerrecht" derselben Autoren beim HDS-Verlag.

Da das Vorwort bei Büchern trotz des Namens zumeist erst am Ende der Fertigstellung des Textes verfasst wird, ist an dieser Stelle noch darauf hinzuweisen, dass sich das vorliegende Werk mit etwaigen Änderungen zum Personengesellschaftsrecht auf Grundlage des Mauracher Entwurfes der eingesetzten Expertenkommission befasst hat, zwischenzeitlich aber auch der Referentenentwurf vorgelegt wurde. Für eine vertiefte Beschäftigung mit diesem Entwurf empfiehlt sich ein Blick auf die Internetseite des Bundesministeriums der Justiz und für Verbraucherschutz (www.bmjv.de).

Die Leser sind aufgefordert, dem Autorenteam ihre Erfahrungen mitzuteilen, um die 2. Auflage – interaktiv – zu optimieren.

Hamburg, im Dezember 2020 **Die Autoren**

Inhaltsverzeichnis

Abkürzungsverzeichnis

A

a.A.	anderer Ansicht
Abb.	Abbildung
Abs.	Absatz
AEUV	Vertrag über die Arbeitsweise der Europäischen Union
a.F.	alte Fassung
AG	Aktiengesellschaft
AktG	Aktiengesetz
AO	Abgabenordnung
Art.	Artikel
Aufl.	Auflage

B

BetrVG	Betriebsverfassungsgesetz
BewG	Bewertungsgesetz
BFH	Bundesfinanzhof
BFH/NV	Sammlung amtlich nicht veröffentlichter Entscheidungen des BFH (Zeitschrift)
BGB	Bürgerliches Gesetzbuch
BGBl	Bundesgesetzblatt
BGH	Bundesgerichtshof
BMF	Bundesministerium der Finanzen
Brexit	Austritt des Vereinigten Königreichs Großbritannien und Nordirland aus der Europäischen Union
BStBl	Bundessteuerblatt (Zeitschrift)
BT-Dr.	Bundestags-Drucksache
Buchst.	Buchstabe

D

d.h.	das heißt
DrittelbG	Drittelbeteiligungsgesetz
Drs.	Drucksache
DStR	Deutsches Steuerrecht (Zeitschrift)
DStRE	Deutsches Steuerrecht-Entscheidungssammlung (Zeitschrift)

E

e.G.	eingetragene Genossenschaft
EG	Europäische Gemeinschaft
EK	Eigenkapital
EStG	Einkommensteuergesetz
EU	Europäische Union
EuGH	Europäischer Gerichtshof
e.V.	eingetragener Verein
evtl.	eventuell
EWIV	Europäische wirtschaftliche Interessenvereinigung
EWR	Europäischer Wirtschaftsraum

F

f.	folgende/r/s
ff.	fortfolgende
FG	Finanzgericht
FKVO	EG-Fusionskontrollverordnung

G

GBO	Grundbuchordnung
GbR	Gesellschaft bürgerlichen Rechts
gem.	gemäß
Ges-RL 2017	Richtlinie (EU) 2017/1132 des Europäischen Parlaments und des Rates vom 14.06.2017 über bestimmte Aspekte des Gesellschaftsrechts
GG	Grundgesetz
ggf.	gegebenenfalls
GmbH	Gesellschaft mit beschränkter Haftung
GmbHG	Gesetz betreffend die Gesellschaften mit beschränkter Haftung
GrS	Großer Senat des BFH
GuV	Gewinn- und Verlustrechnung
GWB	Gesetz gegen Wettbewerbsbeschränkungen

H

h.A.	herrschende Auffassung
HGB	Handelsgesetzbuch
h.M.	herrschende Meinung
HS	Halbsatz

I

IDW	Institut der Wirtschaftsprüfer in Deutschland e.V.
i.H.v.	in Höhe von
i.L.	in Liquidation
inkl.	inklusive
i.S.d.	im Sinne des
i.S.v.	im Sinne von
i.V.m.	in Verbindung mit

J

JStG	Jahressteuergesetz

K

KG	Kommanditgesellschaft
KGaA	Kommanditgesellschaft auf Aktien
KStG	Körperschaftsteuergesetz

L

Ltd.	Limited

M

Mio.	Millionen

MitbestG	Mitbestimmungsgesetz
MitbestErgG	Mitbestimmungs-Ergänzungsgesetz
MontanMitbestG	Montanmitbestimmungsgesetz
m.w.N.	mit weiteren Nachweisen

N

n.F.	neue/r Fassung
Nr.	Nummer

O

o.ä.	oder ähnlich
OFD	Oberfinanzdirektion
o.g.	oben genannt(e)
OHG	Offene Handelsgesellschaft
OLG	Oberlandesgericht

R

R	Richtlinie
Rn.	Randnummer
Rz.	Randziffer

S

s.	siehe
S.	Seite, Satz
SE	Societas Europaea, Europäische Aktiengesellschaft
sog.	sogenannte/r/n
SpruchG	Spruchverfahrensgesetz
s.u.	siehe unten

T

Tz.	Textziffer

U

u.a.	unter anderem
u.E.	unseres Erachtens
UG	Unternehmergesellschaft
UmwG	Umwandlungsgesetz
UmwStE	Umwandlungssteuererlass
UmwStG	Umwandlungssteuergesetz
UStG	Umsatzsteuergesetz
u.U.	unter Umständen

V

VAG	Versicherungsaufsichtsgesetz
vgl.	vergleiche
VO	Verordnung
VVaG	Versicherungsverein auf Gegenseitigkeit
VwGO	Verwaltungsgerichtsordnung

W

WpHG	Wertpapierhandelsgesetz
WpÜG	Wertpapiererwerbs- und Übernahmegesetz

Z

z.B.	zum Beispiel
ZPO	Zivilprozessordnung
zzgl.	zuzüglich

Abbildungsverzeichnis

1. Allgemeines/Verschiedene Umwandlungsarten nach dem UmwG (§ 1 UmwG)

1.1 Einführung

Das Umwandlungsgesetz in der heutigen Form ist am 1. Januar 1995 in Kraft getreten. Vor dem Inkrafttreten des Gesetzes fanden sich Normen zu verschiedenen Kapitalmaßnahmen verstreut in anderen Gesetzen (Kapitalerhöhungsgesetz, Aktiengesetz, Genossenschaftsgesetz, Versicherungsaufsichtsgesetz). Diese Normen hat man sodann im neuen Umwandlungsgesetz kodifiziert und durch neue Möglichkeiten der Umwandlungen ergänzt, um die Regelungen für gleiche Sachverhalte aneinander **anzugleichen** und verschiedene Richtlinien der Europäischen Gemeinschaft **umzusetzen**.

Sogleich wurde mit dieser Kodifizierung die Grundlage für das Umwandlungssteuerrecht geschaffen. Das Umwandlungssteuerrecht ist eine Schwesterdisziplin des Umwandlungsrechts. Es ist zu beachten, dass das Umwandlungsrecht selbst als **Vorrecht** für das Umwandlungssteuergesetz zu sehen ist. Da das Steuerrecht selbst eine eigene Bewertungsmöglichkeit vorsieht (vgl. hierzu § 38 AO), ist das Umwandlungsrecht dem Umwandlungssteuerrecht jedoch nur als **vorherig** und nicht als vorrangig zu bezeichnen (Präzedenz statt Prävalenz). Um sich in das Umwandlungssteuerrecht vertieft einzuarbeiten, sollte man zuvor das vorherige Recht des Umwandlungsgesetzes verstanden haben.

In den Vorüberlegungen zur Gründung einer Gesellschaft kommt grundsätzlich die Frage auf, welche Rechtsform für die Unternehmung am besten geeignet ist. Durch Anpassung an sich ändernde wirtschaftliche oder politische Umstände kann es im Laufe der Zeit dazu kommen, dass eine andere Gesellschaftsform besser geeignet scheint, als die bei der Gründung gewählte, um die Unternehmung durch strukturelle oder organisatorische Veränderungen an eine aktuelle Lage anzupassen. Auch durch die Globalisierung und den stetig wachsenden Konkurrenzdruck durch Wettbewerber bietet es sich gegebenenfalls an, eine Umwandlung in Betracht zu ziehen. Um solche angedachten Maßnahmen umsetzen zu können, ist das Umwandlungsgesetz anzuwenden und umzusetzen.

Das Umwandlungsrecht kann verschiedene Gelegenheiten bieten, einen Betrieb umzustrukturieren. Oftmals ist im Rahmen einer Umstrukturierung bei Konzernen von einem upstream-merger (Verschmelzung einer Tochter- auf die Muttergesellschaft), downstream-merger (Verschmelzung einer Mutter- auf eine Tochtergesellschaft) oder einem sidestep-merger (Verschmelzung zweier Schwestergesellschaften) zu lesen. Diese besonderen Arten der Verschmelzung werden in Kapitel 2.3 näher betrachtet.

Insgesamt kann die Motivation hinter einer betrieblichen Umstrukturierung verschiedene Gründe haben. Hierzu zählen zum Beispiel:

- Verbesserung der Marktposition (Beispiel: Verschmelzung von zwei Konzernen),
- Bildung von separaten Einheiten am Markt (Beispiel: Gewinnbringender Teilbetrieb wird ausgegliedert), auch für Veräußerung von Teilbetrieben in Sanierungsfällen oder im Falle einer Insolvenz oder eine Ausgliederung in eine Bad Bank (auch Abwicklungs- oder Auffangbank genannt),
- Ausgliederung von Haftungsrisiken (Beispiel: Auslagerung von Pensionsverpflichtungen),
- Trennung von operativem Vermögen vom Rest des Vermögens,
- Vorweggenommene Erbfolge,
- Rückgängigmachung fehlerhafter Verschmelzungen,
- etc.

Mit dem Umwandlungsgesetz haben Unternehmen die Möglichkeit, eine Umstrukturierung vollumfänglich vorzunehmen, ohne dass sie die alte Gesellschaft liquidieren und eine neue gründen müssen. Dies verhindert beispielsweise u.a. die Aufdeckung und die Besteuerung der stillen Reserven im Falle der Liquidation. Zudem findet im Rahmen einer Umwandlung das rechtskomfortable Konstrukt der **Gesamtrechtsnachfolge** Anwendung. Die Vermögensgegenstände müssen also nicht im Wege der Einzelrechtsnachfolge umständlich dokumentiert und einzeln übertragen werden.

Um die Ausführungen der nachfolgenden Kapitel zu den einzelnen Umwandlungsarten verständlicher zu machen, werden als Ausgangspunkt zunächst der Aufbau und die Struktur des UmwG sowie einzelne wichtige Grundlagen erläutert.

1.2 Aufbau und Struktur des Umwandlungsgesetzes

Das Umwandlungsgesetz besteht aus insgesamt sieben Büchern. Das erste Buch befasst sich mit den verschiedenen Möglichkeiten bzw. Arten von Umwandlungen und ist für alle Umwandlungsarten allgemeingültig.

Die Bücher 2 bis 5 umfassen die einzelnen **Umwandlungsarten** und sind zunächst jeweils für sich alleingültig. So normiert das zweite Buch die Verschmelzung, das dritte Buch die Spaltung unter Berücksichtigung der unterschiedlichen Spaltungsformen (Aufspaltung, Abspaltung und Ausgliederung), das vierte Buch die Vermögensübertragung und das fünfte Buch den Formwechsel.

Im sechsten Buch findet man die **Strafvorschriften und Zwangsmittel der Registergerichte** und schließlich im siebten Buch **Übergangs- und Schlussvorschriften**. Diese beiden letzten Bücher sind wiederum für alle Umwandlungsformen allgemeingültig.

Innerhalb des zweiten Buches über die Verschmelzung, des dritten Buches über die Spaltung und des fünften Buches über den Formwechsel gibt es eine weitere einheitliche Unterteilung in jeweils einen ersten Teil über allgemeine Vorschriften (lex generalis) und einen besonderen Teil (lex specialis) mit den jeweils für die beteiligte Rechtsform spezifischen Vorschriften. Die allgemeinen Vorschriften sind dem besonderen Teil vorangestellt, da sie auf alle der in dem besonderen Teil genannten Fälle Anwendung finden, sofern in diesen nichts abweichendes bestimmt ist. Die besonderen Vorschriften sind für die jeweils spezifischen Abschnitte alleingültig. Diesen Aufbau des Gesetzes nennt der Gesetzgeber in seiner Gesetzesbegründung „Baukasten-Technik" (vgl. Gesetzesbegründung, Allgemeines zum UmwG, BT-Dr. 12/6699 vom 01.02.1994). Ein Beispiel für die Wechselwirkung des lex generalis und des lex specialis und wie diese ineinandergreifen, findet man in §§ 8, 9 UmwG im Verhältnis zu § 41 UmwG. Hier hebt § 41 UmwG die Pflicht zur Erstellung eines Verschmelzungsberichts nach §§ 8, 9 UmwG unter bestimmten Voraussetzungen auf.

Strukturell ist zu erwähnen, dass das Umwandlungsgesetz des Öfteren mit **Verweisungen** arbeitet. So finden sich z.B. in § 125 für die Spaltung und § 176 für die Vermögensübertragung zahlreiche Verweise auf den Teil der Verschmelzung. Für den Formwechsel sind in der Regel alle Normen separat und ausführlich aufgeführt, da der Hintergrund, der sich daraus ergibt, dass hier nur ein Rechtsträger beteiligt ist, ein anderer ist als bei den Umwandlungsformen in den Büchern 2 bis 4.

1.3 Anwendungsbereich des Umwandlungsgesetzes (§ 1 UmwG)

Das **erste Buch** des Umwandlungsgesetzes besteht aus lediglich einem Paragrafen. Er bestimmt die Arten der Verschmelzung sowie etwaige Beschränkungen. **§ 1 UmwG** ist gemäß dem erwähnten Baukastenprinzip auf alle Umwandlungsarten in den nachfolgenden Büchern anzuwenden und damit innerhalb des UmwG allgemeingültig.

§ 1 Abs. 1 UmwG gibt eine abschließende Auflistung der Vorgänge (**numerus clausus der Umwandlungsmöglichkeiten**) vor, die unter einer Umwandlung zu verstehen und auf welche das Umwandlungsgesetz anwendbar sind. Hierzu zählen die **Verschmelzung, die Spaltung, die Vermögensübertragung sowie der Formwechsel**. Die Spaltung wird dabei unterteilt in die **Aufspaltung, die Abspaltung und die Ausgliederung**. Die Auflistung ist abschließend, da es aufgrund des im Gesellschaftsrecht herrschenden Typenzwangs keine weitergehenden Möglichkeiten gibt, Umwandlungen vorzunehmen.

Das Gesetz sieht – dem Wortlaut nach – eine Umwandlung nur für Rechtsträger vor, die ihren Sitz im Inland haben. Dabei sind die Begriffe des Satzungssitzes (Definition in § 11 AO) und des Verwaltungssitzes zu beachten. Sofern ein Rechtsträger sowohl Verwaltungs- als auch Satzungssitz in Deutschland hat, kann das UmwG ohne Probleme angewendet werden, wohingegen der Anwendungsbereich des UmwG nicht eröffnet wird, wenn sich beide Sitze außerhalb von Deutschland befinden. Bei einem Auseinanderfallen muss bestimmt werden, welcher Sitz in § 1 UmwG gemeint ist. Die h.M. geht dabei davon aus, dass der Satzungssitz gemeint ist und bezieht diese Auslegung auf andere im UmwG genannte Vorschriften (z.B. §§ 16 Abs. 1, 19 Abs. 1, 26 Abs. 1 UmwG), die sich ebenfalls auf den Satzungssitz beziehen (Drinhausen in Semler/Stengel, Umwandlungsgesetz, 2017, Einl. C, Rz. 19 f.).

Grenzüberschreitende Verschmelzungen sind mit Rechtsträgern aus dem europäischen Ausland unter Beachtung der §§ 122a ff. UmwG aber ebenfalls zulässig, weil sich die Einschränkung auf Umwandlungen Rechtsträger im Inland lediglich auf den Anwendungsbereich des UmwG bezieht (Hörtnagl in Schmitt/Hörtnagl/Stratz, UmwG/UmwStG, 2018, § 1 Rz. 24). Auf den Begriff des Rechtsträgers wird insoweit abgestellt, als dass es nicht notwendig ist, dass ein beteiligter Rechtsträger auch unternehmerisch tätig ist. Er muss als im Rechtsverkehr auftretende Einheit lediglich die Fähigkeit haben, Träger von Rechten und Pflichten zu sein (Heckschen in Widmann/Mayer, Umwandlungsrecht, Stand: September 2020, § 1 UmwG Rz. 15).

Eine Umwandlung als Umstrukturierungsmöglichkeit eines Betriebes ist nach § 1 Abs. 2 UmwG nur innerhalb der im Umwandlungsgesetz geregelten Möglichkeiten möglich, es sei denn sie sind ausdrücklich in anderen Gesetzen vorgesehen (z.B. die Anwachsung nach § 105 Abs. 2 HGB i.V.m. § 738 BGB oder die Verschmelzung von Sparkassen auf Grundlage des jeweiligen Landesrechts). Man spricht bei § 1 Abs. 2 UmwG von einem sogenannten **Analogieverbot**.

§ 1 Abs. 3 eröffnet im Rahmen des Umwandlungsgesetzes gewisse Abweichungsmöglichkeiten, indem er vorgibt, dass es gewisse **Öffnungsklauseln** im Gesetz gibt, sodass vom eigentlich zwingenden Recht des Umwandlungsgesetzes abgewichen werden kann. Dies gilt ebenso für Verträge, Satzungen oder einzelne Willenserklärungen, über die nur vom Gesetz abgewichen werden kann, wenn dies durch eine Öffnungsklausel in den Vorschriften ausdrücklich möglich gemacht wird (so z.B. § 43 Abs. 2 UmwG: Gesellschaftsvertrag kann qualifizierte Mehrheit vorsehen, obwohl Abs. 1 vorgibt, dass alle Gesellschafter zustimmen müssen). Dass der Gesetzgeber das Umwandlungsrecht so gestaltet hat, dass es nur über ausdrückliche Öffnungsklauseln disponibel ist, hängt damit zusammen, dass er das schon rechtskomfortable Institut der Gesamtrechtsnachfolge schützen möchte. Man spricht von der sogenannten **Gesetzesstrenge** (Heckschen in Widmann/Mayer, Umwandlungsrecht, Stand: September 2020, § 1 UmwG, Rz. 21) bzw. bei Kapitalgesellschaften auch von der **Satzungsstrenge** (§ 23 Abs. 5 AktG).

1.4 Gesamtrechtsnachfolge

Der Begriff der **Gesamtrechtsachfolge** ist ein **zentraler Begriff** im Umwandlungsrecht und soll deshalb bereits als Grundlage am Anfang erläutert werden.

Den Tatbestand der sogenannten Gesamtrechtsnachfolge kannte man bis zum Inkrafttreten des Umwandlungsgesetzes am 1. Januar 1995 nur aus dem Erbrecht (§ 1922 BGB). Erst im Laufe der Zeit hat man erkannt, dass eine Gesamtrechtsnachfolge auch im Zusammenhang mit einer betrieblichen Umstrukturierung möglich ist. Es wurde damit zum ersten Mal eine Nachfolgeregelung gefunden, die den sachenrechtlichen Bestimmtheitsgrundsatz der Einzelrechtsnachfolge mehr oder weniger ausklammert.

Diese Regelung hat die Möglichkeiten für privatautonome oder betriebliche Umstrukturierungen erheblich verändert, weil nun Vermögensübertragungen nicht mehr durch viele verschiedene Einzelübertragungen stattfinden mussten. Außerdem sind andere Sachverhalte, wie die Abtretung für Forderungen nach § 398 BGB oder die Zustimmung der Gläubiger nach § 415 BGB weggefallen. Auch die Übertragung von einer Vielzahl von Immobilien ist beispielsweise einfacher geworden, da man nicht für jede einzelne Immobilie zum Notar muss, um die Auflassung nach § 873 i.V.m. § 925 BGB zu erklären. Es gibt in diesem Zusammenhang ein Außerkrafttreten des sachenrechtlichen Bestimmtheitsgrundsatzes, **weil das Vermögen „als Ganzes"** übertragen werden kann. Es ist außerdem ein Vorteil, dass Verträge ebenfalls auf den übernehmenden Rechtsträger automatisch übergehen und nicht neu gefasst werden müssen.

Bei dem Konstrukt der Gesamtrechtsnachfolge handelt es sich um einen gesetzlichen Erwerbstatbestand, weshalb die Vorschriften des gutgläubigen Erwerbs (§ 932 ff. BGB) keine Anwendung finden können. Diese sind lediglich dem Erwerbstatbestand im privaten Zusammenhang zuzuordnen.

Außer der Gesamtrechtsnachfolge nach dem UmwG findet man diese auch noch im Rahmen der An- und Abwachsung nach den §§ 736, 738 BGB, welche vor allen Dingen im Personengesellschaftsrecht (z.B. bei Tod eines Gesellschafters) eine tragende Rolle einnimmt. Bei der An- und Abwachsung ist die Gesamtrechtsnachfolge jedoch beschränkt, da lediglich der Gesellschaftsanteil des Gesellschafters übergeht, nicht jedoch sein gesamtes Vermögen, wie in § 2 UmwG vorgesehen.

1.4.1 Der Begriff der (beschränkten) Gesamtrechtsnachfolge

Im Rahmen der Begriffsbestimmung der Gesamtrechtsnachfolge muss man auch im UmwG zwischen der echten Gesamtrechtsnachfolge und der beschränkten (oder auch partiellen) Gesamtrechtsnachfolge unterscheiden. Das Gegenteil der Gesamtrechtsnachfolge ist die Einzelrechtsnachfolge (Singularsukzession), im Rahmen derer alle Vermögensgegenstände jeweils einzeln (nach dem sachenrechtlichen Bestimmtheitsgrundsatz) bestimmt und sodann übertragen werden.

Die **echte Gesamtrechtsnachfolge** (auch Universalsukzession genannt) beschreibt die Vermögensübertragung als Ganzes kraft Gesetzes in einem Akt (uno actu). Im Gegensatz zur Einzelrechtsnachfolge sind demnach keine dem Bestimmtheitsgrundsatz unterliegenden Einzelübertragungen von Vermögensgegenständen notwendig. Es fallen sowohl Bilanzpositionen der Aktiva als auch Positionen der Passiva unter den Begriff des Ganzen, also z.B. auch die Schulden. Im Rahmen der Gesamtrechtsnachfolge ist ein Ausschluss einzelner Positionen nicht zulässig.

Die **beschränkte Gesamtrechtsnachfolge** (partielle Universalsukzession) beschreibt einen Vorgang, der nur einen Teil des Vermögens in Bezug nimmt, diesen selbst aber als Ganzes in einem Akt (uno actu) überträgt.

1.4.2 Gesamtrechtsnachfolge im Umwandlungsrecht

Bei der Verschmelzung besagt § 2 UmwG, dass eine Vermögensübertragung vom übertragenden Rechtsträger auf den übernehmenden Rechtsträger „als Ganzes" stattfindet, also im Wege der zuvor beschriebenen **echten Gesamtrechtsnachfolge**.

Die **beschränkte Gesamtrechtsnachfolge** findet in der Spaltung Anwendung, indem das Gesetz in § 123 Abs. 1 UmwG von der „Übertragung der Vermögensteile jeweils als Gesamtheit" spricht. Bei der Umwandlung im Wege der Spaltung werden Betriebsteile definiert, die wiederum als Ganzes behandelt werden. Da diese Betriebsteile jeweils nur einen Teil des Gesamtvermögens widerspiegeln, spricht man im Rahmen der Spaltung von der beschränkten Gesamtrechtsnachfolge.

Zu erwähnen ist, dass im Ausland das Konstrukt der Gesamtrechtsnachfolge relativ unbekannt ist. Bei einer Umwandlung unter Beteiligung ausländischer Rechtsträger muss dementsprechend häufig auf die Einzelrechtsnachfolge zurückgegriffen werden. Dabei steht es der Vermögensübertragung nicht entgegen, dass im UmwG für die Gesellschaft mit Sitz im Inland eigentlich die Gesamtrechtsnachfolge vorgesehen ist.

1.5 Steuerrechtliche Auswirkungen von Umwandlungen/ Umwandlungsmaßnahmen

Grundsätzliche steuerliche Auswirkungen können dem Umwandlungssteuergesetz entnommen werden, welche separat vertiefend betrachtet werden müssen. Bereits jetzt soll jedoch einige Grundlagen erläutert werden. Ein erweiterter Überblick der Grundlagen für die in diesem Rahmen ebenfalls zu betrachtenden handelsrechtlichen Bilanzierungsfragen finden sich in den jeweiligen Kapiteln der Verschmelzung (Kapitel 2.2.8) und der Spaltung (Kapitel 3.9).

Im Rahmen der steuerrechtlichen Betrachtung eines Umwandlungsvorganges ist zu beachten, dass sich nicht alle steuerrechtlichen Gegebenheiten für die gewählte Umwandlung im Umwandlungssteuergesetz

(UmwStG) befinden. So existieren Umstrukturierungsmöglichkeiten, die sowohl in das UmwG als auch in das UmwStG Einzug finden, aber auch solche, die lediglich in einem oder sogar in keinem der Gesetze behandelt werden (Widmann in Widmann/Mayer, Umwandlungsrecht, Stand: September 2020, Vorbemerkung § 1 UmwStG, Rz. 2 ff.).

Des Weiteren stellt § 17 Abs. 2 S. 4 UmwG im Umwandlungsrecht eine zentrale Norm dar, weil es danach erlaubt ist, im Rahmen der Verschmelzung mit einer **Rückwirkung** zu arbeiten. Der Anmeldung der Verschmelzung bei einem übertragenden Rechtsträger muss eine Schlussbilanz beigefügt werden. § 17 Abs. 2 S. 4 UmwG erlaubt es, hierbei auf eine Bilanz zurückzugreifen, die höchstens acht Monate (bzw. übergangsweise zwölf Monate (s. hierzu Zusatzinformation in Kapitel 2.2.1.1.1)) alt ist; es kann also jeder beliebige Bilanzstichtag gewählt werden, sofern dieser höchstens acht bzw. zwölf Monate (s. hierzu Zusatzinformation in Kapitel 2.2.1.1.1) vor dem Tag der Anmeldung liegt. Wird bei der Anmeldung der Verschmelzung eine Bilanz eingereicht, die älter als acht bzw. zwölf Monate (s. hierzu hierzu Zusatzinformation in Kapitel 2.2.1.1.1) ist, darf das zuständige Registergericht die Verschmelzung nicht eintragen.

Zweck der 8-Monats-Frist ist vor allen Dingen die Sicherstellung der Aktualität der eingereichten Bilanz, denn durch die Frist kann auf keine ältere Bilanz zurückgegriffen werden. Darauf aufbauend spielt auch die Bilanzkontinuität eine Rolle, denn nach § 24 UmwG kann ein übernehmender Rechtsträger die Anschaffungskosten im Rahmen der Verschmelzung in seiner Jahresbilanz aus den in der Schlussbilanz des übertragenden Rechtsträgers angesetzten Werte übernehmen.

1.6 Die verschiedenen Phasen einer Umwandlung

Der Weg zu einer abgeschlossenen und eingetragenen Umwandlung führt in der Regel über drei Phasen: die **Vorbereitungs-**, die **Beschluss-** und die **Vollzugsphase**. Zum Teil unterscheiden sich die einzelnen Phasen für die unterschiedlichen Umwandlungsarten in ihrem Umfang. Bei einem Formwechsel ist zum Beispiel nicht mehr als ein Rechtsträger beteiligt, weshalb sich die entsprechenden Phasen verkürzen können.

1.6.1 Vorbereitungsphase

In dieser Phase finden alle **vorbereitenden Maßnahmen** statt, die dafür notwendig sind, um die nächsten Phasen (Beschlussphase und Vollzugsphase) erfolgreich zu durchlaufen.

Hierzu zählen insbesondere die Betrachtung, ob eine Umwandlung im Sinne des UmwG überhaupt durchführbar ist, also die formellen Grundlagen vorliegen. Ein grundsätzlicher Bestandteil der Vorbereitungsphase ist zudem die Vertragserstellung (Verschmelzungsvertrag, Spaltungsvertrag bzw. Spaltungsplan oder Übertragungsvertrag), bzw. die Erstellung eines Vertragsentwurfes sowie die Erstellung eines jeweiligen Berichtes und die Überprüfung durch einen unabhängigen Prüfer im Wege eines Prüfungsberichts. Schon in der Vorbereitungsphase sollten außerdem bereits die arbeitsrechtlichen Auswirkungen für die Arbeitnehmer eines Unternehmens näher betrachtet werden.

Ein besonderes Augenmerk sollte in der Vorbereitungsphase für die Verschmelzung zudem auf § 17 Abs. 2 S. 4 UmwG gelegt werden. Dieser lässt zu, dass für die Eintragung der Verschmelzung auf eine acht Monate (bzw. vorübergehend zwölf Monate (s. hierzu Zusatzinformation in Kapitel 2.2.1.1.1)) alte Bilanz zurückgegriffen werden kann. Es ist demnach möglich, eine Bilanz aus dem Vorjahr zu verwenden, auch wenn die Verschmelzung erst in dem aktuellen Jahr eingetragen werden soll. Dies ist eine (auch steuerrechtlich) sehr seltene Möglichkeit, mit einer Rückwirkung zu arbeiten. Wenn die Besteuerungsgrundlagen immer am 31. Dezember eines Jahres für das Jahr festgelegt werden, hat man hierüber sehr große Gestaltungsmöglichkeiten. Wenn im Folgejahr zum Beispiel Wahlen stattfinden und es abzusehen ist, dass es einen Regierungswechsel gibt und die Besteuerungsgrundlagen geändert werden, so kann man hier mit der Rückwirkung arbeiten, um Vorteile über eine Steuersatzänderung für die Umwandlung zu erwirken. Diesen Aspekt der Wahl des steuerrechtlichen Stichtags der Verschmelzung sollte in der Vorbereitungsphase unbedingt beachtet werden, weil die Auswahl der Bilanz eine entscheidende Rolle bei der Umwandlung spielt, da sie auch die Grundlage für die Berechnung des Umtauschverhältnisses darstellt.

1.6.2 Beschlussphase

Die gesamte Vorbereitungsphase läuft darauf hinaus, dass ein Verschmelzungsbeschluss nach § 13 UmwG in der Beschlussphase gefasst wird.

Um eine wirksame Umwandlung beim zuständigen Registergericht anzumelden, muss ein **positiver Beschluss der Anteilsinhaber** der jeweils beteiligten Rechtsträger in einer einzuberufenden Anteilsinhaberversammlung gefasst werden. Die Informationen, auf deren Grundlage sich die Anteilsinhaber entscheiden, stammen aus der Vorbereitungsphase (Vertrag oder Entwurf des Vertrages sowie Bericht und Prüfungsbericht). Die Zustimmungserklärungen der Anteilsinhaber sowie der Beschluss selbst müssen notariell beurkundet werden.

In die Beschlussphase fallen schließlich auch etwaige Einwendungen durch Anteilsinhaber, welche Klage gegen den Beschluss erheben oder ein Verfahren nach dem Spruchverfahrensgesetz einleiten, also Rechtsbehelfe gegen die Beschlussfassung erheben können.

1.6.3 Vollzugsphase

In der Vollzugsphase steht die **Eintragung in das jeweilige Register** bei den an der Umwandlung teilnehmenden Rechtsträger im Mittelpunkt.

Um eine ordnungsgemäße Eintragung bewirken zu können, sind dem jeweiligen Registergericht bei der Anmeldung der Eintragung alle erforderlichen Unterlagen vorzulegen, die benötigt werden, um die Ordnungsmäßigkeit der beantragten Eintragung überprüfen zu können. Dies gilt sowohl für die übertragenden als auch die übernehmenden Rechtsträger. Es dürfen keine Eintragungen vorgenommen werden, sofern nicht eine entsprechende Freigabe- und/oder Negativerklärung abgegeben worden ist bzw. ein entsprechender gerichtlicher Beschluss vorliegt.

Mit einer erfolgreichen Eintragung in das Register sowie der Bekanntmachung wird die Umwandlung wirksam, wodurch zudem etwaige Mängel geheilt werden. Die Vollzugsphase endet mit der Bekanntmachung der Umwandlung. Der Umwandlungsvorgang ist sodann abgeschlossen und die mit der Wirksamkeit entstehenden Rechtsfolgen treten in Kraft.

2. Verschmelzung

Für die Verschmelzung befinden sich die allgemeinen Vorschriften in den §§ 2 bis 38 UmwG. Die spezifischen auf die jeweilige Gesellschaftsform anzuwendenden besonderen Vorschriften befinden sich in den §§ 39–122 UmwG. Die separat zu betrachtenden Regelungen für eine grenzüberschreitende Verschmelzung sind in den §§ 122a bis 122m UmwG normiert.

2.1 Allgemeines

Bei einer Verschmelzung findet eine **Vermögensübertragung** von einem übertragenden Rechtsträger oder mehreren übertragenden Rechtsträgern auf einen übernehmenden Rechtsträger statt. Die Vermögensübertragung findet gemäß § 2 UmwG **in einem Akt** (uno actu) **„als Ganzes"** statt, also im Wege der Gesamtrechtsnachfolge (vgl. hierzu auch Kapitel 2.2.4.1).

Besonderes Merkmal bei der Vermögensübertragung im Wege der Gesamtrechtsnachfolge im Umwandlungsgesetz ist, dass der übertragende Rechtsträger im Sinne des Gesetzes **ohne Abwicklung** aufgelöst wird, also keine Liquidation stattfindet. Er erlischt schlichtweg.

Als Rechtsfolge der Verschmelzung sieht § 2 UmwG die **Anteilsgewährpflicht** vor. Das bedeutet, dass den Anteilsinhabern des übertragenden Rechtsträgers oder der übertragenden Rechtsträger an dem übernehmenden oder neu zu gründenden Rechtsträger bzw. Rechtsträgern Anteile oder Mitgliedschaften gewährt werden müssen. Als Anteilsinhaber gelten nach der in § 2 UmwG gegebenen Legaldefinition Gesellschafter, Partner, Aktionäre oder Mitglieder. Die als zwingendes Wesensmerkmal der Verschmelzung (Fronhöfer in Widmann/Mayer, Umwandlungsrecht, Stand: September 2020, § 2 UmwG, Rz. 443) anzusehende Erlangung der Anteile oder Mitgliedschaften erfolgt kraft Gesetzes mit der Eintragung der Verschmelzung in das Register des übernehmenden Rechtsträgers.

2.1.1 Arten der Verschmelzung

In § 2 UmwG sind die verschiedenen Arten der Verschmelzung aufgeführt. Eine Verschmelzung kann im Wege der **Aufnahme** (hierzu s. Kapitel 2.1.1.1) oder im Wege der **Neugründung** (hierzu s. Kapitel 2.1.1.2) durchgeführt werden.

2.1.1.1 Verschmelzung durch Aufnahme

Bei der Verschmelzung durch Aufnahme wird ein übertragender bzw. werden mehrere übertragende Rechtsträger auf einen bereits **bestehenden** übernehmenden Rechtsträger verschmolzen.

Dabei findet eine Vermögensübertragung im Wege der Gesamtrechtsnachfolge auf den übernehmenden Rechtsträger statt. Den Anteilseignern des übertragenden Rechtsträgers bzw. der übertragenden Rechtsträger werden Anteile oder Mitgliedschaften an dem übernehmenden Rechtsträger gewährt. Bei diesem Akt erlöschen die übertragenden Rechtsträger automatisch und ohne Liquidation.

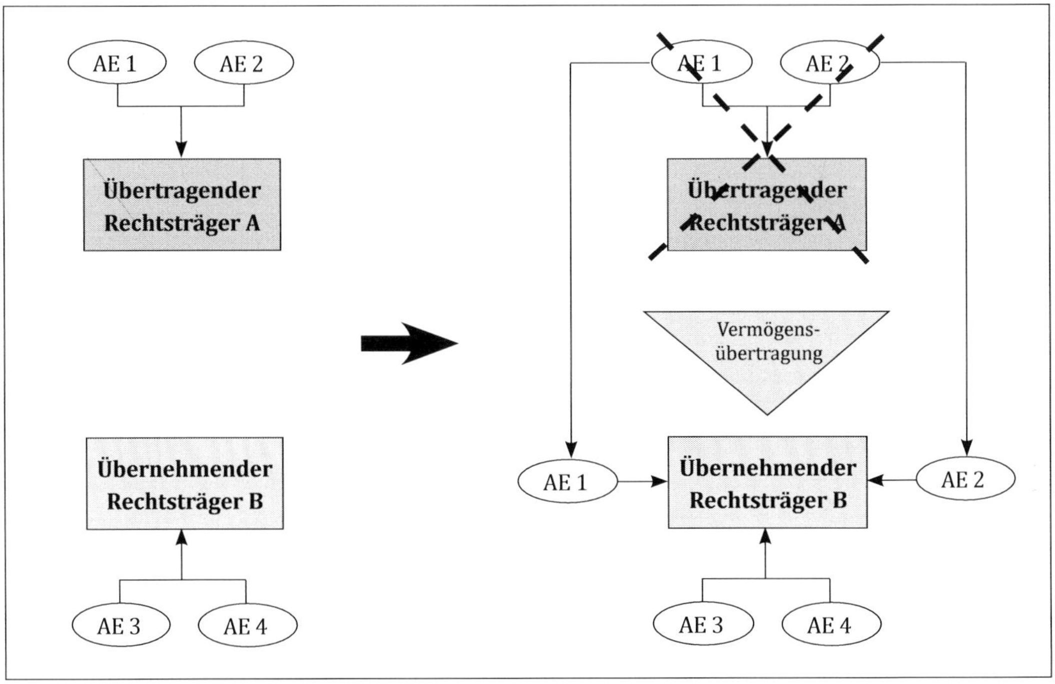

Abbildung 1: Verschmelzung durch Aufnahme

Sofern bei dem Verschmelzungsvorgang mehrere übertragende Rechtsträger beteiligt sind, gibt es die Möglichkeit, sowohl einen zusammenhängenden, einheitlichen Verschmelzungsvertrag gemeinsam zu schließen, als auch die Möglichkeit, dass jeder Rechtsträger einen einzelnen Verschmelzungsvertrag mit dem übernehmenden Rechtsträger abschließt. Der Vorteil eines zusammenhängenden Verschmelzungsvertrages ergibt sich dadurch, dass mehrere Verträge auch einzeln beurkundet und eingetragen werden müssten und die Verschmelzungsvorgänge sodann rechtlich voneinander unabhängig wirksam werden würden (Fronhöfer in Widmann/Mayer, Umwandlungsrecht, Stand: September 2020, § 2 UmwG, Rz. 443). Bei einem zusammenhängenden Vertrag entfällt diese Zweigleisigkeit.

2.1.1.2 Verschmelzung durch Neugründung

Bei der Verschmelzung durch Neugründung werden (mindestens) zwei bzw. mehrere bestehende Rechtsträger auf einen **neu zu gründenden** Rechtsträger verschmolzen, also vereint. Hierauf finden durch die Verweisung in § 36 UmwG fast alle Vorschriften aus dem Abschnitt der Verschmelzung durch Aufnahme Anwendung. Lediglich §§ 16 Abs. 1 und 27 UmwG sind nicht anzuwenden. Der Abschnitt der Verschmelzung durch Neugründung hat inhaltlich mit den §§ 37 und 38 UmwG somit nur zwei einzig auf den Fall der Verschmelzung durch Neugründung anzuwendende allgemeine Vorschriften.

Auch im Falle einer Verschmelzung durch Neugründung werden alle übertragenden Rechtsträger ohne Liquidation aufgelöst und deren Anteilseigner werden im Rahmen der Anteilsgewährpflicht Anteile oder Mitgliedschaften an dem neu gegründeten übernehmenden Rechtsträger gewährt. Die Vermögensübertragung selbst findet ebenfalls im Wege der Gesamtrechtsnachfolge statt.

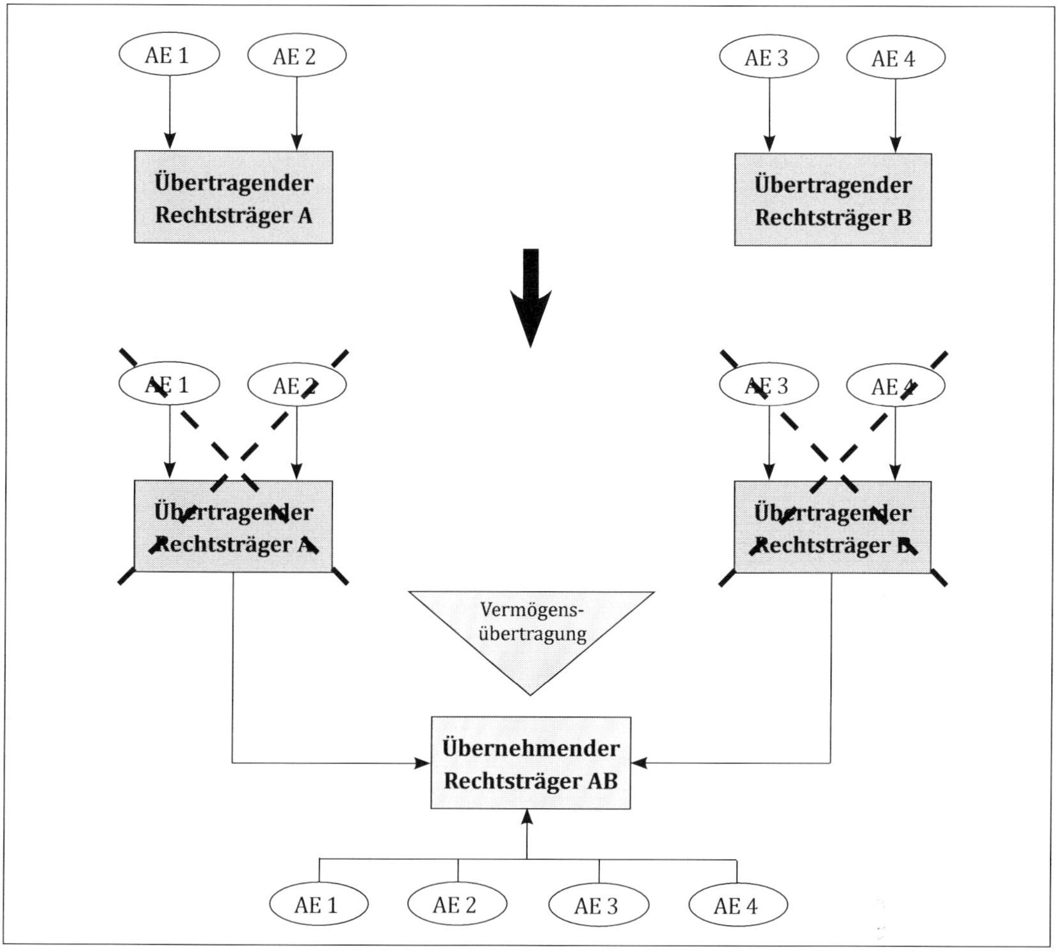

Abbildung 2: Verschmelzung durch Neugründung

Im Falle der Verschmelzung durch Neugründung muss ein einheitlicher Verschmelzungsvertrag gefasst werden, da die übertragenden Rechtsträger nach § 36 Abs. 2 S. 2 UmwG gemeinsam jeweils als Gründer der neuen Gesellschaft fungieren. In den Verschmelzungsvertrag ist je nach Wahl der Gesellschaftsform der Gesellschaftsvertrag, der Partnerschaftsvertrag oder die Satzung des neu gegründeten Rechtsträgers aufzunehmen (§ 37 UmwG).

Bei der Gründung sind gem. § 36 Abs. 2 S. 1 UmwG die jeweiligen Gründungsvorschriften zu beachten, die für die gewählte Rechtsform maßgeblich sind.

2.1.2 Verschmelzungsfähige Rechtsträger

Die für eine Verschmelzung zugelassenen Rechtsträger sind durch das Gesetz in § 3 UmwG aufgelistet. Die Auflistung ist **abschließend** und lässt keine weiteren Rechtsträger für die Verschmelzung zu. Es ist dabei zwischen Abs. 1 und Abs. 2 des § 3 UmwG zu unterscheiden.

Die in § 3 Abs. 1 UmwG aufgelisteten Rechtsträger können bei einer Verschmelzung sowohl übertragender Rechtsträger als auch übernehmender Rechtsträger sein. Hierzu zählen:

- **Personenhandelsgesellschaften** (oHG, KG, GmbH & Co. KG, AG & Co. KG, Publikums-KG),
- **Partnerschaftsgesellschaften**,
- **Kapitalgesellschaften** (GmbH, AG, KGaA, mit Einschränkungen auch die UG),

- **eingetragene Genossenschaften**,
- **eingetragene Vereine**,
- **genossenschaftsrechtliche Prüfungsverbände** und
- **Versicherungsvereine auf Gegenseitigkeit**.

Allerdings können spezialrechtliche Normen die Verschmelzungsfähigkeit der Gesellschaftsformen wieder aufheben und nur einzelne Rechtsträger für bestimmte Konstellationen zulassen (so z.B. in den §§ 99, 105, 109 UmwG).

Die in § 3 Abs. 2 UmwG aufgeführten Rechtsträger können nur **eingeschränkt** an einer Verschmelzung teilnehmen. Wirtschaftliche Vereine sind nur als übertragende Rechtsträger zugelassen und natürliche Personen nur als übernehmende Rechtsträger, wenn sie Alleingesellschafter einer Kapitalgesellschaft sind und deren Vermögen übernehmen. Wirtschaftliche Vereine sind in diesem Zusammenhang Vereine, die eine Gewinnerzielungsabsicht haben. Beispiele hierfür sind die GEMA (Gesellschaft für musikalische Aufführungs- und mechanische Vervielfältigungsrechte), der TÜV (Technischer Überwachungsverein) oder die VG Wort (Verwertungsgesellschaft Wort).

Eine Unternehmergesellschaft ist als Unterfall einer GmbH zwar generell verschmelzungsfähiger Rechtsträger, allerdings in der Regel nur als übertragender Rechtsträger. Diese Einschränkung hängt damit zusammen, dass bei einer UG keine Sachgründung möglich ist (vgl. § 5a GmbHG) (Fronhöfer in Widmann/Mayer, Umwandlungsrecht, Stand: September 2020, § 3 UmwG Rz. 16.1 ff.). Die Gründung der UG ist lediglich als Bargründung mit einem Mindestkapital von einem Euro möglich. Durch die Vermögensübertragung im Rahmen der Verschmelzung durch Neugründung wäre nur eine Sachkapitalgründung möglich, was jedoch für die UG gem. § 5a GmbHG ausgeschlossen ist. Übernehmender Rechtsträger kann eine UG jedoch insoweit sein, als eine Kapitalerhöhung nach § 54 Abs. 1 UmwG nicht erforderlich wäre oder das Stammkapital auf das Mindestkapital für eine GmbH erhöht wird und die UG automatisch zu einer GmbH würde (Winter in Schmitt/Hörtnagl/Stratz, UmwG/UmwStG, 2018, § 3 UmwG Rz. 19).

Wenn sich ein Rechtsträger in der **Insolvenz** bzw. in der Liquidation befindet, so ist er selbst oder auch nur einzelne Teilbetriebe hieraus nach § 3 Abs. 3 UmwG durchaus fähig, als übertragender Rechtsträger an einer Verschmelzung teilzunehmen. So wurde auch vom BGH geurteilt, dass eine GmbH i.L. Rechtsträger einer Verschmelzung auf eine andere GmbH sein kann (BGH vom 29.06.2001, V ZR 186/00, BeckRS 7163).

Schlussendlich besagt § 3 Abs. 4 UmwG, dass alle unterschiedlichen Gesellschaftsformen, die in § 3 Abs. 1 und 2 UmwG genannt sind, jeweils als Rechtsträger an einer Verschmelzung teilnehmen können und diese auch zwischen unterschiedlichen Gesellschaftsformen stattfinden kann (**Mischverschmelzung**). Ebenso möglich sind Verschmelzungen unter Gesellschaften mit der gleichen Rechtsform (**Mehrfachverschmelzung**).

Ein **überschuldeter Rechtsträger** kann nicht als übernehmender Rechtsträger fungieren, da bei diesem eine Sachkapitalerhöhung stattfinden muss, um neue Anteile ausgeben zu können. Insoweit würden neue Anteile nicht den echten Wert der Gesellschaft widerspiegeln (Unter-Pari-Emission; hierzu auch § 9 Abs. 1 AktG). Als übertragender Rechtsträger kann der überschuldete Rechtsträger an der Verschmelzung beteiligt sein, insbesondere auch im Rahmen einer Verschmelzung auf einen Alleingesellschafter (Seulen in Semler/Stengel, Umwandlungsgesetz, 2017, § 120 Rz. 13; Westerburg in Schmitt/Hörtnagl/Stratz, UmwG/UmwStG, 2018, § 120 UmwG Rz. 4), wenn er noch nicht aufgelöst wurde. Der überschuldete, übertragende Rechtsträger muss also weiterhin beschlussfähig sein, um über die Fortführung den Beschluss fassen zu können (BayObLG vom 04.02.1998, 3Z BR 462-97, NJW-RR 1998, 902).

2.1.2.1 Registerpflicht

Die in § 3 UmwG aufgeführten Rechtsträger sind allesamt in einem Register (Handelsregister, Vereinsregister, Partnerschaftsregister etc.) eingetragen. Aus diesem Umstand ergibt sich für die verschmelzungsfähigen Rechtsträger im Prinzip eine Registerpflicht. Verschmelzungen setzen also eine Eintragung in einem

Register voraus, denn sie werden auch erst nach Eintragung in das Register des übernehmenden Rechtsträgers wirksam. § 16 Abs. 1 UmwG unterstützt diese Aussage dadurch, dass die Anmeldung zwingend bei dem jeweiligen Register des Rechtsträgers zur Eintragung anzumelden ist.

2.1.2.2 BGB-Gesellschaft

Eine **BGB-Gesellschaft** kann nicht Rechtsträger einer Verschmelzung sein. Sie ist in ihrer Grundform auch in keinem Register eingetragen.

Die Idee über ein Register von BGB-Gesellschaften ist in der Vergangenheit schon aufgekommen, wurde jedoch wieder verworfen. In der Praxis wäre dies auch gar nicht möglich, da wahrscheinlich jeden Tag millionenfach BGB-Gesellschaften gegründet werden (als Beispiel sei hier nur die Fahrgemeinschaft o.ä. genannt). Sollte eine BGB-Gesellschaft eine Verschmelzung anstreben, so ist zunächst ein Formwechsel in die Partnerschaftsgesellschaft notwendig, die sodann Rechtsträger im Zusammenhang mit einer Verschmelzung sein kann.

Allerdings ist anzumerken, dass jüngst ein **Gesetzesentwurf** vorgelegt wurde, der in diesem Hinblick weitreichende Änderungen vorsieht. So sollen Gesellschaften bürgerlichen Rechts in ein sogenanntes „Gesellschaftsregister" eingetragen werden können, wenn sie die notwendigen Voraussetzungen erfüllen. Der Gesetzentwurf sieht dementsprechend auch Änderungen des Umwandlungsgesetzes vor, der auch einen neu vorangestellten Abschnitt im Zweiten Teil des Zweiten Buches des Umwandlungsgesetzes vorsieht (s. ausführlich zu den geplanten Änderungen Kapitel 8).

2.2 Ablauf des Verschmelzungsverfahrens

Beim Ablauf des Verschmelzungsverfahrens kann auf die verschiedenen Phasen einer Umwandlung zurückgegriffen werden: die **Vorbereitungsphase** (s. Kapitel 2.2.1), die **Beschlussphase** (s. Kapitel 2.2.2) und die **Vollzugsphase** (s. Kapitel 2.2.3).

2.2.1 Vorbereitungsphase

Bevor mit dem eigentlichen Verschmelzungsprozess begonnen wird, müssen zunächst verschiedene Vorüberlegungen in Betracht gezogen und notwendige Vorkehrungen, wie z.B. die Erstellung eines Verschmelzungsvertrags bzw. dessen Entwurfs, getroffen werden.

2.2.1.1 Vorüberlegungen

Zu den Vorüberlegungen gehören, nachdem eine grundsätzliche Bereitschaft der Verschmelzung gegeben ist, vor allem die Überlegung, zu welchem wirtschaftlichen Zweck eine Verschmelzung erfolgen soll und ob eine Verschmelzung durch Aufnahme oder durch Neugründung erfolgen soll. Gerade bei größeren Rechtsträgern sollten außerdem noch eventuell in Betracht kommende anderweitige Rechtsgebiete mit eingebunden werden (vgl. hierzu Kapitel 6).

2.2.1.1.1 Aufstellung der Schlussbilanzen

Der übertragende bzw. die übertragenden Rechtsträger haben gem. § 17 Abs. 2 S. 1 UmwG die jeweilige Schlussbilanz bei der Anmeldung mit einzureichen. Die Schlussbilanz ist **entsprechend den Anforderungen an die Jahresbilanz** zu erstellen (§ 17 Abs. 2 S. 2 UmwG) und kann mit einem im Zeitpunkt der Anmeldung acht Monate (bzw. zwölf Monate, s. nachfolgende Zusatzinformation) zurückliegenden Stichtag aufgestellt werden (§ 17 Abs. 2 S. 4 UmwG).

Gerade die **8-Monats-Frist** (bzw. 12-Monats-Frist, s. nachfolgende Zusatzinformation) gibt den beteiligten Rechtsträgern einen gewissen Spielraum, aber dem Registergericht bei der Eintragung auch die Sicherheit der Aktualität. Außerdem wird durch das Datum der spätestmögliche Zeitpunkt der Verschmelzung bestimmt (Heidinger in Henssler/Strohn, Gesellschaftsrecht, 4. Auflage 2019, § 17 UmwG Rz. 13).

Der vom Gesetzgeber angedachte Zweck der 8-Monats-Frist ist die Möglichkeit der Verwendung der Schlussbilanz für das letzte Geschäftsjahr (vgl. Gesetzesbegründung zu § 17 UmwG, BT-Dr. 12/6699 vom

01.02.1994). Die acht Monate (bzw. zwölf Monate, s. nachfolgende Zusatzinformation) wurden dabei als ausreichend empfunden, um auch die Aktualität der zur Anmeldung eingereichten Bilanz zu gewährleisten und die Verwendung der letzten Schlussbilanz spart in den meisten Fällen auch Kosten für eine Erstellung, da die Schlussbilanz ohnehin aufgestellt wird (Heidtkamp, NZG 2013, 852).

Der Zweck des § 17 Abs. 2 UmwG wird unterschiedlich wahrgenommen. Vorrangig werden hier die Bilanzkontinuität, die Ergebnisabgrenzung, der Gläubigerschutz und die Kapitalerhaltungskontrolle genannt (ausführlich und m.w.N. zum Streitstand zu den einzelnen Punkten: Heidtkamp, NZG 2013, 852). Aber auch die Buchwertfortführung nach § 24 UmwG oder eine Entscheidungshilfe für Gläubiger im Hinblick auf § 22 UmwG werden angeführt (Fronhöfer in Widmann/Mayer, Umwandlungsrecht, Stand: September 2020, § 17 UmwG Rz. 62).

Es ist dabei zu beachten, dass die Bilanz lediglich bei der Anmeldung der Verschmelzung beim **Registergericht des übertragenden Rechtsträgers** einzureichen ist. Für eine Einreichung einer Bilanz bei der Anmeldung beim Registergericht des übernehmenden Rechtsträgers sieht das Gesetz keine Pflicht vor (Heidinger in Henssler/Strohn, Gesellschaftsrecht, 4. Auflage 2019, § 17 UmwG Rz. 13).

☞ **Zusatzinformation!**

Im Rahmen des Gesetzes zur Abmilderung der **Folgen der COVID-19-Pandemie** im Zivil-, Insolvenz- und Strafverfahrensrecht (BGBl I 2020 Nr. 14 S. 571) wurde die 8-Monats-Frist in § 17 Abs. 2 S. 4 UmwG (zunächst bis zum Ablauf des 31. Dezember 2021) auf **zwölf Monate** verlängert. Dies hat den Hintergrund, dass den beteiligten Rechtsträgern aufgrund der besonderen Umstände in den Zeiten des Corona-Virus die Möglichkeit gegeben werden soll, ohne zeitliche Bedrängnis die benötigten Unterlagen (Essentialia) zusammenzustellen. Für die Erstellung der Unterlagen, wie z.B. des Verschmelzungsbeschlusses ist beispielsweise die Beschlussfassung durch die Versammlung der Anteilsinhaber zwingend. Durch die aktuell auftretenden Schwierigkeiten – z.B. für das Zusammenkommen, um einen solchen Beschluss zu fassen – hat der Gesetzgeber die Verlängerung der Frist von acht auf zwölf Monate bestimmt. In dem gleichen Gesetz hat der Gesetzgeber zwar auch die Möglichkeit errichtet, eine virtuelle Versammlung ohne physisch anwesende Anteilsinhaber abzuhalten, allerdings muss auch die Organisation und Umstrukturierung einer solchen Versammlung zunächst einmal geleistet werden, was wiederum Zeit in Anspruch nimmt.

Der Gesetzgeber hat in seiner Gesetzesbegründung (vgl. Gesetzesbegründung zu Art. 2 § 4 des Gesetzes zur Abmilderung der Folgen der COVID-19-Pandemie im Zivil-, Insolvenz- und Strafverfahrensrecht, BT-Dr. 19/18110 vom 24.03.2020) selbst das Beispiel gegeben, dass die Einhaltung der 8-Monats-Frist in dem Fall erschwert sein kann, wenn der Bilanzstichtag auf den 31. Dezember 2019 gefallen ist, die Verschmelzungsunterlagen bis zum 31. August 2020 zusammenzutragen und einzureichen. Da es keine Möglichkeit gibt, die Frist zu verlängern, sei die Fristverlängerung für die Corona-Zeit geboten gewesen. § 17 Abs. 2 S. 4 UmwG bestimmt die Frist zwar lediglich für den Umwandlungsfall einer Verschmelzung. Durch die Verweisung des auf eine Spaltung anzuwendenden § 125 UmwG gilt das Vorgenannte aber auch im Rahmen einer Spaltung.

2.2.1.1.2 Steuerlicher Übertragungsstichtag/handelsrechtlicher Übertragungsstichtag

Ein wichtiger Unterschied kommt dem Unterschied zwischen dem steuerlichen und handelsrechtlichem Übertragungsstichtag zu.

Nach h.M. (hierzu auch: Blasche, Dr. Sebastian, RNotZ 2014, 464; Heidtkamp, NZG 2013, 852) liegt der **handelsrechtliche Übertragungsstichtag** und damit der Verschmelzungsstichtag genau einen Tag nach dem steuerlichen Übertragungsstichtag (a.A. Mayer in Widmann/Mayer, Umwandlungsrecht, Stand: September 2020, § 5 UmwG Rz. 158). Es findet durch die Bestimmung der unterschiedlichen Stichtage ein Auseinanderfallen der handelsrechtlichen Wirkungen gegenüber den steuerlichen Wirkungen der Verschmelzung statt. Die Aufstellung der Handelsbilanz ist identisch mit der Erstellung der Steuerbilanz, woraus sich der steuerliche Übertragungsstichtag ergibt. Demgegenüber ist der handelsrechtliche Übertragungsstichtag einen Tag nach der Aufstellung der Handelsbilanz anzunehmen, weshalb sich der Verschmelzungsstichtag einen Tag nach dem steuerlichen Übertragungsstichtag befindet.

Der **Verschmelzungsstichtag** wird in § 5 Abs. 1 Nr. 6 UmwG legaldefiniert. Er stellt den Zeitpunkt dar, von dem an die Handlungen im Namen des übertragenden Rechtsträgers als für Rechnung des übernehmenden Rechtsträgers vorgenommen gelten. Ab diesem Zeitpunkt sind also alle Handlungen auf den übernehmenden Rechtsträger zurückzuführen. Es stellt also praktisch die Regelung dar, die das Innenverhältnis der beteiligten Rechtsträger zum Gegenstand hat (Winter in Schmitt/Hörtnagl/Stratz, UmwG/UmwStG, 2018, § 5 UmwG Rz. 73). Der Verschmelzungsstichtag ist aber frei bestimmbar. Dabei entspricht der steuerliche Übertragungsstichtag dann also dem Tag vor dem Verschmelzungsstichtag, weshalb die Abschlussbilanz auch auf diesen Tag lauten muss.

Der **steuerliche Übertragungsstichtag** ist der Tag, an dem die handelsrechtliche Schlussbilanz durch den übertragenden Rechtsträger aufgestellt wird (Winter in: Schmitt/Hörtnagl/Stratz, UmwG/UmwStG, 2018, § 5 UmwG, Rz. 75). Er ist in § 2 UmwStG legaldefiniert. Die Legaldefinition geht dabei von einer Fiktion aus (Hörtnagl in Schmitt/Hörtnagl/Stratz, UmwG/UmwStG, 2018, § 2 UmwStG, Rz. 17), indem sie davon spricht, dass der steuerliche Übertragungsstichtag der Ablauf des Stichtages der Bilanz ist, die dem Vermögensübergang zugrunde liegt und an dem das Vermögen des Rechtsträgers ganz oder teilweise auf den übernehmenden Rechtsträger übergegangen **wäre**.

2.2.1.2 Verschmelzungsvertrag

Die übertragenden Rechtsträger müssen mit den übernehmenden Rechtsträgern einen **Verschmelzungsvertrag** schließen (§ 4 UmwG). In der Regel werden die Verträge erst nach der Beschlussfassung durch die Gesellschafterversammlung unterschrieben, weshalb zuvor zumindest ein **Vertragsentwurf** erstellt werden muss. Ein Vertragsschluss vor der Beschlussfassung der Gesellschafterversammlung ist wie bei anderweitigen Unternehmensverträgen des Konzernrechts auch bei dem Verschmelzungsvertrag möglich. Der Vertrag kann nach § 4 Abs. 1 S. 1 UmwG nur durch die Vertretungsorgane der an der Verschmelzung beteiligten Rechtsträger abgeschlossen werden, also durch Vorstände, Geschäftsführer oder vertretungsberechtigte Gesellschafter.

Durch Anlehnung an § 311b Abs. 1 BGB wurde in § 6 UmwG aufgenommen, dass der Verschmelzungsvertrag **notariell beurkundet** werden muss. Lediglich Abs. 2 des § 311b BGB ist nach § 4 Abs. 1 S. 2 UmwG auf den Verschmelzungsvertrag nicht anzuwenden. Zum einen dient die notarielle Beurkundung der Rechtssicherheit für die Beteiligten. Weiter ist aber zu beachten, dass die notarielle Beurkundung auch auf die Fälle der Einzelübertragung im BGB zwingend vorgesehen ist. Würde man diese notarielle Beurkundung bei der Umwandlung nun nicht anwenden, führte dies zu einem Unterlaufen der zwingenden Vorschriften für die Einzelübertragung des bürgerlichen Rechts (z.B. § 873 Abs. 2 BGB bei der Übertragung von Grundstücken oder § 398 i.V.m. § 403 BGB bei der Übertragung einer Forderung), da man diese mit dem Rechtsinstitut der Umwandlung sodann umgehen könnte.

In § 5 UmwG sind die inhaltlichen Mindestangaben für den Verschmelzungsvertrag bzw. dessen Entwurf in **Abs. 1** niedergeschrieben. Der Vertrag(sentwurf) muss demnach mindestens folgende Aspekte (essentialia negotii) enthalten:

1. **§ 5 Abs. 1 Nr. 1 UmwG:** Name oder Firma sowie den Sitz der beteiligten Rechtsträger.
   → Bei einer **Kettenverschmelzung** (erst A auf B, dann B auf C etc.) ist darauf zu achten, dass immer der aktuelle Name angegeben ist. Im Verschmelzungsvertrag auf C darf der Firmenname von A nicht mehr als übertragender Rechtsträger erscheinen.
2. **§ 5 Abs. 1 Nr. 2 UmwG:** Die Nachfolgeklausel, also die Bestimmung, dass das Vermögen im Wege der Gesamtrechtsnachfolge gegen die Gewährung von Anteilen oder Mitgliedschaften vom übertragenden Rechtsträger auf den übernehmenden Rechtsträger übergeht.

→ Diese sogenannte **Verschmelzungsklausel** ist wichtig, um festzulegen, dass die Vermögensübertragung uno actu („in einem Akt") im Wege der Gesamtrechtsnachfolge („als Ganzes") bestimmt wird. Es findet ein Eintritt des übernehmenden Rechtsträgers in alle Rechte und Pflichten des übertragenden Rechtsträgers statt.

3. **§ 5 Abs. 1 Nr. 3 UmwG:** Das Umtauschverhältnis und falls erforderlich, die Höhe der baren Zuzahlung.
   → Das **Umtauschverhältnis** spielt eine zentrale Rolle bei der Umwandlung, weil hierüber die Anteile der Anteilseigner neu bestimmt werden. Wichtig hierbei ist, eine einheitliche „Währung" zu finden. Für die Bestimmung des Umtauschverhältnisses müssen alle an der Verschmelzung teilnehmenden Rechtsträger bewertet werden. Bestenfalls findet die Bewertung nach einem einheitlichen Bewertungssystem statt, was aber in der Regel nicht der Fall ist, da unterschiedliche Wirtschaftsprüfungsgesellschaften unterschiedliche Systeme anwenden. Durch die Bewertung der Rechtsträger kann eine Bestimmung der Wertigkeit der Anteile der Anteilseigner stattfinden, auf deren Grundlage sodann die Anteile der Anteilseigner des übertragenden Rechtsträgers an der übernehmenden Gesellschaft berechnet werden.
   Bestenfalls ist die Vermögensübertragung bei einer Verschmelzung wertneutral. Sollte dies nicht der Fall sein, muss gegebenenfalls eine bare Zuzahlung erfolgen, um einen Wertausgleich zu schaffen. Eine bare Zuzahlung ist auch im Rahmen des UmwStG zu betrachten, weil sie als sonstige Gegenleistung einzuordnen ist.
   Mehr Ausführungen zum Umtauschverhältnis finden sich auch im Kapitel 2.2.1.2.2.
4. **§ 5 Abs. 1 Nr. 4 UmwG: Einzelheiten über die Anteile der Gesellschafter** des übertragenden Rechtsträgers am übernehmenden Rechtsträger.
   → Insbesondere bei Genossenschaften und Vereinen muss hier festgelegt werden, dass die Mitgliedschaften in dem übertragenden Rechtsträger erlöschen und neue Mitgliedschaften beim übernehmenden Rechtsträger entstehen bzw. auch die neuen Mitgliedsrechte zum Ersatz von bisher gehaltenen Anteilen.
5. **§ 5 Abs. 1 Nr. 5 UmwG:** Der Zeitpunkt, ab dem die Neugesellschafter **am Gewinn beteiligt** werden bzw. der Zeitpunkt, ab dem ein Anspruch darauf besteht. Im Regelfall ist der Zeitpunkt identisch mit Verschmelzungsstichtag.
   → Zeitpunkt kann von den Beteiligten jedoch frei bestimmt werden.
6. **§ 5 Abs. 1 Nr. 6 UmwG:** Benennung des **Verschmelzungsstichtags**, ab dem die Handlungen der übertragenden Rechtsträger als im Namen der übernehmenden Rechtsträger vorgenommen gelten.
   → Stichtag kann von den Beteiligten frei bestimmt werden.
7. **§ 5 Abs. 1 Nr. 7 UmwG:** Besondere Rechte, die einzelne Anteilsinhaber erhalten.
   → Hier werden **Sonderrechte** in den Vertrag mit aufgenommen. Anteile ohne Stimmrecht, Mehrstimmrechtsaktien oder Vorzugsaktien können solche Sonderrechte sein. Über die Sonderrechte kann auch eine Kompensation geschaffen werden, die eine bare Zuzahlung ersetzt.
8. **§ 5 Abs. 1 Nr. 8 UmwG:** Besondere Vorteile, die bestimmten Personen gewährt werden.
   → Bei der Gewährung von **besonderen Vorteilen** muss unbedingt auf eine eventuelle verdeckte Gewinnausschüttung geachtet werden, die vermieden werden muss, weil es sich bei den gewährten Vorteilen oft um solche handelt, die keinen schuldrechtlichen Grund haben.
   Die Gesetzesbegründung erwähnt hier z.B., dass Prüfer, die längere Zeit für einen solche Gesellschaft tätig waren, bei prüfungspflichtigen Gesellschaften mit beschränkter Haftung bei deren Erlöschen aufgrund einer Verschmelzung aus Verträgen entlassen und entschädigt werden müssen.
9. **§ 5 Abs. 1 Nr. 9 UmwG:** Folgen für die Arbeitnehmer.
   → Sowohl **individual- als auch kollektivarbeitsrechtliche Änderungen** sollten hier angegeben werden, da diese in der Regel durch eine Umwandlung betroffen sind. Es sollen etwaige Folgen für die Arbeitnehmer klar erkennbar sein. Hintergrund ist, dass von Anfang an eine sozialverträgliche Umwandlung durchgeführt werden soll.

Wichtig ist, dass nicht nur § 613a BGB (Rechte und Pflichten bei Betriebsübergang) mit aufgenommen wird, sondern gegebenenfalls auch sämtliche Tarifvorschriften, die Anwendung finden könnten. Die Aufnahme der Folgen für die Arbeitnehmer ist dementsprechend ein inhaltlich sehr anspruchsvoller Punkt des Verschmelzungsvertrages.

Die aufgeführten Punkte 1. bis 9. müssen alle in dem Verschmelzungsvertrag aufgeführt werden. Sollte einer der Punkte 1. bis 8. vergessen werden, ist der Verschmelzungsvertrag nichtig und kann im Rahmen einer Nichtigkeitsklage angefochten werden. Sollte lediglich Nr. 9 vergessen werden, ist der Verschmelzungsvertrag nur anfechtbar, da nur die Gesellschafter ein Klagerecht haben, nicht aber der Betriebsrat.

Der Verschmelzungsvertrag kann unter drei unterschiedlichen Komponenten betrachtet werden, welche für jeden Verschmelzungsvertrag gelten:

Aufgrund der aufgeführten Punkte 1. bis 9. lässt sich der Verschmelzungsvertrag als **schuldrechtlicher Vertrag** (1. Komponente) einordnen, der die Beteiligten bindet und untereinander verpflichtet. Er sieht in § 7 UmwG sogar unter Einhaltung der dort bestimmten Bedingungen (Abschluss unter Vorbehalt einer Bedingung, welche fünf Jahre nach Abschluss nicht eingetreten ist sowie halbjährige Kündigungsfrist) ein Kündigungsrecht vor.

Des Weiteren ist der Verschmelzungsvertrag ein **gesellschaftsrechtlicher Organisationsakt** (2. Komponente). Dies umfasst die Neuorganisation des übernehmenden Rechtsträgers unter Aufnahme des übertragenden Rechtsträgers bzw. als Neugründungsakt. Diese Komponente ist auch in Bezug auf den Vertragsinhalt die wichtigste der drei Komponenten.

Die Eintragung der Verschmelzung sowie die damit eintretenden Rechtsfolgen sind als **Vollzugsakt** (3. Komponente) zu sehen.

2.2.1.2.1 Entwurf des Verschmelzungsvertrages

Gemäß § 4 Abs. 2 UmwG muss vor der Beschlussfassung durch die Gesellschafterversammlung **mindestens** ein **Vertragsentwurf** vorliegen. Der Entwurf des beabsichtigten Verschmelzungsvertrages soll den Anteilseignern die Möglichkeit geben, auf Grundlage des Vertragsentwurfs ihre Entscheidung im Rahmen der Beschlussfassung bzgl. des Zustimmungsbeschlusses zur Verschmelzung zu treffen.

2.2.1.2.2 Umtauschverhältnis

Wie bereits oben erwähnt, ist das Umtauschverhältnis nach § 5 Abs. 1 Nr. 3 UmwG im Verschmelzungsvertrag bzw. im Vertragsentwurf anzugeben. Dass das Umtauschverhältnis einen hohen Stellenwert bei der Verschmelzung einnimmt, lässt sich der einschlägigen Literatur entnehmen (Mayer in Widmann/Mayer, Umwandlungsrecht, Stand: September 2020, § 5 UmwG Rz. 94 „das Herzstück des Verschmelzungsvorgangs"; Winter in Schmitt/Hörtnagl/Stratz, UmwG/UmwStG, 2018, § 5 UmwG Rz. 5 „wirtschaftlicher Kern einer Verschmelzung"). Zudem finden sich im Gesetz mehrere Inbezugnahmen (§§ 5 Abs. 1 Nr. 3, 8 Abs. 1 S. 1, 12 Abs. 2, 15 UmwG).

Das Umtauschverhältnis ist das Verhältnis, wie **viele Anteile die Anteilseigner des übertragenden Rechtsträgers an dem übernehmenden Rechtsträger erhalten, bezogen auf einen Nominalbetrag**. Da sich ein Nominalbetrag nicht bei allen verschmelzungsfähigen Gesellschaften einfach bestimmen lässt, ist z.B. auch die Angabe von Gesellschafterkonten (bei Personengesellschaften) (Schröer in Semler/Stengel, Umwandlungsgesetz, 2017, § 5 UmwG Rz. 27; Winter in Schmitt/Hörtnagl/Stratz, UmwG/UmwStG, 2018, § 5 UmwG), Angaben über die Mitgliedschaft (bei Vereinen) (vgl. hierzu Vossius in Widmann/Mayer, Umwandlungsrecht, Stand: September 2020, § 99 UmwG Rz. 56 ff.) oder der Wert der Geschäftsanteile (bei eingetragenen Genossenschaften) (s. § 80 Abs. 1 UmwG) möglich.

Im Rahmen der verfassungsrechtlichen Eigentumsgarantie sollen die Anteilsinhaber des übertragenden Rechtsträgers durch die Verschmelzung keinerlei Verlust ihres Vermögens hinnehmen müssen und demnach für einen etwaigen Verlust wirtschaftlich voll entschädigt werden (Mayer in Widmann/Mayer, Umwandlungsrecht, Stand: September 2020, § 5 UmwG Rz. 93). Falls kein angemessenes Umtauschverhältnis gefunden werden sollte, um diesen wirtschaftlichen Einschnitt bei den Anteilseignern auszugleichen, findet sich in § 5 Abs. 1 Nr. 3 UmwG die Alternative einer **baren Zuzahlung** als Ausgleich des Verlustes. Allerdings ist auch eine nichtverhältniswahrende Verschmelzung möglich, wenn die beteiligten Rechtsträger sich über die unverhältnismäßige Bestimmung des Umtauschverhältnisses einig sind. Das Umtauschverhältnis könnte also beliebig festgelegt werden. Für den Normalfall einer Verschmelzung gilt aber der Grundsatz der Werterhaltung (auch „Grundsatz der Quotenidentität“: Schröer in Semler/Stengel, Umwandlungsgesetz, 2017, § 5 UmwG Rz. 17 und Mayer in Widmann/Mayer, Umwandlungsrecht, Stand: September 2020, § 5 UmwG Rz. 94.5).

Grundlage der Berechnung eines angemessenen Umtauschverhältnisses ist der **Vergleich der Unternehmenswerte** (Hofmann/Riethmüller, JA 2009, 481). Die grundsätzliche Voraussetzung eines Nominalbetrages folgt aus der Notwendigkeit der Zugrundelegung eines einheitlichen Maßstabes. Dieser kann bei den Rechtsträgern variieren, da die Bewertung der Rechtsträger unter Umständen durch verschiedene Wirtschaftsprüfer unter Zugrundelegung von verschiedenen Wertermittlungsverfahren erfolgt (teilweise wird zum Beispiel vom Börsenwert ausgegangen, teilweise vom Ertragswert) (Ausführlich zu den Methoden: Winter in Schmitt/Hörtnagl/Stratz, UmwG/UmwStG, 2018, § 5 UmwG Rz. 5 ff. und Mayer in Widmann/Mayer, Umwandlungsrecht, Stand: September 2020, § 5 UmwG, Rz. 96 ff.). Alle verschiedenen Verfahren sind legitim, jedoch erschweren sie die Ermittlung des Umtauschverhältnisses; es muss letztlich ein gemeinsamer Nenner gefunden werden, denn vom Gesetzgeber gibt es diesbezüglich keinerlei Vorgaben. Die Heranziehung der Ertragswertmethode zur Ermittlung der Unternehmenswerte stellt aktuell die h.M. dar (Heidinger in Henssler/Strohn, Gesellschaftsrecht, 4. Auflage 2019, § 5 UmwG, Rz. 13; Winter in Schmitt/Hörtnagl/Stratz, UmwG/UmwStG, 2018, § 5 UmwG Rz. 16; Mayer in Widmann/Mayer, Umwandlungsrecht, Stand: September 2020, § 5 UmwG Rz. 102).

Eine ausführliche rechtliche und wirtschaftliche Erläuterung des Umtauschverhältnisses bzw. einer baren Abfindung findet im Verschmelzungsbericht statt (§ 8 Abs. 1 S. 1 UmwG). Der Prüfungsbericht schließt mit einer Erklärung, ob das Umtauschverhältnis bzw. die Höhe der baren Zuzahlung für angemessen erachtet wird. Dennoch kann es dazu kommen, dass sich Anteilsinhaber durch das bestimmte Umtauschverhältnis nicht ausreichend abgefunden fühlen. In diesem Fall steht ihnen der Weg in das Spruchverfahrensgesetz nach § 15 UmwG offen (vgl. hierzu Kapitel 2.2.7.4 zum Spruchverfahrensgesetz).

Beispiel Umtauschverhältnis:

Die B-AG hat ein Grundkapital von 500.000 €, zerlegt in 500.000 Aktien von je 1 € Nennwert. An der B-AG sind folgende Personen beteiligt: A mit 60 %, B mit 30 % und C mit 10 %.
Die B-AG soll nun auf die Y-AG verschmolzen werden, welche ein Grundkapital von 2.000.000 € hat, zerlegt in 2.000.000 Aktien von je 1 € Nennkapital. An der Y-AG sind folgende Personen beteiligt: X mit 50 %, Y mit 25 % und Z mit 25 %.
Der Unternehmenswert wurde vom Wirtschaftsprüfer mittels gleicher Bewertungsmethoden auf 10.000.000 € bei der B-AG und auf 20.000.000 € bei der Y-AG ermittelt. Für die Durchführung der Verschmelzung soll das Grundkapital der Y-AG um 1.000.000 € erhöht werden.

Lösung:

Ermittlung des Umtauschverhältnisses:

$$\textbf{B-AG:}\quad \frac{\text{Unternehmenswert}}{\text{Grundkapital}} = \frac{10.000.000}{500.000} = 20\ €$$

$$\textbf{Y-AG:}\quad \frac{\text{Unternehmenswert}}{\text{Grundkapital}} = \frac{20.000.000}{2.000.000} = 10\ €$$

Der Wert von 1 Aktie der B-AG entspricht dem Wert von 2 Aktien der Y-AG. Daraus folgt ein Umtauschverhältnis von 1:2.

Durch die Erhöhung des Grundkapitals der Y-AG von 2.000.000 um 1.000.000 € auf insgesamt 3.000.000 € ergeben sich bei einer verhältniswahrenden Verschmelzung (also bei Werterhaltung der Anteile) folgende neue Beteiligungsverhältnisse an der Y-AG:

Person X	1.000.000 Aktien à 10 € (10.000.000 €)
Person Y	500.000 Aktien à 10 € (5.000.000 €)
Person Z	500.000 Aktien à 10 € (5.000.000 €)
Person A	600.000 Aktien à 10 € (6.000.000 €)
Person B	300.000 Aktien à 10 € (3.000.000 €)
Person C	100.000 Aktien à 10 € (1.000.000 €)

Die Beteiligungswerte sind in diesem Beispielsfall einer Verschmelzung also identisch geblieben. Lediglich die Beteiligungsquoten ändern sich, sodass die einzelnen Personen nach der Verschmelzung folgende Beteiligungsquote (gerundet auf Hundertstel) an der Y-AG haben:

Person X	33,33 %
Person Y	16,67 %
Person Z	16,67 %
Person A	20,00 %
Person B	10,00 %
Person C	3,33 %

2.2.1.3 Verschmelzungsbericht

Das Umtauschverhältnis ist sodann der Mittelpunkt im Verschmelzungsbericht. Die Rechtsgrundlagen für die Erstellung eines solchen Berichts geben §§ 8 und 9 UmwG vor. Eine Ausnahme für die Erstellung eines Verschmelzungsberichts findet sich in § 41 UmwG.

Der Verschmelzungsbericht soll Informationen liefern über die Mitgliedschaft an dem übernehmenden Rechtsträger und die Erfordernis einer Verschmelzung bzw. die Verschmelzung selbst als geeignetste Form der Umstrukturierung als auch die Höhe einer baren Abfindung rechtlich und wirtschaftlich erläutern. Er dient insoweit der ausführlichen **Vorabinformation der Anteilsinhaber** der an der Verschmelzung beteiligten Rechtsträger.

Im Verschmelzungsbericht wird zum Beispiel bei einer Verschmelzung einer Personengesellschaft auf eine Kapitalgesellschaft aufgeführt, dass für die Anteilseigner der übertragenden Personengesellschaft ein

Wechsel von der Selbstorganschaft zu Fremdorganschaft bzw. auch vom Transparenzprinzip der Personengesellschaft zum Trennungsprinzip der Kommanditgesellschaft stattfindet. Mit einem Anteil an der Kapitalgesellschaft erwirbt der Anteilseigner der Personengesellschaft nun als neuer Aktionär einer Aktiengesellschaft ein eigenes Wirtschaftsgut losgelöst von dem Wert der Aktie.

Der Verschmelzungsbericht kann als **gemeinsamer Bericht** von allen beteiligten Rechtsträgern zusammen erstattet werden. Hierbei müssen Geschäftsgeheimnisse nicht offengelegt werden (§ 8 Abs. 2 UmwG), sofern ein Geheimhaltungsinteresse vorliegt. Es müssen in diesem Zusammenhang nicht alle Vertretungsorgane der Rechtsträger den Verschmelzungsbericht erstatten. Ein Formverstoß nach § 126 BGB kann hierdurch nicht geltend gemacht werden.

In dem Verschmelzungsbericht kommt lediglich eine Plausibilitätskontrolle zum Tragen. Eine richtige Prüfung findet erst im Prüfungsbericht der Wirtschaftsprüfer statt.

Auch kann auf die Erstellung eines Verschmelzungsberichtes gemäß § 8 Abs. 3 UmwG komplett verzichtet werden, sofern alle Anteilsinhaber der beteiligten Rechtsträger auf diese Erstellung verzichten oder sich alle Anteile des übertragenden Rechtsträgers in der Hand des übernehmenden Rechtsträgers befinden (100 %iger upstream-merger, vgl. Kapitel 2.3.1). Voraussetzung für den Verzicht ist aber, dass die diesbezüglichen Verzichtserklärungen notariell beurkundet werden.

Ein falsch erstellter Verschmelzungsbericht bietet die Grundlage für Unwirksamkeitsklagen. Fehlende Begründungen für in dem Verschmelzungsbericht aufgeführte Tatsachen sind nur anfechtbar.

Bei laufenden Prozessverfahren empfiehlt es sich, in den Verschmelzungsbericht auch die diesbezüglichen Rückstellungen aufzuführen.

2.2.1.4 Prüfungsberichte

Die zu bestellenden Verschmelzungsprüfer steigen bei der Erstellung des Prüfungsberichtes intensiv in die **Prüfung und Ermittlung des Umtauschverhältnisses** ein.

2.2.1.4.1 Bestellung der Verschmelzungsprüfer

Die Verschmelzungsprüfer können selbst ausgewählte Wunschprüfer (auch der Jahresabschlussprüfer) sein. Wenn kein Wunschprüfer ausgewählt werden sollte, kann auf Antrag auch ein Prüfer von dem zuständigen Registergericht bestellt werden.

2.2.1.4.2 Erstellung der Prüfungsberichte

Wurden unterschiedliche Methoden angewandt, um die beteiligten Rechtsträger zu bewerten, muss bei der Erstellung der Prüfungsberichte eine „Kupplung" beider Methoden hergestellt werden, sodass eine **gemeinsame Grundlage zur Bewertung** gefunden wird.

§ 12 Abs. 2 UmwG bestimmt Mindestangaben einer Erklärung, mit der der Prüfungsbericht abzuschließen ist. Diese Erklärung soll eine klare Aussage dazu treffen, ob das Umtauschverhältnis der Anteile und gegebenenfalls die bare Zuzahlung bzw. die Mitgliedschaft beim übernehmenden Rechtsträger durch einen angemessenen Gegenwert bestimmt wurden. Dabei soll der Prüfungsbericht insbesondere ausführen, mit welchen Methoden das Umtauschverhältnis ermittelt worden ist, warum die Anwendung der zugrunde gelegten Methoden angemessen ist und schließlich wie die angewandten Methoden ineinandergreifen und im Verhältnis zueinanderstehen.

2.2.1.5 Zuleitung an den Betriebsrat

Es ist gesetzlich bestimmt, dass der vollständige Vertrag bzw. der Vertragsentwurf (vollständig meint dabei mit allen Unterlagen und sämtlichen Anlagen in ihrer Gesamtheit, vgl. OLG Sachsen-Anhalt vom 17.03.2003, 7 Wx 6/02, NZG 2004, 734) spätestens einen Monat vor der Gesellschafterversammlung von den beteiligten Rechtsträgern an den zuständigen Betriebsrat des jeweiligen Rechtsträgers zuzuleiten ist (§ 5 Abs. 3 UmwG). Der Betriebsrat kann auf eine Zuleitung des Verschmelzungsvertrages auch verzichten, wenn er z.B. der Auffassung ist, dass eine Verschmelzung nur Vorteile mit sich bringt und er sich aus anderen Informationen genügend informiert fühlt (Schröer in Semler/Stengel, Umwandlungsgesetz, 2017, § 5 Rz. 146, Langner in Schmitt/Hörtnagl/Stratz, § 5 UmwG Rz. 125 m.W.N. zur a.A.). Er kann sich jedoch nicht dagegen verwehren, dass ihm der Verschmelzungsvertrag trotz des Verzichts zugeleitet wird (vgl. OLG Sachsen-Anhalt, Beschluss vom 17.03.2003, 7 Wx 6/02, NZG 2004, 734). Bei einer Änderung des Vertrages, die nach der Zuleitung an den Betriebsrat geschieht, ist eine Abwägung erforderlich inwieweit Arbeitnehmerinteressen von der Änderung betroffen sind oder ob sich die Änderungen nur auf Interessen der Anteilsinhaber beziehen (Langner in Schmitt/Hörtnagl/Stratz, UmwG/UmwStG, 2018, § 5 UmwG Rz. 120). Je nach Ergebnis der Abwägung empfiehlt es sich, den geänderten Vertrag erneut dem Betriebsrat zuzuleiten.

Da die Gesetzesbegründung (vgl. Gesetzesbegründung zu § 5 UmwG, BT-Dr. 12/6699 vom 01.02.1994) § 5 Abs. 3 UmwG auch bei der Begründung für § 5 Abs. 1 Nr. 9 UmwG in Bezug nimmt und hierbei von Arbeitnehmervertretungen spricht, lassen sich die Vorschriften der Zuleitung des Vertrages bzw. dessen Entwurfs an den Betriebsrat auch auf andere Vertretungen, wie z.B. dem Personalrat oder anderen Mitarbeitervertretungen analog anwenden (Langner in Schmitt/Hörtnagl/Stratz, UmwG/UmwStG, 2018, § 5 UmwG Rz. 118).

§ 5 Abs. 3 UmwG wird auch von § 17 Abs. 1 UmwG wieder aufgegriffen. Dort ist geregelt, dass ein Nachweis über die rechtzeitige Zuleitung des Vertrages an den Betriebsrat zu erbringen ist, welcher mit den Unterlagen zur Anmeldung der Verschmelzung beim zuständigen Registergericht eingereicht werden muss.

Der Betriebsrat hat trotz der Pflicht zur Zuleitung des Vertrages bzw. des Vertragsentwurfs an diesen, keine Möglichkeit auf dem Klageweg gegen die Verschmelzung vorzugehen. Dieses Klagerecht steht ausschließlich den Vertretungsorganen zu. Regelmäßig wird der Betriebsrat mit etwaigen Einwänden angehört, hat aber – wie gesagt – kein eigenes Klagerecht. Das Prüfungsrecht des Betriebsrates bezieht sich somit lediglich auf die Sozialverträglichkeit der Verschmelzung, dessen Ergebnis aber auch Einfluss auf die Entscheidung der Gesellschafter haben kann. In der Praxis kommt es meistens auf die Unternehmenskultur an, ob mehr oder weniger auf die Arbeitnehmerinteressen Rücksicht genommen wird.

2.2.2 Beschlussphase

Die Beschlussphase beinhaltet vor allem die vorbereitenden Maßnahmen zur Beschlussfassung, aber auch die Beschlussfassung selbst in der Versammlung der Anteilsinhaber, um letztlich einen ordnungsgemäßen und eintragungsfähigen Verschmelzungsbeschluss zu erhalten. Die in der Vorbereitungsphase vorangegangene Erstellung des Verschmelzungsberichtes und die Verschmelzungsprüfung sowie die in der Beschlussphase durchzuführende Vorbereitung und Einberufung der Versammlung der Anteilsinhaber dient vor allem der Willensbildung (Winter in Schmitt/Hörtnagl/Stratz, UmwG/UmwStG, 2018, § 13 UmwG, Rz. 5) für die Beschlussfassung, die in der Beschlussphase letztlich maßgeblich ist.

2.2.2.1 Hinweis auf Verschmelzung in den Bekanntmachungsorganen

Vor der Einberufung der Hauptversammlung sind für die Aktiengesellschaft noch Hinweise in den Bekanntmachungsorganen zu machen.

Bei einer Verschmelzung unter Beteiligung einer AG muss die Bekanntmachung des Verschmelzungsvertrages nach § 61 UmwG beachtet werden. Demnach muss der Verschmelzungsvertrag bzw. der entsprechende Entwurf vor der Einberufung der Hauptversammlung, in der nach § 13 UmwG über den Vertrag abgestimmt wird, **beim zuständigen Registergericht** eingereicht werden, welches in den Bekanntmachungsorganen einen Hinweis auf diese Einreichung zu machen hat. Eine verspätete Einreichung rechtfertigt die Anfechtung des gegebenenfalls gefassten Zustimmungsbeschlusses (Westerburg in Schmitt/Hörtnagl/Stratz, UmwG/UmwStG, 2018, § 61, Rz. 4).

Wie bei der Offenlegung, muss die Einreichung des Verschmelzungsvertrages bzw. dessen Entwurfs ebenfalls mindestens 30 Tage vor dem Tag der Hauptversammlung bei dem Registergericht erfolgen, da die Einberufung der Hauptversammlung nach § 123 AktG mindestens 30 Tage vor dem tatsächlichen Tag der Hauptversammlung erfolgen muss.

2.2.2.2 Einberufung der Versammlung der Anteilsinhaber

Um einen Beschluss für die Verschmelzung und gegebenenfalls auch eine Kapitalerhöhung zu erwirken, müssen die Anteilseigner **im Rahmen einer Versammlung der Anteilseigner zustimmen**. Um der Nichtigkeit durch Formmängel entgegenzuwirken, sind dabei die formalen Anforderungen für die Einberufung zwingend einzuhalten.

Regelungen für die Einberufung der Hauptversammlung einer AG sind in §§ 121 ff. AktG geregelt, für die GmbH befinden sich die Vorschriften in den §§ 48, 49 GmbHG. Sollte der Vorstand im Rahmen der Hauptversammlung nicht vollständig vertreten sein, so gibt dies lediglich Anlass für eine Anfechtung und führt nicht zur Nichtigkeit der gefassten Beschlüsse. § 118 AktG gibt nur vor, dass der Vorstand teilnehmen soll, nicht aber muss. Gleiches gilt, wenn Unterlagen an mehreren Hinterlegungsstellen hinterlegt wurden.

Für die GmbH kommen die §§ 48 ff. und insbesondere § 51 GmbHG zur Anwendung. Bei der GmbH ist die Einberufung einer Gesellschafterversammlung Angelegenheit des Geschäftsführers.

Formmängel bei der Einberufung der Versammlung der Anteilsinhaber können nicht über den Freigabebeschluss oder die Negativerklärung nach § 16 UmwG geheilt werden.

2.2.2.3 Offenlegung

Lediglich für die **Aktiengesellschaft** sind in der Beschlussphase die Offenlegungspflichten nach § 63 UmwG zu beachten.
Ein Verschmelzungsvertrag kann nur mit einem positiven Zustimmungsbeschluss der Hauptversammlung geschlossen werden. Für die Vorbereitung einer solchen Hauptversammlung ist es notwendig, den Verschmelzungsvertrag bzw. den Entwurf des Verschmelzungsvertrages den Aktionären **vor der Abstimmung zugänglich zu machen**. Hierüber verhält sich § 63 UmwG, der den Umfang der darin bestimmten Offenlegung normiert und aufgrund dessen folgende Unterlagen für die Aktionäre in dem Geschäftsraum der Gesellschaft auszulegen sind:

- Verschmelzungsvertrag bzw. dessen Entwurf,
- die Jahresabschlüsse und die Lageberichte der übertragenden und übernehmenden Rechtsträger für die letzten drei Geschäftsjahre,
- eine Zwischenbilanz, die nicht älter als drei Monate ist für den Fall, dass der letzte Jahresabschluss sich auf ein Geschäftsjahr bezieht, das mehr als sechs Monate vor dem Abschluss des Verschmelzungsvertrages bzw. der Erstellung des Entwurfes abgelaufen ist:
  - → Eine Zwischenbilanz ist nicht vorzulegen, wenn alle Anteilsinhaber auf eine Erstattung eines Verschmelzungsberichts verzichtet haben (§ 8 Abs. 3 1. Alt. UmwG) oder die Gesellschaft einen Halbjahresfinanzbericht nach § 115 WpHG veröffentlicht hat. In letzterem Fall ersetzt der Halbjahresfinanzbericht die Zwischenbilanz.
  - → Für die Notwendigkeit der Aufstellung einer Zwischenbilanz ist wiederum § 17 Abs. 2 UmwG in Bezug zu nehmen. Dieser lässt es zwar zu, der Verschmelzung eine acht Monate (bzw. vorübergehend zwölf Monate (s. hierzu Zusatzinformation in Kapitel 2.2.1.1.1)) alte Bilanz zugrunde zu legen. Aufgrund der in § 63 UmwG bestimmten sechs Monate muss bei einer entsprechenden Hauptversammlung nach sechs Monaten eine Zwischenbilanz im Hinblick auf die acht Monate (bzw. vorübergehend zwölf Monate (s. hierzu Zusatzinformation in Kapitel 2.2.1.1.1)) alte Bilanz erstellt und ebenfalls ausgelegt werden (Rieger in Widmann/Mayer, Umwandlungsrecht, Stand: September 2020, § 63 UmwG, Rz. 15).
- die Verschmelzungsberichte, die nach § 8 UmwG erstellt wurden,
- die Prüfungsberichte, die nach § 12 UmwG erstattet wurden (bei der AG i.V.m. § 60 UmwG).

Falls die Unterlagen unvollständig ausgelegt werden sollten, würde dies zur Anfechtbarkeit des daraufhin getroffenen Beschlusses führen. Grundlage für eine Anfechtbarkeit ist aber, dass der zugrunde gelegte Anfechtungsgrund rechtzeitig gerügt wird (auch unter Beachtung des Mitverschuldens nach § 254 BGB).

Alle auszulegenden Unterlagen sind einem Aktionär auf Verlangen kostenlos in Kopie zur Verfügung zu stellen. Die kann auch auf einem elektronischen Weg geschehen (§ 63 Abs. 3 UmwG).

Die Gesellschaft ist von der physischen Auslegung und der Übersendung an Aktionäre entbunden, wenn die auszulegenden Unterlagen auf der Internetseite veröffentlicht werden (§ 63 Abs. 4 UmwG). Dies kann beispielsweise gut in einem passwortgeschützten Mitgliederbereich geschehen.

Da die Hauptversammlung nach § 123 AktG mindestens 30 Tage vor dem Tag der Hauptversammlung einzuberufen ist, muss die Offenlegung ebenfalls mindestens 30 Tage vor dem Tag der Hauptversammlung erfolgen.

2.2.2.4 Kapitalmaßnahmen

Im Idealfall findet eine **verhältniswahrende Verschmelzung** statt, ohne dass ein Ausgleich von Differenzen stattfinden muss. Dies zugrunde gelegt, findet eine Werterhaltung der Anteile der Anteilseigner des übertragenden Rechtsträgers statt. Die Wertigkeit der Anteile an dem übertragenden Rechtsträger entspricht genau dem Wert der Anteile an dem übernehmenden Rechtsträger. Die einzige Änderung, die eintritt, ist dann die Beteiligungsquote für alle Gesellschafter beim übernehmenden Rechtsträger. Dies hängt mit der „Erhöhung" der Zahl der Gesellschafter zusammen, sodass sich die Verteilung der Beteiligungsquoten automatisch und zwangsläufig ändert.

Sollte eine Werterhaltung nicht durchführbar sein, ist die Folge, dass eine **bare Zuzahlung** geleistet werden muss, damit die Verschmelzung verhältniswahrend durchgeführt werden kann. Die bare Zuzahlung definiert sich als finanzieller Ausgleich für eine verlorene Rechtsposition und kompensiert die wirtschaftliche Verschlechterung eines Anteilsinhabers und wird in der Regel in Geld geschuldet (Heckschen in Widmann/Mayer, Umwandlungsrecht, Stand: September 2020, § 15 UmwG Rz. 1, 95). Anstatt einer baren Zuzahlung werden in der Praxis auch teilweise mehr Stimmrechte oder ähnliche Sonderrechte für die Anteile vergeben.

Findet eine Verschmelzung mit Kapitalerhöhung statt, muss diese beantragt werden, **bevor** die Eintragung in das entsprechende Register beantragt wird (vgl. §§ 53, 66 UmwG). Die Kapitalerhöhung im Rahmen einer Verschmelzung darf allein der Schaffung neuer Anteile dienen, welche zur zwingend notwendigen Gewährung von Anteilen erforderlich sein kann. Auf die Maßnahmen im Rahmen einer Kapitalerhöhung wird durch das UmwG häufig auf das GmbHG und das AktG verwiesen (so z.B. in den §§ 55, 69 UmwG).

2.2.2.4.1 Verschmelzung ohne Kapitalerhöhung

§ 54 UmwG bestimmt die Normen für eine Verschmelzung ohne Kapitalerhöhung, die eine Auflistung von **Kapitalerhöhungsverboten** umfasst (§ 54 Abs. 1 S. 1 UmwG) und in anderer Konstellation den beteiligten Rechtsträgern auch ein **Wahlrecht** für eine Kapitalerhöhung zur Verfügung stellt (§ 54 Abs. 1 S. 2 UmwG).

Insbesondere im Rahmen von Konzernverschmelzungen (siehe hierzu auch ausführlich Kapitel 2.3) gibt es die Möglichkeit, Verschmelzungen ohne Kapitalerhöhungen durchzuführen. Der Gesetzgeber nimmt hierbei insbesondere den sidestep-merger in Bezug (vgl. Gesetzesbegründung zu § 54 UmwG, BT-Dr. 12/6699 vom 01.02.1994). Diese Konzernverschmelzung wurde mit dem Zweiten Gesetz zur Änderung des Umwandlungsgesetzes vom 19.04.2007 (Zweites Gesetz zur Änderung des Umwandlungsgesetzes vom 19.04.2007, BGBl I 2007, 542) durch Einführung von § 54 Abs. 1 S. 3 UmwG erleichtert, der die Möglichkeit des Verzichtes auf Gewährung von Anteilen bei Abgabe notariell beglaubigter Erklärungen erlaubt. Voraussetzung für den Anwendungsfall des Verzichtes ist die vollkommene Interessenübereinstimmung der beteiligten Rechtsträger. Die verspätete Einfügung ist darauf zurückzuführen, dass Konzernverschmelzungen durch Anregung von der Wirtschaft erleichtert werden sollten (vgl. Gesetzesbegründung zu § 54 UmwG, BT-Dr. 12/6699 vom 01.02.1994).

Die fehlende Kapitalerhöhung im Rahmen einer Verschmelzung ist insbesondere auf die Kapitalerhöhungsverbote zurückzuführen, die in § 54 Abs. 1 S. 1 UmwG niedergeschrieben sind. Diese Kapitalerhöhungsverbote umfassen drei Konstellationen, bei denen eine Kapitalerhöhung beim übernehmenden Rechtsträger verboten ist:

1. Wenn **der übernehmende Rechtsträger Anteile des übertragenden Rechtsträgers hält**
   → Über diese Konstellation wird eine Verbindung zu § 20 Abs. 1 Nr. 3 S. 1 Hs. 2 UmwG aufgebaut, der für die Wirkungen der Eintragung einer Verschmelzung besagt, dass eine Gewährung von Anteilen nicht für den Fall vorgesehen ist, dass der übernehmende Rechtsträger Anteilsinhaber des übertragenden Rechtsträgers ist.
   Im Rahmen einer Konzernverschmelzung (upstream-merger, bei der die vorliegende Konstellation häufig Anwendung findet) und hierbei von einer Bilanz ausgehend, findet in diesem Fall nur ein **Aktivtausch** statt (vgl. zum Tauschgeschäft auch Hörtnagl in Schmitt/Hörtnagl/Stratz, UmwG/UmwStG, 2018, § 24 UmwG Rz. 42, 43). Die Aktiva der Tochtergesellschaft gehen in die Eröffnungsbilanz der Muttergesellschaft über, während die Tochtergesellschaft erlischt. Die Anteile der Muttergesellschaft an der Tochtergesellschaft verschwinden durch die Liquidation der Tochtergesellschaft, während die Wirtschaftsgüter der Tochtergesellschaft in die Bilanz der Muttergesellschaft einfließen. Dadurch erübrigt sich die Kapitalerhöhung von selbst. Allerdings muss ein eventueller Übernahmegewinn mit einfließen, sodass die historischen Anschaffungskosten der Anteile an der Tochtergesellschaft bei höheren Übernahmewerten ausgeglichen werden.
   Um die Darstellung zu vereinfachen, macht man sich die Ausführungen am besten über die Visualisierung durch vereinfachte Bilanzkonten verständlich:

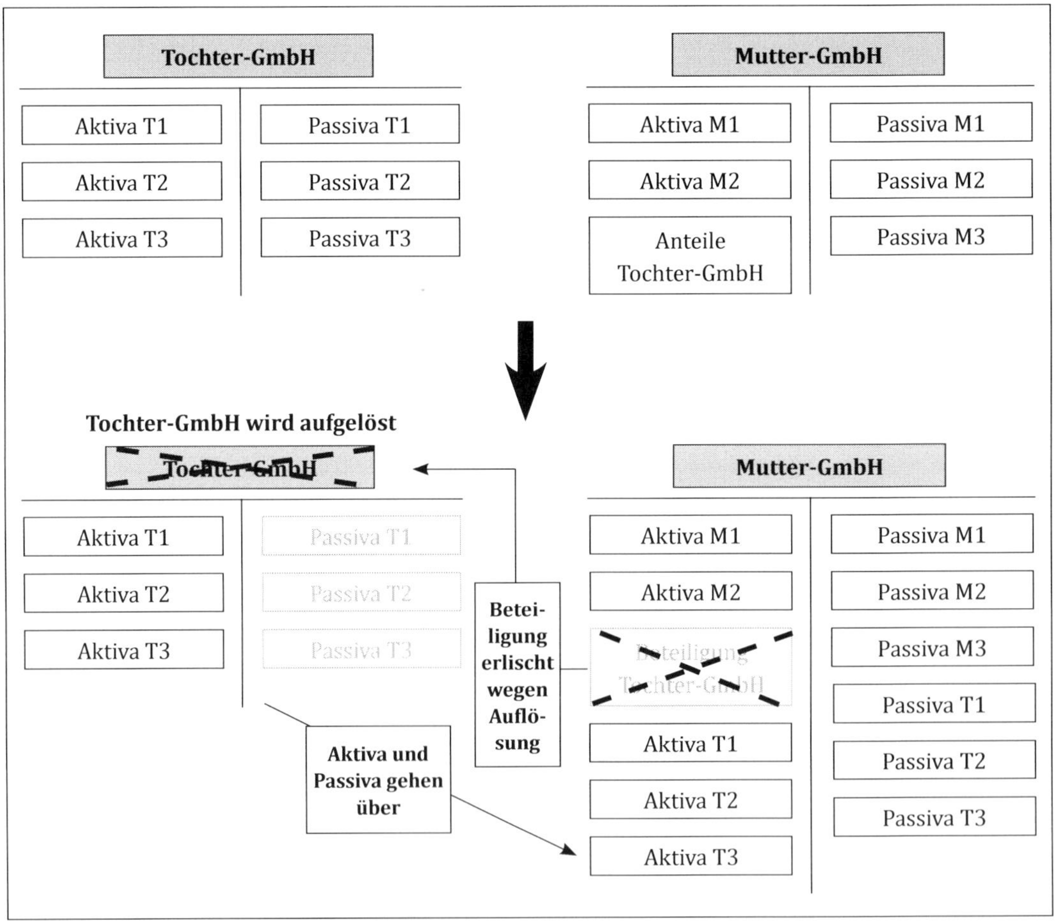

Abbildung 3: Bilanz-Beispiel – Aktivtausch

2. Wenn ein übertragender Rechtsträger **Anteile an sich selbst** hält
   → Wie bei Nr. 1 wird hier eine Verbindung zu § 20 aufgebaut, der in Abs. 1 Nr. 3 S. 1 Hs. 2 UmwG vorgibt, dass eine Anteilsgewährpflicht im Falle, dass der übertragende Rechtsträger Anteile an sich selbst innehat, nicht besteht. Der übertragende Rechtsträger erlischt nach Durchführung der Verschmelzung nach § 20 Abs. 1 Nr. 2 UmwG ohne besondere Abwicklung, sodass auch die an sich selbst gehaltenen Anteile automatisch erlöschen. Das Innehaben eigener Anteile lässt das Trennungsprinzip bei Kapitalgesellschaften zu, das vorgibt, dass die Anteile selbst von dem restlichen Vermögen der Kapitalgesellschaft zu trennen sind.
   In dem Beispielsfall eines upstream-mergers hält die Muttergesellschaft Anteile an der Tochtergesellschaft und die Tochtergesellschaft Anteile an sich selbst. In der Bilanz der Tochtergesellschaft erlischt der an sich selbst gehaltene Geschäftsanteil auf der Aktiva-Seite der Bilanz. Die Anteile fallen in sich zusammen, sodass sich diese Konstellation mit dem Begriff der „**Implosion**" beschreiben lässt.

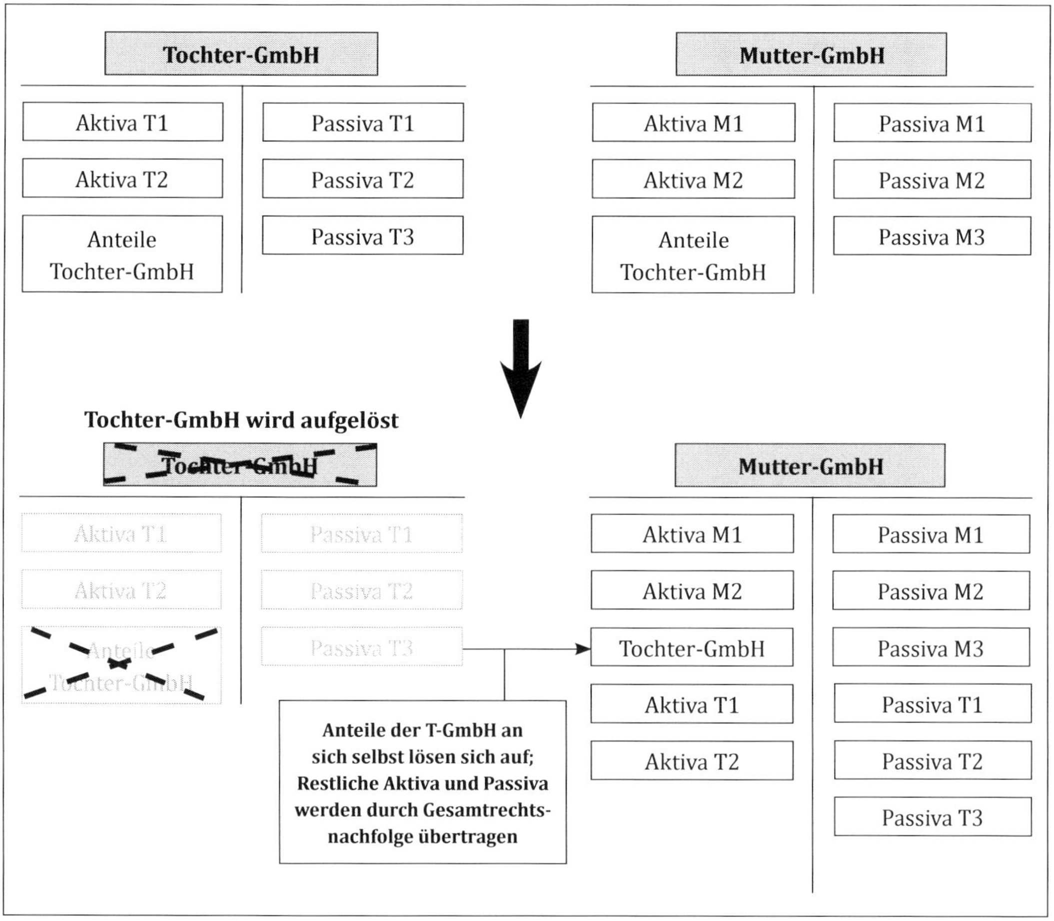

Abbildung 4: Bilanz-Beispiel – Implosion

3. Wenn ein übertragender Rechtsträger **Anteile am übernehmenden Rechtsträger hält, auf die die Einlage noch nicht oder nicht in voller Höhe geleistet** wurde.
   → Die hier angesprochene Konstellation eines Kapitalerhöhungsverbotes findet im Gegensatz zu Nr. 1 und Nr. 2 keine entsprechende Regelung in § 20 UmwG. Hintergrund dieser Vorschrift ist, dass der übernehmende Rechtsträger durch die Gesamtrechtsnachfolge selbst in den Besitz von Anteilen

kommen würde, bei der die Einlage noch nicht geleistet wurde. Dies würde durch einen Untergang der Einlageforderung gegen § 33 Abs. 1 GmbHG verstoßen (Westerburg in: Schmitt/Hörtnagl/Stratz, UmwG/UmwStG, 2018, § 54 Rz. 5). Die Identität von Gläubiger und Schuldner ist in diesem Fall gleich und der übernehmende Rechtsträger wäre dann Gläubiger und Schuldner in einer Person. Dies lässt sich mit dem Begriff der „**Konfusion**" beschreiben (vgl. hierzu auch Mayer in Widmann/Mayer, Umwandlungsrecht, Stand: September 2020, § 54 UmwG Rz. 23; Westerburg in Schmitt/Hörtnagl/Stratz, UmwG/UmwStG, 2018, § 54 UmwG Rz. 5) (vergleichbar mit der Konsolidation bei dinglichen Rechten, § 899 BGB).

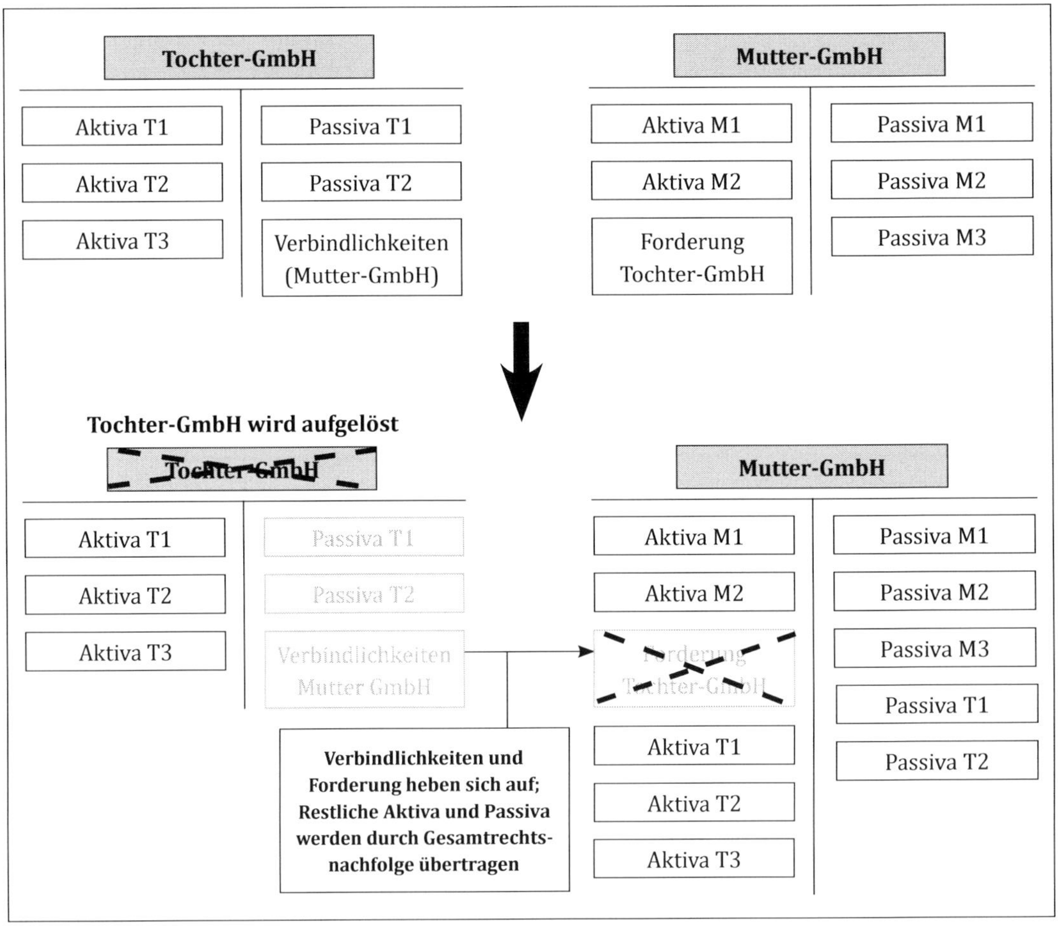

Abbildung 5: Bilanz-Beispiel – Konfusion

Gemäß Gesetzesbegründung sollen die Kapitalerhöhungsverbote an erster Stelle dazu dienen, die Schaffung eigener Geschäftsanteile zu verhindern (vgl. Gesetzesbegründung zu § 54 UmwG, BT-Dr. 12/6699 vom 01.02.1994). Die Kapitalerhöhungsverbote erfassen nur die in § 54 Abs. 1 Nr. 1 bis 3 UmwG genannten Vorgänge und erstrecken sich nicht auf andere Anteilsinhaber (ausgedrückt durch das Wort „soweit" in § 54 Abs. 1 S. 1 UmwG (vgl. hierzu auch Mayer in Widmann/Mayer, Umwandlungsrecht, Stand: September 2020, § 54 UmwG, Rz. 17)). Hält ein übernehmender Rechtsträger nach § 54 Abs. 1 S. 1 Nr. 1 UmwG beispielsweise 80 % der Anteile an einem übertragenden Rechtsträger, so besteht ein Kapitalerhöhungsverbot lediglich für die 80 % der Anteile des übernehmenden Rechtsträgers. Die Anteilsinhaber, die die restlichen 20 % Anteile halten, sind nicht vom Kapitalerhöhungsverbot betroffen und ihnen sind auch entsprechende Anteile nach § 20 Abs. 1 Nr. 3 S. 1 Hs. 1 UmwG zu gewähren.

Insbesondere im Hinblick auf § 54 Abs. 1 S. 1 Nr. 3 UmwG kann man von einer „**Sollbruchstelle**" in dem Verhältnis zu § 20 Abs. 1 Nr. 3 UmwG sprechen, da dieser dort im Gegensatz zu § 54 Abs. 1 S. 1 Nr. 1 und 2 UmwG nicht aufgeführt ist und somit weiter die Anteilsgewährpflicht besteht, obwohl die damit verbundene Kapitalerhöhung nicht durchgeführt werden darf.

Der Gesetzgeber hat für diese Sollbruchstelle jedoch eine Lösung bereitgestellt, welche sodann in § 54 Abs. 1 S. 2 UmwG zu finden ist. Hier gibt er durch das Wort „braucht" eine **Wahlmöglichkeit** dafür vor, dass eine Kapitalerhöhung nicht notwendig sein muss, aber durchgeführt werden kann. Für die beiden im Gesetz genannten Fälle, kann man also ohne Probleme § 20 UmwG anwenden. Die Wahlmöglichkeit wird in folgenden Fällen eröffnet:

1. Wenn der **übernehmende Rechtsträger Anteile an sich selbst** innehat
   → In diesem Fall kann man die den Anteilsinhabern der übertragenden Rechtsträger zu gewährenden Anteile (Anteilsgewährpflicht) aus den von dem übernehmenden Rechtsträger an sich selbst gehaltenen Anteilen ausgeben. Dies macht eine Kapitalerhöhung nicht notwendig. Da aber ein Wahlrecht besteht, können die eigenen Anteile des übernehmenden Rechtsträgers auch wie gehabt verbleiben und eine Kapitalerhöhung durchgeführt werden.
2. Wenn ein **übertragender Rechtsträger Anteile am übernehmenden Rechtsträger hält, auf die die Einlage in voller Höhe erbracht** wurden
   → Dies ist die Lösung zu der „Sollbruchstelle" zwischen § 54 Abs. 1 S. 1 Nr. 3 UmwG zu § 20 Abs. 1 Nr. 3 UmwG. Sobald die noch nicht geleisteten Einlagen erbracht werden, kann das Kapitalerhöhungsverbot umgangen werden, da man dann in den Geltungsbereich des Wahlrechts im Rahmen des § 54 Abs. 1 S. 2 UmwG gelangt. Problemlösung ist also das einfache Nachkommen der Einlagepflicht auf die gehaltenen Anteile, da durch die Gesamtrechtsnachfolge dann im Prinzip vom übernehmenden Rechtsträger eigene Anteile an sich selbst erlangt werden, was die Situation mit der in Nr. 1 vorgestellten Konstellation vergleichbar macht (Westerburg in Schmitt/Hörtnagl/Stratz, UmwG/UmwStG, 2018, § 54 UmwG Rz. 11). Dem übertragenden Rechtsträger werden die von dem übernehmenden Rechtsträger bereits an dem übertragenden Rechtsträger gehaltenen Anteile gewährt. Beim nach der Verschmelzung vorhandenen Gesamtvermögen des übernehmenden Rechtsträgers entspricht der Wert der Anteile bei einer vorherigen 100 %igen Beteiligung dann dem Wert der Anteile des übertragenden Rechtsträgers an dem Vermögen des übernehmenden Rechtsträgers (Hörtnagl in Schmitt/Hörtnagl/Stratz, UmwG/UmwStG, 2018, § 24 UmwG Rz. 48).

2.2.2.4.2 Verschmelzung mit Kapitalerhöhung/Beschluss zur Kapitalerhöhung/ Sachkapitalerhöhung

Der übernehmende Rechtsträger muss gemäß §§ 2, 20 Abs. 1 Nr. 3 UmwG die Anteilsinhaber des übertragenden Rechtsträgers durch Gewährung von Anteilen oder Mitgliedschaften an der Gesellschaft beteiligen. Hierfür ist es in der Regel notwendig, eine **Kapitalerhöhung** durchzuführen und hierdurch die neuen Anteile zu definieren, sofern sich nicht aus § 54 UmwG etwas anderes ergibt.

Der übertragende Rechtsträger hat in der Regel Aktiva und Passiva, welche vom übernehmenden Rechtsträger auch durch die Gesamtrechtsnachfolge übernommen werden. Dies begründet dadurch eine **Sachkapitalerhöhung** bei dem übernehmenden Rechtsträger. Wenn ein Rechtsträger durch die Verschmelzung neu gegründet wird, erfolgt sodann eine **Sachkapitalgründung**, da eine Gründung ohne Barkapital durchgeführt wird. Bei dem Beschluss zu einer Kapitalerhöhung handelt es sich in der Regel um eine Zustimmung zu einer Sachkapitalerhöhung.

Wenn es zu der Konstellation kommt, dass der übernehmende Rechtsträger zur Durchführung der Verschmelzung sein Stammkapital erhöhen muss, ist es wichtig, dass die Erhöhung des Stammkapitals in das entsprechende Register eingetragen wird, bevor die Verschmelzung selbst in das Register eingetragen wird (§ 53 UmwG für die GmbH und § 66 UmwG für die AG). Sodann findet § 55 UmwG (bei der GmbH) bzw. § 69 UmwG (bei der AG) entsprechende Anwendung. In den Paragrafen befinden sich die Regeln des Umwandlungsgesetzes für eine Verschmelzung mit Kapitalerhöhung. Dabei findet sich der Wortlaut des § 55 UmwG in § 69 UmwG wieder mit Anpassungen der Paragrafenangaben sowie einer Ergänzung für die AG in § 69 UmwG. Im Vergleich zu den ausführlichen Regeln der Verschmelzung ohne Kapitalerhöhung in § 54 UmwG, fällt § 55 UmwG optisch sehr kurz aus. In § 55 Abs. 1 UmwG werden lediglich die Regeln aus dem GmbHG aufgelistet, welche zur Durchführung der Verschmelzung mit Kapitalerhöhung nicht zur Anwendung kommen (§§ 55 Abs. 1, 56a, 57 Abs. 2, Abs. 3 S. 1 GmbHG) (nach h.M. gehören ebenfalls § 55 Abs. 3 und unter Bedingung § 55 Abs. 2 GmbHG zu den nicht anwendbaren Regelungen, vgl. Haeder in Henssler/ Strohn, Gesellschaftsrecht, 4. Auflage 2019, § 55 UmwG Rz. 5 m.w.N.). § 55 Abs. 2 UmwG regelt hingegen die außer den in § 57 Abs. 3 Nr. 2 und 3 GmbHG bestimmten Unterlagen zusätzlich beizufügenden Unterlagen für die Anmeldung der Kapitalerhöhung zum Register. Für die Kapitalerhöhung selbst sind unter Ausschluss der genannten Vorschriften die Regelungen des GmbHG für Stammkapitalerhöhungen einschlägig.

Nach § 56 GmbHG sind Kapitalerhöhungen auch mit Sacheinlagen möglich. Bei der Kapitalerhöhung zur Durchführung einer Verschmelzung steht dabei das Vermögen des übertragenden Rechtsträgers als Sacheinlage zur Verfügung, um die Kapitalerhöhung durchzuführen.

Bei der Kapitalerhöhung ist zu beachten, dass die durch die Kapitalerhöhung geschaffenen neuen Anteile durch den Unternehmenswert des übertragenden Rechtsträgers gedeckt ist. Ansonsten käme es zu einer sogenannten **Unter-Pari-Emission**, denn die Sacheinlage wäre sodann nicht vollständig bewirkt (Haeder in Henssler/Strohn, Gesellschaftsrecht, 4. Auflage 2019, § 55 UmwG Rz. 2). Die Kapitalerhöhung wird gem. § 57a i.V.m. § 9c GmbHG durch das zuständige Registergericht überprüft.

Kommt es im Rahmen der Kapitalerhöhung bei der Schaffung neuer Anteile zu der Einräumung von **Sonderrechten** (z.B. Vorkaufsrechten), ist die Kapitalerhöhung nach § 46 Abs. 2 UmwG zwingend in den Verschmelzungsvertrag mit aufzunehmen bzw. dort zu erwähnen. Dies hat insbesondere eine Nachweisfunktion für den betroffenen Anteilsinhaber als auch eine Warnfunktion für den betroffenen und andere Anteilsinhaber (Mayer in Widmann/Mayer, Umwandlungsrecht, Stand: September 2020, § 46 UmwG Rz. 22).

2.2.2.5 Zustimmungsbeschlüsse

Eine Verschmelzung bedarf zwingend der Zustimmung der Anteilsinhaber der beteiligten Rechtsträger durch Fassung eines Verschmelzungsbeschlusses (§ 13 Abs. 1 S. 1 UmwG). Dabei hat die Beschlussfassung ebenso zwingend im Rahmen der Versammlung der Anteilsinhaber stattzufinden (§ 13 Abs. 1 S. 2 UmwG). Die zu fassenden Verschmelzungsbeschlüsse sind demnach Grundvoraussetzung für das Wirksamwerden des Verschmelzungsvertrages.

Die Vorschriften für die Zustimmungsbeschlüsse gelten sowohl für die übertragenden Rechtsträger als auch für die übernehmenden Rechtsträger gleichermaßen. Ausnahmen für die Zustimmungsbeschlüsse gelten lediglich im Rahmen eines upstream-mergers (vgl. Kapitel 2.3.1).

2.2.2.5.1 Vorbereitung der Beschlüsse

Um zu einer wirksamen Beschlussfassung in der Versammlung der Anteilsinhaber zu gelangen, sind einige **vorbereitende Maßnahmen** in der Beschlussphase zu beachten, welche sich aus den jeweils besonderen Vorschriften für die an einer Verschmelzung beteiligten Rechtsträger jeweils individuell ergeben.

- **Personenhandelsgesellschaften (oHG und KG)**
  → **§ 42 UmwG**: Gesellschafter, die nicht an der Geschäftsführung beteiligt sind, müssen spätestens zusammen mit der Einberufung der Gesellschafterversammlung den Verschmelzungsvertrag bzw. dessen Entwurf übersendet bekommen
- **Partnerschaftsgesellschaften (PartG)**
  → **§ 45c UmwG:** Partner einer Partnerschaftsgesellschaft, die von der Geschäftsführung ausgeschlossen sind, sind unter Bezugnahme auf § 42 UmwG zu unterrichten. Sollte keiner der Partner ausgeschlossen sein, ist nicht einmal ein Verschmelzungsbericht erforderlich.

→ **§ 45e UmwG:** Auch dieser Paragraf stellt heraus, dass die §§ 39 bis 45 UmwG entsprechend auf die Partnerschaftsgesellschaft anzuwenden sind. Demnach wird auch § 42 UmwG noch einmal in Bezug genommen und Partner, die von der Geschäftsführung der Partnerschaftsgesellschaft ausgeschlossen sind, haben spätestens mit der Einberufung der Partnerversammlung den Verschmelzungsvertrag oder dessen Entwurf übersandt zu bekommen.

- **Gesellschaft mit beschränkter Haftung (GmbH)**

  → **§ 49 UmwG:** Bei der GmbH muss die Beschlussfassung über den Verschmelzungsbeschluss in der Einberufung der Gesellschafterversammlung angekündigt werden. Dies kann der Einfachheit halber im Wege eines eigenen Tagesordnungspunktes geschehen. Zur Vorbereitung für diese Beschlussfassung sind die Jahresabschlüsse und Lageberichte der letzten drei Geschäftsjahre in den Geschäftsräumen der Gesellschaft auszulegen. Außerdem müssen die Geschäftsführer auf Anfrage eines Gesellschafters jederzeit Auskunft über die Angelegenheiten, die mit der Verschmelzung im Zusammenhang stehen, geben.
- **Aktiengesellschaft (AG)**

  → **§ 63 UmwG:** Zur Vorbereitung der Beschlussfassung im Rahmen einer der Hauptversammlung einer AG sind vor allen Dingen die Unterlagen auszulegen oder anderweitig zugänglich zu machen (s. hierzu Kapitel 2.2.2.3).
- **Eingetragene Genossenschaften (eG)**

  → **§ 82 UmwG:** Bei der eingetragenen Genossenschaft, die im Rahmen der Generalversammlung über einen Verschmelzungsbeschluss abstimmt, sind die Nrn. 1 bis 4 des § 63 Abs. 1 sowie Abs. 2 S. 1 bis 4 UmwG anzuwenden. Anstatt des Prüfungsberichts nach § 63 Abs. 1 Nr. 5 UmwG wird bei der eG jedoch das Gutachten des Prüfungsverbandes nach § 81 UmwG mit ausgelegt. § 82 UmwG hält außerdem noch die Bereitstellung der Unterlagen über die Internetseite der Genossenschaft vor (Abs. 3) sowie die Möglichkeit eines jeden Mitglieds, eine Kopie der Unterlagen anzufordern (Abs. 2).
- **Rechtsfähige Vereine**

  → **§ 102 UmwG:** Zur Vorbereitung der Mitgliederversammlung eines rechtsfähigen Vereins finden ebenfalls die Ausführungen aus § 63 Abs. 1 Nr. 1 bis 4 UmwG Anwendung. Der nach § 63 Abs. 1 Nr. 5 für die AG erforderliche Prüfungsbericht wird ersetzt durch den Prüfungsbericht der Verschmelzung unter Teilnahme eines rechtsfähigen Vereins nach § 100 UmwG.
- **Versicherungsverein auf Gegenseitigkeit (VVaG)**

  → **§ 112 Abs. 1 UmwG:** Auch bei dem VVaG finden § 63 Abs. 1 und Abs. 2 S. 1 bis 4 UmwG Anwendung. Es sind alle dort genannten Unterlagen ab der Einberufung der Versammlung der obersten Vertretung in den Geschäftsräumen zur Einsicht auszulegen sowie die entsprechenden Zwischenbilanzen aufzustellen.
- **Kapitalgesellschaft mit Vermögen eines Alleingesellschafters**

  → **§ 121 UmwG:** Für die Verschmelzung von Kapitalgesellschaften mit dem Vermögen eines Alleingesellschafters sind § 121 UmwG entsprechend die für die Rechtsform der Kapitalgesellschaften geltenden Vorschriften des Ersten und Zweiten Teils anzuwenden (Erster Teil: Allgemeine Vorschriften nach §§ 2–38; Zweiter Teil: Besondere Vorschriften nach §§ 46–59 (GmbH), §§ 60–77 (AG), §§ 78 (KGaA)).

2.2.2.5.2 Beschlussfassung beim übertragenden und übernehmenden Rechtsträger

Bei den Vorschriften über die **Beschlussfassung** lässt sich wiederum das Baukastenprinzip des Aufbaus des UmwG erkennen, weil hier die Regelungen des Allgemeinen Teils und des Besonderen Teils des Zweiten Buches über die Verschmelzung ineinandergreifend sind.

So finden sich im Allgemeinen Teil in § 13 des UmwG allgemeine Vorschriften über die Beschlüsse und den Verschmelzungsvertrag. Hier sind die relativ allgemein gehaltenen Regeln zu finden, dass der Verschmelzungsvertrag nur durch Zustimmung der Anteilsinhaber der beteiligten Rechtsträger wirksam werden kann und diese Beschlussfassung in einer Versammlung der Anteilsinhaber erfolgen muss (§ 13 Abs. 1 UmwG) und diese Zustimmungserklärungen der Anteilsinhaber notariell beurkundet werden müssen (§ 13 Abs. 3 S. 1 UmwG). Zudem ist der Verschmelzungsvertrag bzw. dessen Entwurf als Anlage zu dem erlassenen Beschluss beizufügen sowie den Anteilsinhabern auf individuelles Verlangen eine Kopie des Beschlusses und des Vertrages oder dessen Entwurfs zu erteilen (§ 13 Abs. 3 S. 2 UmwG). § 13 Abs. 2 UmwG bestimmt außerdem, dass eine **Zustimmungserfordernis** zum Verschmelzungsbeschluss von Gesellschaftern für die Wirksamkeit notwendig ist, wenn die Abtretung der Anteile eines übertragenden Rechtsträgers von der Genehmigung dieser Gesellschafter abhängig ist. Dies soll einen Nachteil der eventuell vorhandenen Sonderrechte vorbeugen (Winter in Schmitt/Hörtnagl/Stratz, UmwG/UmwStG, 2018, § 13 UmwG, Rz. 3).

Im Besonderen Teil des Zweiten Buches über die Verschmelzung sind die jeweiligen Vorschriften erneut unter den jeweiligen Abschnitten für die jeweiligen Rechtsformen zu finden:

- **Personenhandelsgesellschaften (OHG und KG)**
  → **§ 43 UmwG:** Bei den Personenhandelsgesellschaften müssen alle Gesellschafter dem Verschmelzungsbeschluss zustimmen. Dies gilt sowohl für die bei der Gesellschafterversammlung anwesenden Gesellschafter als auch für die, die nicht bei der Gesellschafterversammlung erschienen sind (§ 43 Abs. 1 UmwG). Allerdings findet man in § 43 UmwG eine der wenigen Möglichkeiten, das sonst zwingende Recht des UmwG abzudingen. So hat man über den Gesellschaftsvertrag gemäß § 43 Abs. 2 S. 1 und 2 UmwG die Möglichkeit zu bestimmen, dass eine qualifizierte Mehrheitsentscheidung (¾ der abgegebenen Stimmen) für die Beschlussfassung ausreicht. Sofern der übernehmende Rechtsträger eine Personenhandelsgesellschaft ist und ein persönlich haftender Gesellschafter des übertragenden Rechtsträgers oder des übernehmenden Rechtsträgers der Beschlussfassung widerspricht, so ist diesem in dem übernehmenden Rechtsträger die Stellung eines Kommanditisten zu gewähren (§ 43 Abs. 2 S. 3 UmwG).
- **Partnerschaftsgesellschaft (PartG)**
  → **§ 45d UmwG:** In Anlehnung an § 43 UmwG müssen auch bei der Partnerschaftsgesellschaft alle Partner (seien sie bei der Partnerversammlung anwesend oder nicht) dem Verschmelzungsbeschluss zustimmen (§ 45d Abs. 1 UmwG). Auch diese Regelung ist gemäß § 45d Abs. 2 UmwG durch die Festlegung einer qualifizierten Mehrheitsklausel im Partnerschaftsvertrag abdingbar, sodass eine ¾-Mehrheit der abgegebenen Stimmen für die Beschlussfassung ausreichend sein kann.
- **Gesellschaft mit beschränkter Haftung (GmbH)**
  → **§ 50 UmwG:** Für die Gesellschaft mit beschränkter Haftung sieht das Gesetz in § 50 Abs. 1 S. 1 UmwG von Anfang an eine ¾-Mehrheit als ausreichend für die Beschlussfassung an. Gemäß Satz 2 ist diese zwar auch durch eine Regelung im Gesellschaftsvertrag abdingbar, jedoch nur nach oben. Das heißt, dass lediglich eine größere Mehrheit oder weitere andere Erfordernisse in den Gesellschaftsvertrag aufgenommen werden können. Die Mehrheitserfordernisse unterhalb einer ¾-Mehrheit festzulegen ist damit ausgeschlossen. Außerdem bedarf die Verschmelzung der Zustimmung von Gesellschaftern mit besonderen Rechten oder eines Gesellschafters mit Minderheitsrechten (§ 50 Abs. 2 UmwG).
  → **§ 51 UmwG:** Für die GmbH regelt § 51 UmwG noch Sonderfälle, bei denen eine separate Zustimmungserfordernis gilt. Abs. 1 regelt den Sonderfall, wenn noch nicht alle Einlagen einer an einer Verschmelzung beteiligten GmbH geleistet wurden. Ist dies der Fall, wenn die entsprechende GmbH als übernehmender Rechtsträger beteiligt ist, so ist für den Verschmelzungsbeschluss des übertragenden Rechtsträgers die Zustimmung aller bei der Beschlussfassung anwesenden Gesellschafter notwendig. Ist der übertragende Rechtsträger eine Personenhandelsgesellschaft, eine Partnerschaftsgesellschaft oder eine GmbH, so müssen zusätzlich auch alle nicht anwesenden Gesellschafter zustimmen (§ 51 Abs. 1 S. 2 UmwG).
  Bei einer Mehrfachverschmelzung (Rechtsform der GmbH sowohl beim übertragenden als auch beim übernehmenden Rechtsträger) ist die Zustimmung aller Gesellschafter beim übernehmenden

Rechtsträger notwendig, sollte der Fall eintreten, dass beim übertragenden Rechtsträger nicht alle Einlagen bewirkt wurden (§ 51 Abs. 1 S. 3 UmwG).

→ **§ 59 UmwG:** Bei einer Verschmelzung durch Neugründung unter Beteiligung einer GmbH wird der Gesellschaftsvertrag der neu gegründeten Gesellschaft nur wirksam, wenn die Anteilsinhaber aller übertragenden Rechtsträger dem Verschmelzungsbeschluss zustimmen (§ 59 S. 1 UmwG). Diese Zustimmungserfordernis gilt auch für die Bestellung von Geschäftsführern und den Mitgliedern des Aufsichtsrates, wenn diese von den Anteilsinhabern der übertragenden Rechtsträger zu wählen sind (§ 59 S. 2 UmwG).

- **Aktiengesellschaft (AG)**

→ **§ 64 UmwG:** Die in § 63 Abs. 1 UmwG genannten Unterlagen sind auch in der Hauptversammlung zur Einsicht auszulegen und der Vorstand muss den Verschmelzungsvertrag zu Beginn der Hauptversammlung mündlich erläutern. Zu dieser Erläuterung gehören auch wesentliche Veränderungen des Vermögens seit dem Abschluss des Vertrages oder Erstellung des Vertragsentwurfs (§ 64 Abs. 1 S. 1 und 2 UmwG). Diese mitgeteilten wesentlichen Veränderungen sind auch den anderen an der Verschmelzung beteiligten Rechtsträgern mitzuteilen, die wiederum die entsprechenden Anteilsinhaber zu unterrichten haben.

In § 64 Abs. 2 UmwG ist das umfassende Auskunftsrecht normiert, das einem jeden Aktionär gegenüber der Gesellschaft zusteht. Es ist auf Verlangen Auskunft über jede wesentliche Angelegenheit, die in Verbindung mit der Verschmelzung steht, zu erteilen.

→ **§ 65 UmwG:** Wie bei der GmbH sieht das Gesetz für die AG in § 65 Abs. 1 UmwG eine ¾-Mehrheit für die Beschlussfassung in der Hauptversammlung vor. Diese Mehrheit orientiert sich an dem Kapital; es wird von einer sogenannten Kapitalmehrheit gesprochen. Von dieser Mehrheitsvoraussetzung kann abgewichen werden, sofern dies in der Satzung bestimmt wurde. Die Abweichung kann nur in der Weise erfolgen, dass eine größere Kapitalmehrheit oder andere Erfordernisse vorgesehen sind. Eine Abweichung unter ¾ des Kapitals ist nicht möglich.

Da es in einer AG mehrere Arten von Aktien geben kann, wird in § 65 Abs. 2 UmwG bestimmt, dass der Beschluss in der Hauptversammlung der Zustimmung der stimmberechtigten Aktionäre jeder Gattung bedarf. Ansonsten ist der Beschluss unwirksam. Dabei fassen die Aktionäre jeder Aktiengattung einen gesonderten Beschluss über die Zustimmung, auf den wiederum die Mehrheitsverhältnisse aus Abs. 1 des § 65 UmwG anzuwenden sind (§ 65 Abs. 2 S. 2 und 3 UmwG).

→ **§ 76 UmwG:** Ist eine AG als übertragender Rechtsträger an einer Verschmelzung durch Neugründung beteiligt, muss sie mindestens zwei Jahre im jeweiligen Handelsregister eingetragen sein, bevor sie einen Verschmelzungsbeschluss fassen kann (§ 76 Abs. 1 UmwG).

Die Satzung einer neu gegründeten Gesellschaft kann nach § 76 Abs. 2 S. 1 UmwG nur wirksam werden, wenn der Satzung in dem Verschmelzungsbeschluss durch die übertragenden Rechtsträger zugestimmt wurde. Eine entsprechende Regelung findet für die Bestimmung der Aufsichtsratsmitglieder Anwendung, soweit diese nach den Bestimmungen über die Bestellung der Aufsichtsratsmitglieder bei einer Sachgründung nach § 31 AktG zu wählen sind (§ 76 Abs. 2 S. 2 UmwG). Ergänzend bestimmt § 76 Abs. 2 S. 3 UmwG, dass auf eine AG, die als übertragender Rechtsträger bei der Verschmelzung durch Neugründung auftritt, insbesondere unter Bezug auf die Bestimmungen über Regelungen für den neuen Aufsichtsrat § 124 Abs. 2 S. 3, Abs. 3 S. 1 und 3 des AktG anzuwenden ist.

- **Eingetragene Genossenschaft (eG)**

→ **§ 83 UmwG:** Die bereits nach § 82 UmwG jeder beteiligten Genossenschaft zugänglich zu machenden Unterlagen inkl. dem nach § 81 erstatteten Gutachten des Prüfungsverbandes sind gem. § 83 Abs. 1 S. 1 UmwG auch während der Generalversammlung dort auszulegen. Zudem hat der Vorstand den Verschmelzungsvertrag oder dessen Entwurf mündlich bei Beginn der Generalversammlung zu erläutern (§ 83 Abs. 1 S. 2 UmwG). Für die weitere Durchführung bezieht sich § 83 Abs. 1 S. 3 UmwG auf die Anwendung von § 64 Abs. 2 UmwG, der für die AG die Auskunftsrechte der Aktionäre sichert.

→ **§ 84 UmwG:** Wie bei der GmbH und der AG muss ein Verschmelzungsbeschluss mindestens mit einer qualifizierten Mehrheit von ¾ der Stimmen gefasst werden. Eine Abweichung ist möglich, aber wiederum in Anlehnung an die GmbH und die AG nur durch Festlegung einer größeren Mehrheit oder weiterer Anforderungen in der Satzung. Auch bei der eG ist somit eine Beschlussfassung mit einer Mehrheit, die unterhalb einer Mehrheit von ¾ der Stimmen liegt, nicht möglich.

→ **§ 98 UmwG:** Wenn eine eG als übernehmender Rechtsträger an einer Verschmelzung durch Neugründung beteiligt ist, kann die Satzung dieser neuen Gesellschaft nur wirksam werden, wenn alle Anteilsinhaber der übertragenden Rechtsträger dieser zugestimmt haben (§ 98 S. 1 UmwG). Entsprechende Anwendung findet diese Vorschrift gem. § 98 S. 2 UmwG auch auf die Bestellung eines Vorstandes, wenn dieser von den Vertretungsorganen der übertragenden Rechtsträger direkt bestellt wird und für die Bestellung des Aufsichtsrates der neuen Gesellschaft.

- **Rechtsfähige Vereine**

→ **§ 102 UmwG:** Auch für rechtsfähige Vereine gilt gemäß § 102 S. 1 UmwG die Vorschrift, dass in der Mitgliederversammlung, in der über den Verschmelzungsbeschluss abgestimmt wird, die Unterlagen, die sich aus § 63 Abs. 1 Nr. 1 bis 4 UmwG ergeben sowie der nach § 100 UmwG erstellte Prüfungsbericht ausgelegt werden müssen. Nach § 102 S. 2 UmwG sind außerdem die Vorschriften aus § 64 Abs. 1 S. 2 und Abs. 2 UmwG anzuwenden, die eine mündliche Erörterung des Verschmelzungsvertrages zu Beginn der Versammlung vorsehen und den Mitgliedern entsprechende Auskunftsrechte einräumen.

→ **§ 103 UmwG:** Auch bei der Beschlussfassung für den eingetragenen Verein ist mindestens eine Mehrheit von ¾ der Stimmen notwendig, damit der Verschmelzungsbeschluss gefasst werden kann. Über die Satzung kann die Mehrheit nach oben verändert werden und weitere Erfordernisse bestimmt werden. Eine Abweichung unterhalb der ¾-Mehrheit der Stimmen ist wiederum auch hier nicht möglich.

- **Versicherungsverein auf Gegenseitigkeit (VVaG)**

→ **§ 112 Abs. 2, 3 UmwG:** Die Vorschriften für den VVaG beziehen sich auf die Vorschriften der Beschlussfassung für die AG. Die in § 63 Abs. 1 UmwG genannten Unterlagen sind während der Versammlung der obersten Vertretung auszulegen. Nach § 112 Abs. 2 S. 2 UmwG sind wie bereits beim eingetragenen Verein die Vorschriften aus § 64 Abs. 1 S. 2 und Abs. 2 UmwG anzuwenden, der eine mündliche Erörterung des Verschmelzungsvertrages zu Beginn der Versammlung vorsieht und den Mitgliedern ein entsprechendes Auskunftsrecht einräumt.

→ **§ 116 UmwG:** Wie bereits teilweise bei den vorstehenden Gesellschaftsformen vorgeschrieben, ist auch die Satzung eines VVaG, der bei einer Verschmelzung durch Neugründung als übernehmender Rechtsträger auftritt, sowie die Bestellung der Aufsichtsratsmitglieder abhängig von der Zustimmung der übertragenden Vereine in deren Verschmelzungsbeschlüssen. Gemäß § 116 Abs. 1 S. 2 UmwG sind die Regeln aus § 76 Abs. 2 UmwG (siehe hierzu vorstehend unter AG) und von § 112 Abs. 3 UmwG entsprechend anzuwenden.

§ 116 Abs. 2 UmwG sieht wiederum vor, dass der Inhalt des Verschmelzungsvertrages, bei der ein VVaG bei der Verschmelzung durch Neugründung beteiligt ist und über den abgestimmt wird, in der Bekanntmachung der Tagesordnung in wesentlichen Teilen bekanntzumachen ist. Die Bekanntmachung sieht dabei auch vor, dass der Vorstand und Aufsichtsrat Vorschläge für die Wahl der neuen Aufsichtsratsmitglieder machen sowie der Aufsichtsrat allein Vorschläge zur Bestimmung der Prüfer macht.

2.2.2.5.3 Beschlussmängel

Treten Mängel bei der Beschlussfassung auf, kommt es darauf an, welche Art der Mängel vorliegt. Mit der Eintragung kann nach § 20 Abs. 1 Nr. 4 UmwG eine fehlende notarielle Beurkundung des Verschmelzungsvertrages und der erforderlichen Zustimmungs- oder Verzichtserklärungen einzelner Anteilsinhaber **geheilt** werden.

Durch Mängel in der Verschmelzung wird die Verschmelzung aber insgesamt auch nicht unwirksam. Gemäß § 20 Abs. 2 UmwG lassen die Mängel der Verschmelzung die Wirkungen der Eintragung nach § 20 Abs. 1 UmwG unberührt. Die Rechtsfolgen treten somit trotz gegebenenfalls vorliegender Mängel trotzdem ein. Eine **Entschmelzung** ist nicht mehr möglich. Eine falsche Verschmelzung kann aber über den Weg der Spaltung „repariert" werden. Um die Verschmelzung dann noch einmal durchzuführen, um zu dem zunächst angedachten Ergebnis zu gelangen, sind jedoch zwei weitere Umwandlungsvorgänge mit weiteren Notarkosten und Beschlussfassungen etc. durchzuführen.

Auf so schwerwiegende Mängel, die nicht von § 20 Abs. 1 Nr. 4, Abs. 2 UmwG umfasst sind und nicht geheilt werden können, kommt es in der Regel nicht an, da es sich dabei um solch offensichtliche Fehler handelt, bei denen eine Eintragung durch ein Registergericht in jedem Fall abzulehnen wäre. Dies wäre z.B. bei einer Verschmelzung zur Neugründung auf eine nicht existierende Gesellschaftsform als übernehmender Rechtsträger der Fall.

2.2.2.6 Notarielle Beurkundung

Wie bereits in Kapitel 2.2.1.2 ausgeführt, besteht für den Verschmelzungsvertrag die Formerfordernis der notariellen Beurkundung (§ 6 UmwG). Aber auch die Zustimmungserklärungen der einzelnen Anteilsinhabern müssen notariell beurkundet werden (§ 13 Abs. 3 S. 1 UmwG). Sollte dies bis zur Beschlussfassung noch nicht geschehen sein, sollte die notarielle Beurkundung an diesem Zeitpunkt gegebenenfalls nachgeholt werden.

Verschiedene Rechtsgeschäfte (der Zustimmungsbeschlüsse, des Verschmelzungsvertrages, der Gründung einer neuen Gesellschaft im Falle einer Verschmelzung zur Neugründung) können in verschiedenen Beurkundungen vorgenommen werden. Allerdings ist es ratsam, alle Vorgänge zusammen beurkunden zu lassen, um so Notarkosten für mehrere Termine einzusparen.

Bei Verschmelzungen im Grenzgebiet zu Nachbarländern kann die Inanspruchnahme eines ausländischen Notars in Betracht kommen. Dies ist generell zulässig unter der Voraussetzung, dass der Notar der deutschen Sprache mächtig ist. Es soll insoweit eine materielle Richtigkeitsgewähr gewährleistet werden.

2.2.3 Vollzugsphase

In der Vollzugsphase findet letztlich die Eintragung statt, auf die in den ersten beiden Phasen (Vorbereitungs- und Beschlussphase) hingearbeitet wurde. Aus der Vollzugsphase ergeben sich sodann auch alle aus der Verschmelzung resultierenden Rechtsfolgen für die beteiligten Rechtsträger und deren Anteilsinhaber.

2.2.3.1 Anmeldung und Eintragung der Kapitalerhöhung

Wie bereits erwähnt, wird bei der Anmeldung einer Kapitalerhöhung bei einer Verschmelzung unter Beteiligung einer GmbH oder einer AG auf die jeweiligen diesbezüglichen Vorschriften (GmbHG und AktG) verwiesen.

So sind im Rahmen der **Anmeldung einer Kapitalerhöhung** bei der Durchführung einer Verschmelzung unter Beteiligung einer **GmbH** nach § 55 Abs. 2 UmwG sowohl der Verschmelzungsvertrag und die Niederschriften der Verschmelzungsbeschlüsse als auch die in § 57 Abs. 3 Nr. 2 und 3 GmbHG bezeichnete Liste der Personen, welche die neuen Geschäftsanteile übernommen haben (im Fall der Verschmelzung sind dies üblicherweise die Anteilsinhaber der übertragenden Rechtsträger) unter Angabe der jeweiligen Nennbeträge der Geschäftsanteile und die Verträge über die Kapitalerhöhung mit Sacheinlagen nach § 56 GmbHG beizufügen.

Bei einer Verschmelzung mit Kapitalerhöhung unter Beteiligung einer **AG** sind bei der **Anmeldung der Kapitalerhöhung** nach § 69 Abs. 2 UmwG ebenfalls der Verschmelzungsvertrag und die Niederschriften der Verschmelzungsbeschlüsse beizufügen. Die weiteren beizufügenden Anlagen bestimmen sich bei der AG jedoch nach § 188 Abs. 3 Nr. 2 und 3 AktG. Dieser normiert die Beifügung der für die Kapitalerhöhung mit Sacheinlagen geschlossenen Verträge sowie einer Angabe der Kosten, die der Gesellschaft für die Ausgabe der neuen Aktien entstehen.

Für die Eintragung der Kapitalerhöhung ist zu beachten, dass **zuerst** die Kapitalerhöhung eingetragen werden muss, bevor die Verschmelzung selbst eingetragen werden darf (GmbH: § 53 UmwG; AG: § 66 UmwG).

2.2.3.2 Anmeldung der Verschmelzung

Im Anmeldeverfahren ist zu beachten, dass die Verschmelzung zunächst in das Register des übertragenden Rechtsträgers eingetragen werden muss, bevor die Eintragung beim Register des übernehmenden Rechtsträgers erfolgt (§ 19 Abs. 1 S. 1 UmwG).

Gemäß § 16 Abs. 1 UmwG haben alle am Verschmelzungsverfahren beteiligten Rechtsträger die Verschmelzung bei dem jeweils zuständigen Registergericht anzumelden. Die Anmeldung muss durch die jeweiligen Vertretungsorgane erfolgen.

Bei der Verschmelzung durch Neugründung ist der **neu zu gründende Rechtsträger** von den Vertretungsorganen der übertragenden Rechtsträger **gemeinsam** bei dem Registergericht, welches für den Bezirk zuständig ist, in dem der neue Rechtsträger seinen Sitz haben soll, anzumelden. Die Schlussbilanz nach § 17 Abs. 2 UmwG ist lediglich bei der Anmeldung bei dem Registergericht des übertragenden Rechtsträgers beizufügen (Fronhöfer in Widmann/Mayer, Umwandlungsrecht, Stand: September 2020, § 17 UmwG Rz. 64).

2.2.3.2.1 Negativerklärung

Bevor es zu einer Eintragung kommen kann, müssen die Vertretungsorgane der beteiligten Rechtsträger bei der Anmeldung der Verschmelzung eine sogenannte Negativerklärung nach § 16 Abs. 2 UmwG abgeben. Die Negativerklärung ist eine Erklärung, in der dem Registergericht gegenüber bestätigt wird, dass keine Klage gegen den Verschmelzungsbeschluss anhängig ist bzw. falls eine anhängig war, diese abgewiesen wurde. Mit der Abgabe der Erklärung bestätigen die Vertretungsorgane, dass eine Blockade durch Anteilsinhaber ausgeschlossen ist.

Ausführlicher zur Negativerklärung s. Kapitel 2.2.7.

2.2.3.2.2 Freigabeerklärung

Für den Fall, dass tatsächlich eine Klage anhängig ist, die zum Zeitpunkt der Anmeldung noch nicht zurückgewiesen wurde, besteht aber dennoch die Möglichkeit, dass die Verschmelzung ordnungsgemäß angemeldet werden kann. Der Grund für die Errichtung der Möglichkeit trotz einer anhängigen Klage gegen den Verschmelzungsbeschluss auf Grundlage der Freigabeerklärung die Verschmelzung durchführen zu können ist auf das dahinterstehende starke Wirtschaftsinteresse zurückzuführen. Eine Verschmelzung kann insoweit als Unternehmensinteresse die Individualinteressen einzelner Gesellschafter, die sich gegen die Verschmelzung aussprechen, überwiegen.

Der Freigabebeschluss muss nach § 16 Abs. 3 S. 5 UmwG innerhalb von drei Monaten ergehen. Dies wurde im Rahmen des Zweiten Gesetzes über die Änderung des Umwandlungsgesetzes bestimmt, welches am 25.04.2007 in Kraft getreten ist. Diese Ergänzung des dritten Absatzes ist auf § 246a AktG zurückzuführen, der am 22. September 2005 in Kraft getreten ist. § 246a AktG sieht eine Frist von drei Monaten nach Antragstellung für einen Freigabebeschluss vor, was mit § 16 Abs. 3 S. 3 UmwG auch in das Umwandlungsgesetz übernommen wurde.

Ausführlicher zur Freigabeerklärung s. Kapitel 2.2.7.

2.2.3.3 Eintragung der Verschmelzung

Eine Eintragung kann nicht stattfinden, wenn keine Negativerklärung bzw. ein Freigabebeschluss vorliegt (vgl. §§ 19 Abs. 1, 20 UmwG).

Grundsätzlich ist anzumerken, dass es nach einer Eintragung keinen Weg zurück gibt. Es gibt **keinen actus contrarius** (= aufhebender Rechtsakt auf derselben Ebene), der die Verschmelzung rückgängig machen kann. Es kann nach der erfolgten Eintragung also keine „Entschmelzung" mehr geben. Auch die Grundsätze einer fehlerhaften Gesellschaft finden keine Anwendung (Winter in Schmitt/Hörtnagl/Stratz, UmwG/UmwStG, 2018, § 20 UmwG, Rz. 112). Nachfolgend wird unterschieden zwischen der Eintragung im Register des übertragenden und des übernehmenden Rechtsträgers sowie Ausführungen zu verfrühten Eintragungen durch den zuständigen Rechtspfleger gemacht.

2.2.3.3.1 Eintragung im Register des übertragenden Rechtsträgers

Wie bereits ausgeführt, muss eine Verschmelzung erst beim Registergericht des übertragenden Rechtsträgers eingetragen werden, bevor sie beim Registergericht des übernehmenden Rechtsträgers eingetragen werden darf (§ 19 Abs. 1 S. 1 UmwG). Die Eintragung beim übertragenden Rechtsträger wird insoweit mit einem **Vorbehaltsvermerk** versehen, sodass die Verschmelzung dann erst mit Eintragung beim übernehmenden Rechtsträger wirksam wird. Dieser Vermerk erübrigt sich, wenn die Eintragungen am selben Tag stattfinden (§ 19 Abs. 1 S. 2 UmwG).

Sobald das Registergericht des übertragenden Rechtsträgers die Mitteilung erhält, dass die Verschmelzung auch beim Registergericht des übernehmenden Rechtsträgers eingetragen wurde, ist dies im Register zu vermerken, sodass sich der gegebenenfalls eingetragene Vorbehaltsvermerk erübrigt (§ 19 Abs. 2 S. 2 UmwG).

Schließlich sind nach Beendigung des Eintragungsverfahrens alle vom Registergericht des übertragenden Rechtsträgers aufbewahrten Dokumente an das Registergericht des übernehmenden Rechtsträgers zur Aufbewahrung zu übermitteln (§ 19 Abs. 2 S. 2 UmwG).

2.2.3.3.2 Eintragung im Register des übernehmenden Rechtsträgers

Die Eintragung der Verschmelzung beim Registergericht des übernehmenden Rechtsträgers **macht die Verschmelzung endgültig wirksam**. Nach der Eintragung der Verschmelzung beim übernehmenden Rechtsträger hat das Registergericht die Eintragung dem Registergericht des übertragenden Rechtsträgers mitzuteilen (§ 19 Abs. 2 S. 1 UmwG). Mit der Eintragung der Verschmelzung im Register des übernehmenden Rechtsträgers werden alle mit der Verschmelzung im Zusammenhang stehenden Rechtsfolgen (vgl. Kapitel 2.2.4) wirksam.

2.2.3.3.3 Verfrühte Eintragungen

Ein potentieller Kläger hat einen Monat Zeit, um Klage gegen den Verschmelzungsbeschluss zu erheben. Dementsprechend sollte man zwischen Beschlussfassung und der Eintragung mindestens **einen Monat Zeit** verstreichen lassen. Anderenfalls kann es zu einer verfrühten Eintragung kommen. Auch im Falle einer verfrühten Eintragung, ist eine Entschmelzung gem. § 20 Abs. 2 UmwG nicht mehr möglich (actus contrarius).

Dementsprechend verbleibt dann nur die Möglichkeit, **Schadensersatz** im Rahmen einer **Amtshaftungsklage** nach § 839 BGB zu fordern. Die Klage richtet sich dann gegen die Anstellungskörperschaft des zuständigen Rechtspflegers beim Registergericht (vgl. Art. 34 GG). Die Anstellungskörperschaft würde danach selbst entscheiden, ob sie im Anschluss noch Regressansprüche gegen den Beamten geltend macht.

2.2.3.4 Beteiligung eines Treuhänders nach § 71 UmwG

Bei einer Verschmelzung unter Beteiligung einer AG ist gemäß § 71 UmwG ist die Bestellung eines Treuhänders für die Aufbewahrung der Aktien und/oder der baren Zuzahlungen bei der Verschmelzung notwendig.

2.2.3.5 Veröffentlichung bei den beteiligten Rechtsträgern

Sowohl das Registergericht des übertragenden Rechtsträgers als auch das Registergericht des übernehmenden Rechtsträgers haben gemäß § 19 Abs. 3 UmwG i.V.m. § 10 HGB die Eintragung der Verschmelzung in den üblichen **Bekanntmachungsorgangen** ihrem ganzen Inhalt nach zu veröffentlichen. Zu den Bekanntmachungsorgangen gehören die von den jeweiligen Landesjustizbehörden vorgesehenen elektronischen Informations- und Kommunikationssysteme.

2.2.3.6 Gläubigerschutz

Beim Gläubigerschutz ist wiederum die 8-Monats-Frist aus § 17 Abs. 2 S. 4 UmwG zu beachten. Innerhalb von acht Monaten (bzw. zwölf Monaten (s. hierzu Zusatzinformation in Kapitel 2.2.1.1.1)) kann sich in einem Unternehmen sowohl in struktureller als auch wirtschaftlicher Hinsicht viel ändern, sodass die der Verschmelzung zugrunde gelegte Bilanz eventuell nur bedingt dazu geeignet ist, die Verschmelzung auf ihre Wirtschaftlichkeit zu überprüfen (Blasche, RNotZ 2014, 464).

Die Gläubiger der beteiligten Gesellschaften müssen der Verschmelzung nicht zustimmen. Dementsprechend sind gegebenenfalls anderweitige Schutzmaßnahmen zu treffen, um einen Nachteil der Gläubiger durch die Verschmelzung auszuschließen. Vor diesem Hintergrund sieht das Gesetz in **§ 22 UmwG** den Gläubigerschutz vor.

Gründe für einen Nachteil können zum Beispiel dadurch entstehen, dass eine Trennung der Vermögen von übertragenden und übernehmenden Rechtsträgern nicht vorgesehen ist, woraus sich ein **Konkurrieren der jeweiligen Gläubiger** entwickeln kann (Winter in Schmitt/Hörtnagl/Stratz, UmwG/UmwStG, 2018, § 22 UmwG Rz. 1).

Gemäß § 22 Abs. 1 UmwG können Gläubiger nach schriftlicher Anmeldung ihrer Forderung **Sicherheit** im Sinne von § 232 BGB verlangen, wenn sie eine Befriedigung ihrer Forderung nicht verlangen können (§ 22 Abs. 1 S. 1 UmwG). Die Anmeldung der Forderung muss dabei binnen einer Frist von sechs Monaten (Ausschlussfrist!) unter Angabe des Forderungsgrundes und der genauen Höhe geschehen. Voraussetzung für die Geltendmachung ist die Gefährdung der Erfüllung der Forderung durch die Verschmelzung (§ 22 Abs. 1 S. 2 UmwG) und die Glaubhaftmachung der Erfüllung dieser Voraussetzung. Dass hier nur eine Glaubhaftmachung (Stichwort „überwiegend wahrscheinlich" (Seulen in Semler/Stengel, Umwandlungsgesetz, 2017, § 22 Rz. 14)) verlangt wird, hängt mit den Schwierigkeiten zusammen, die der Gesetzgeber bei der Erbringung eines Nachweises, also der Anführung eines Beweises, für die drohende Gefährdung sieht (vgl. Gesetzesbegründung zu § 22 UmwG, BT-Dr. 12/6699 vom 01.02.1994). Schließlich ist in § 22 Abs. 1 S. 3 UmwG geregelt, dass die Möglichkeit der Anmeldung zur Erlangung einer Sicherheitsleistung in der Bekanntmachung durch das Registergericht erfolgen muss. Wie schon in dem Fall einer verfrühten Eintragung, kann die Unterlassung des Hinweises in der Bekanntmachung unter Umständen eine Amtshaftung nach § 839 BGB begründen (Vossius in Widmann/Mayer, Umwandlungsrecht, Stand: September 2020, § 22 UmwG Rz. 62).

§ 22 Abs. 2 UmwG schließt das Recht auf Sicherheit für die Gläubiger aus, die **im Falle einer Insolvenz** auf eine **vorzugsweise Befriedigung** ihrer Ansprüche zurückgreifen können. Schon aus dem Wortlaut („[...], die nach gesetzlicher Vorschrift zu ihrem Schutz errichtet und staatlich überwacht ist.") lässt sich entnehmen, dass der Gesetzgeber hier eine weitere Sicherheitsleistung nicht für erforderlich erachtet. Die Norm im Umwandlungsgesetz ist an § 225 AktG angelehnt, der teilweise Wortgleichheit aufweist.

Ansprüche, für die eine Sicherheitsleistung in Betracht kommen, sind z.B. solche aus vertraglichen Ansprüchen, bedingt befristeten Ansprüchen, Ansprüchen aus unerlaubter Handlung und Gefährdungshaftung, Drittsicherungsgeber und Dauerschuldverhältnisse (Aufzählung mit genaueren Ausführungen: Seulen in Semler/Stengel, Umwandlungsgesetz, 2017, § 22 Rz. 15 ff.). Ausgenommen sind jedoch grundsätzlich **dingliche Ansprüche**, die bereits aus dem dinglichen Recht gesichert sind (Winter in Schmitt/Hörtnagl/Stratz, UmwG/UmwStG, 2018, § 22 UmwG Rz. 5; Vossius in Widmann/Mayer, Umwandlungsrecht, Stand: September 2020, § 22 UmwG Rz. 17, aber strittig: so Seulen in: Semler/Stengel, § 22 UmwG Rz. 7). Die Gläubiger müssen bereits vor der Durchführung der Verschmelzung Gläubiger einer der beteiligten Rechtsträger sein bzw. die angemeldeten Ansprüche müssen bereits vor der Verschmelzung begründet liegen (Seulen in Semler/Stengel, Umwandlungsgesetz, 2017, § 22 Rz. 9; Winter in Schmitt/Hörtnagl/Stratz, UmwG/UmwStG, 2018, § 22 UmwG Rz. 6; Vossius in Widmann/Mayer, Umwandlungsrecht, Stand: September 2020, § 22 UmwG Rz. 19).

Des Weiteren haben die Gläubiger eines übertragenden Rechtsträgers nach § 25 Abs. 1 S. 1 UmwG das Recht, **Schadensersatz** bei den Vertretungs- und/oder Aufsichtsorganen, die gegebenenfalls als Gesamtschuldner in Anspruch zu nehmen sind, zu verlangen, wenn sie durch die Verschmelzung einen Nachteil erleiden. Eine Verjährungsfrist für die Geltendmachung des Schadensersatzes ist in § 25 Abs. 3 UmwG geregelt, welche 5 Jahre ab dem Zeitpunkt der Eintragung in das Register des übernehmenden Rechtsträgers läuft.

In diesem Rahmen ist es erwähnenswert, dass § 25 Abs. 2 S. 1 UmwG – anscheinend entgegen der automatischen Liquidation des Rechtsträgers im Wege der Gesamtrechtsnachfolge – das Fortbestehen des übertragenden Rechtsträgers für solche Ansprüche vorsieht, wenn sie mit der Verschmelzung direkt in Verbindung stehen. Dabei handelt es sich aber lediglich um eine **Fiktion des Fortbestehens**, die sich auf das Wiederaufleben der Rechtspersönlichkeit des Rechtsträgers bezieht, weil der Rechtsträger im Rahmen des § 20 Abs. 1 Nr. 2 UmwG bereits aufgelöst wurde (Winter in Schmitt/Hörtnagl/Stratz, UmwG/UmwStG, 2018, § 25 UmwG Rz. 38 ff.). Das soll u.a. die Prozessfähigkeit des Rechtsträgers in einem eventuellen Fall des Prozesses über die Ansprüche sicherstellen. Etwaige andere Wirkungen außerhalb des Auflebens der Rechtspersönlichkeit sind nicht von der Fiktion des Fortbestehens umfasst (Winter in Schmitt/Hörtnagl/Stratz, UmwG/UmwStG, 2018, § 25 UmwG Rz. 40). Dies wird bestätigt durch § 26 Abs. 1 S. 1 UmwG, der für den Fall der Fiktion des Fortbestehens einen gesonderten Vertreter vorsieht und nicht die vor der Verschmelzung tätigen Vertretungsorgane in Bezug nimmt. § 26 UmwG insgesamt regelt sodann die Vorschriften über das Verfahren für die Geltendmachung des Schadensersatzes und die Vorschriften über die Tätigkeit des Vertreters, der durch das Registergericht des übertragenden Rechtsträgers auf Antrag bestimmt wird.

2.2.4 Rechtsfolgen einer Verschmelzung

Eines der entscheidenden Elemente im Rahmen einer Verschmelzung, im Prinzip jedoch auch bei jedem anderen Umwandlungsvorgang, sind die Rechtsfolgen. Sobald die Verschmelzung auch bei dem Registergericht des übernehmenden Rechtsträgers eingetragen wurde, treten die Rechtsfolgen der Verschmelzung in Kraft.

§ 20 Abs. 1 UmwG gibt einen Überblick über die Rechtsfolgen:

1. Das Vermögen des übertragenden Rechtsträgers geht im Wege der **Gesamtrechtsnachfolge** in einem Akt (uno actu) auf den übernehmenden Rechtsträger über.
2. Die übertragenden Rechtsträger **lösen sich ohne Liquidation auf.**
3. Die **Anteilsgewährpflicht** greift, wobei etwaige Rechte Dritter (z.B. Nießbrauch o.ä.) weiter bestehen bleiben.
4. Ein Formmangel der notariellen Beurkundung wird mit der Eintragung, also dem Vollzug, automatisch **geheilt.**

Eine Entschmelzung ist nicht mehr möglich, sobald die Verschmelzung in das Register des übernehmenden Rechtsträgers eingetragen ist, was sich aus § 20 Abs. 2 UmwG ergibt. Sofern sich jedoch überaus gravierende Mängel ergeben, kann eine Verschmelzung von Gesetzes wegen als nichtig anzusehen sein. Das ergibt sich zum Beispiel in dem Fall, wenn eine Umwandlungsform oder eine gewählte Gesellschaftsform nicht dem Gesetz entspricht. Werden im Verschmelzungsprozess Fehler begangen, die nicht gravierend sind, werden diese durch die Eintragung beim übernehmenden Rechtsträger geheilt und lassen nicht generell die Rechtsgrundlage der Verschmelzung entfallen (BGH vom 29.06.2001, V ZR 186/00, BeckRS 2001, 7163, m.w.N.).

2.2.4.1 Vermögensübertragung im Wege der Gesamtrechtsnachfolge

Wie bereits zu Beginn ausgeführt, findet im Rahmen einer Umwandlung die Vermögensübertragung im Wege der sogenannten Gesamtrechtsnachfolge (Universalsukzession) statt. Die Gesamtrechtsnachfolge macht die Möglichkeiten der Umwandlung zu so einem interessanten Weg der Umstrukturierung, weil die einzelnen Vermögenswerte bzw. Vermögensgegenstände nicht der Einzelübertragung und dem sachenrechtlichen Bestimmtheitsgrundsatz unterliegen. Aber auch hierbei muss man den Unterschied zu der beschränkten Gesamtrechtsnachfolge betonen, welche bei der Spaltung Anwendung findet (hier muss der jeweilige Teilbetrieb (ein Teilbetrieb ist ein „organisch geschlossener, mit einer gewissen Selbständigkeit ausgestatteter Teil eines Gesamtbetriebes zu verstehen, der – für sich betrachtet – alle Merkmale eines Betriebes i.S.d. EStG aufweist und als solcher nach Art eines selbständigen Zweigbetriebes lebensfähig ist“, BFH vom 10.10.2001, XI R 35/00, DStRE 2002, 423) genau bestimmt sein).

Außer der im Einleitungsteil bereits angesprochenen Formulierung aus § 2 UmwG („als Ganzes“) wird die Gesamtrechtsnachfolge vor allem bei den Wirkungen der Verschmelzung in § 20 Abs. 1 Nr. 1 UmwG benannt. Die Vorschrift gibt vor, dass das Vermögen des übertragenden Rechtsträgers (gemeint ist das **gesamte Vermögen**) einschließlich der Verbindlichkeiten in einem Akt (**uno actu und ohne gesonderten Übertragungsakt**) auf den übernehmenden Rechtsträger übergeht. Es werden also alle Aktiva und Passiva eines Rechtsträgers übertragen, wozu auch die nicht bilanzierten Vermögensgegenstände zählen (Winter in Schmitt/Hörtnagl/Stratz, UmwG/UmwStG, 2018, § 20 UmwG Rz. 27). Das besondere an der Gesamtrechtsnachfolge ist, dass sie im Gesetz nur noch im Erbfall (§ 1922 BGB) Anwendung findet.

Eine weitere Besonderheit im Rahmen der Übertragung im Wege der Gesamtrechtsnachfolge ist, dass es entfällt, dass Verträge neu gefasst werden müssen. Der übernehmende Rechtsträger tritt als **Rechtsnachfolger** des übertragenden Rechtsträgers automatisch in die bestehenden Verträge ein, ohne dass diese umgeschrieben werden müssen. Insoweit bedarf es auch keiner Zustimmung eventueller Gläubiger, wie dies im Rahmen einer Übertragung nach § 415 BGB vorgeschrieben wäre. Der Gläubigerschutz ist aber – wie bereits in Kapitel 2.2.3.6 beschrieben – auch im Rahmen der Verschmelzung vorhanden.

Wichtig ist also, dass der Übertragungsakt ohne weitere Rechtsakte mit dinglicher Wirkung stattfindet, wie dies bei einer Einzelrechtsnachfolge, welche rechtsgeschäftliche Einzelakte voraussetzt, der Fall wäre. Diese Konstellation der Einzelrechtsnachfolge ist nicht auf die Besonderheiten der Gesamtrechtsnachfolge zugeschnitten (BGH vom 22.09.2016, VII ZR 298/14, NJW 2017, 71 (in diesem Fall insbesondere bezogen auf ein Abtretungsverbot nach §§ 398, 399 BGB)). Beschränkungen im Rahmen der Einzelrechtsnachfolge finden für Vermögensübertragungen im Rahmen des Umwandlungsgesetzes keine Anwendung (BGH vom 22.09.2016, VII ZR 298/14, NJW 2017, 71).

Das Rechtsinstitut der Gesamtrechtsnachfolge wird durch das Gesetz vorgegeben und ist **nicht abdingbar**; auch nicht durch Vereinbarung zwischen zwei Parteien, sondern nur, wenn das Gesetz es zulässt (Winter in Schmitt/Hörtnagl/Stratz, UmwG/UmwStG, 2018, § 20 UmwG Rz. 3, 23, 24). Die Gesamtrechtsnachfolge kann im Zuge einer Verschmelzung durch die Rechtsträger nicht komplett weggelassen werden und auch verbietet es sich, einzelne Gegenstände aus der Vermögensübertragung herauszunehmen.

2.2.4.2 Gewährung von Anteilen

Als Rechtsfolge einer Verschmelzung gibt das UmwG in den §§ 2, 20 Abs. 1 Nr. 3 vor, dass eine Vermögensübertragung gegen Gewährung von Anteilen oder Mitgliedschaften des übernehmenden oder neuen Rechtsträgers an die Anteilsinhaber der übertragenden Rechtsträger erfolgt. Dieses Rechtsmerkmal ist ein **zwingendes Merkmal** einer Verschmelzung.

Mit der Eintragung wird eine Verschmelzung wirksam, sodass der übertragende Rechtsträger nach § 20 Abs. 1 Nr. 2 UmwG erlischt und die bisher an dem übertragenden Rechtsträger gehaltene Anteile automatisch untergehen. Gleichzeitig werden die Anteilsinhaber des übertragenden Rechtsträgers nach § 20 Abs. 1 Nr. 3 UmwG Anteilsinhaber an dem übernehmenden Rechtsträger. Die Anteilsgewährung an dem übernehmenden Rechtsträger kann als Kompensation zu dem Untergang der Anteile an dem übertragenden Rechtsträger gesehen werden (Fronhöfer in Widmann/Mayer, Umwandlungsrecht, Stand: September 2020, § 2 UmwG, Rz. 40).

Von der Frage, ob die zwingende Anteilsgewährung erfolgen muss, ist die Frage abzugrenzen, woher die neuen Anteile stammen (Heidinger in Henssler/Strohn, Gesellschaftsrecht, 4. Auflage 2019, § 20 UmwG, Rz. 56). Um dieser Anteilsgewährpflicht nachzukommen, muss gegebenenfalls zunächst eine Kapitalerhöhung beim übernehmenden Rechtsträger stattfinden. Eine Gewährung in Form von Sachwerten, Übernahme von Verbindlichkeiten o.ä. ist unwirksam (Fronhöfer in Widmann/Mayer, Umwandlungsrecht, Stand: September 2020, § 2 UmwG, Rz. 42).

Das Gesetz gibt im Rahmen der eigentlich zwingend vorgesehenen Anteilsgewährspflicht Ausnahmen vor, die in § 20 Abs. 1 Nr. 3 S. 1 Hs. 2 UmwG normiert sind und mit denen eine Verbindung zu den Vorschriften zur Verschmelzung ohne Kapitalerhöhung in § 54 UmwG hergestellt werden kann (vgl. hierzu Kapitel 2.2.2.4.1).

2.2.4.3 Erlöschen des übertragenden Rechtsträgers

Eine weitere Rechtsfolge ist das automatische Erlöschen des übertragenden Rechtsträgers nach der Verschmelzung (§ 20 Abs. 1 Nr. 2 UmwG). Das Entscheidende bei dem automatischen Erlöschen des übertragenden Rechtsträgers ist, dass er **ohne Liquidation** aufgelöst wird, also ohne weiter erforderliche Rechtsakte (**ipso iure**). Es findet demnach auch keine Liquidationsbesteuerung statt und die Reserven müssen nicht aufgedeckt werden. Es findet sozusagen eine „lautlose Erledigung" des übertragenden Rechtsträgers statt. Spezialgesetzliche Vorschriften aus anderen Gesetzen finden keine Anwendung (Winter in Schmitt/Hörtnagl/Stratz, UmwG/UmwStG, 2018, § 20 UmwG Rz. 7).

Auch das Erlöschen des übertragenden Rechtsträgers ist ein Grund dafür, dass Beschränkungen aus der Einzelrechtsnachfolge keine Anwendung finden, weil dieses Herausnehmen einzelner Vermögenswerte sodann deren Wegfallen bedeuten würde. Etwaige Ansprüche gegenüber dem übertragenden Rechtsträger, die aus der Gesamtrechtsnachfolge ausgeschlossen würden, wären dann sozusagen beim übertragenden Rechtsträger verblieben und würden durch dessen Erlöschen gänzlich wegfallen.

Durch das vollständige Erlöschen des Rechtsträgers entfallen auch alle bisherigen Organstellungen des übertragenden Rechtsträgers. Sollen die Organstellungen vom übertragenden Rechtsträger auf den übernehmenden Rechtsträger übergehen bzw. dort weiter bestehen, so müssen diese Angaben in den Verschmelzungsvertrag aufgenommen werden und die Organe bei dem übernehmenden Rechtsträger neu bestellt werden. Auch etwaige erteilte Handlungsvollmachten oder Prokuren erlöschen durch die Auflösung des Rechtsträgers automatisch, wohingegen einfache Vollmachten bestehen bleiben können (Heidinger in Henssler/Strohn, Gesellschaftsrecht, 4. Auflage 2019, § 20 UmwG Rz. 47, 48). Auf die berechtigte Frage, ob Anstellungsverhältnisse ebenso wie Organstellungen entfallen, weil der Rechtsträger nach Auflösung nicht mehr existiert, wird in Kapitel 6.1 näher eingegangen.

Wie bereits im Kapitel zum Gläubigerschutz ausgeführt, kann unter Bezugnahme auf § 25 UmwG eine Fiktion des Fortbestehens des übertragenden Rechtsträgers – trotz Auflösung – angenommen werden, sofern es sich um die Geltendmachung von Schadensersatzansprüchen gegenüber den Verwaltungsträgern eines übertragenden Rechtsträgers handelt (vgl. hierzu Kapitel 2.2.3.6).

2.2.5 Abfindung von Anteilseignern

Das Umwandlungsgesetz spricht in den §§ 29 ff. UmwG von einem **Abfindungsangebot**, welches gemäß § 29 Abs. 1 S. 4 UmwG in den Verschmelzungsvertrag bzw. dessen Entwurf aufgenommen werden muss. Das Barabfindungsangebot stellt auch eine Art **Minderheitenschutz** dar (vgl. Gesetzesbegründung zu § 29 UmwG, BT-Dr. 12/6699 vom 01.02.1994), welcher auf die möglicherweise abzusehende Überstimmung durch eine qualifizierte Mehrheit zurückzuführen ist. Die Aufnahme eines solchen Abfindungsangebots ist nicht abdingbar (Müller in Henssler/Strohn, Gesellschaftsrecht, 4. Auflage 2019, § 29 UmwG Rz. 3 mit Verweis auf OLG Karlsruhe vom 26.09.2002, 9 U 195/01, NZG 2002, 1118 u.a.) und muss in drei Konstellationen zwingend berücksichtigt werden.

Diese drei Konstellationen stellen die Voraussetzungen für die Entstehung des Abfindungsangebots dar (Winter in Schmitt/Hörtnagl/Stratz, UmwG/UmwStG, 2018, § 29 UmwG Rz. 2) und finden sich in § 29 Abs. 1 UmwG. Zum einen bei der Verschmelzung mit Beteiligung zweier Rechtsträger mit unterschiedlichen Rechtsformen (**Mischverschmelzung**) nach § 29 Abs. 1 S. 1 1. Alt. UmwG (für die Voraussetzung einer Mischverschmelzung sei angemerkt, dass eine AG und eine KGaA nicht als „andere Rechtsformen" im Rahmen der §§ 29, 34 UmwG gelten (§ 78 S. 4 UmwG)), zum anderen bei einer Verschmelzung eines börsennotierten Unternehmens auf einen übernehmenden Rechtsträger, welcher nicht börsennotiert ist (**Delisting**) nach § 29 Abs. 1 S. 1 2. Alt. UmwG und zuletzt gemäß § 29 Abs. 1 S. 2 UmwG in Fällen einer Verschmelzung von Gesellschaften mit derselben Rechtsform, wenn die zu gewährenden Anteile oder Mitgliedschaften bei dem übernehmenden Rechtsträger mit **Verfügungsbeschränkungen** belegt sind.

Es gibt für die Gesellschafter der übertragenden Rechtsträger immer die Möglichkeit, auch gegen eine Verschmelzung mit einem übernehmenden Rechtsträger zu stimmen. Da der Verschmelzungsvertrag bzw. dessen Entwurf vor der Beschlussfassung durch die Versammlung der Anteilseigner denselben vorgelegt wird, muss das Abfindungsangebot dort in jedem Fall aufgenommen werden, da nicht damit gerechnet werden kann, dass immer alle Anteilseigner zustimmen werden und ihnen eine klar benannte Alternative genannt werden muss.

Die Erklärung eines Widerspruches gegen den Beschluss muss in der Versammlung der Anteilseigner, die über den Verschmelzungsbeschluss abstimmt, erklärt werden und in die entsprechende Versammlungsniederschrift aufgenommen werden (§ 29 Abs. 1 S 1 UmwG). Dies ist zwingende Voraussetzung für die Geltendmachung eines Abfindungsanspruchs. Gemäß § 29 Abs. 2 UmwG ist die unrechtmäßige Nichtzulassung zur Versammlung, eine falsche Einberufung der Versammlung oder eine falsche Bekanntmachung des Gegenstandes der Beschlussfassung notwendig, damit ein Widerspruch entfallen kann. Das Abfindungsangebot stellt den **Wertausgleich** dar, der den nicht verschmelzungswilligen Gesellschaftern nach Einlegung des Widerspruchs an Stelle der Anteile an dem übernehmenden Rechtsträger zugesprochen werden soll.

Regelungen über die **Höhe des Abfindungsangebots** finden sich in § 30 UmwG wieder. Dieser besagt, dass die Verhältnisse des übertragenden Rechtsträgers bei der Bestimmung zu berücksichtigen sind. Hierbei stellt das Gesetz auf den Zeitpunkt der Beschlussfassung ab und nicht den tatsächlichen Verschmelzungsstichtag (§ 30 Abs. 1 S. 1 UmwG). Ob das entsprechende Angebot der Barabfindung der Höhe nach gerechtfertigt ist, ist nach § 30 Abs. 2 S. 1 UmwG i.V.m. § 12 Abs. 2 S. 1 UmwG durch den Verschmelzungsprüfer zu prüfen.

Ein Barabfindungsangebot kann durch die Anteilseigner, die ihren Widerspruch zur Niederschrift der Beschlussversammlung erklärt haben, binnen zwei Monaten angenommen werden ab dem Tag, an dem die Eintragung der Verschmelzung beim Registergericht des übernehmenden Rechtsträgers erfolgt ist (§ 31 S. 1 UmwG). Alternativ zur Barabfindung kann ein Anteilsinhaber seine Anteile innerhalb der zweimonatigen Frist unter den Voraussetzungen des § 33 UmwG auch **anderweitig veräußern**.

Bei der zweimonatigen Frist handelt es sich um eine **Ausschlussfrist**, bei deren Versäumen eine Wiedereinsetzung nicht möglich ist (Kalss in Semler/Stengel, Umwandlungsgesetz, 2017, § 31 UmwG Rz. 2; Müller in Henssler/Strohn, Gesellschaftsrecht, 4. Auflage 2019, § 31 UmwG Rz. 4; Winter in Schmitt/Hörtnagl/Stratz, UmwG/UmwStG, 2018, § 31 UmwG Rz. 1 ff.). Jedoch gibt es bei einer Versäumnis der zweimonatigen Frist die Möglichkeit, ein Spruchverfahren einzuleiten und damit in den Anwendungsbereich des § 31 S. 2 UmwG zu kommen. Durch die Anhängigkeit eines Verfahrens nach dem Spruchverfahrensgesetz ist in § 31 S. 2 UmwG geregelt, dass ein Abfindungsangebot zwei Monate nach der Bekanntmachung der Entscheidung im Bundesanzeiger angenommen werden kann; die Frist berechnet sich dann also nicht ab dem Tag der Eintragung beim übernehmenden Rechtsträger. Da für die Einleitung eines Verfahrens nach dem Spruchverfahrensgesetz drei Monate beträgt, kann eine etwaige Fristversäumnis der zweimonatigen Frist unter Umständen hierdurch gegebenenfalls innerhalb der Tage zwischen der zweimonatigen und der dreimonatigen Frist geheilt werden.

§ 29 UmwG führt über § 34 UmwG in das unter Kapitel 2.2.7.4 näher beschriebene Spruchverfahrensgesetz. Damit hat ein einzelner Gesellschafter die Möglichkeit, gegen ein in seinen Augen zu niedriges Abfindungsangebot vorzugehen. Das Einreichen einer wirksamen Klage direkt gegen die komplette Wirksamkeit des Verschmelzungsbeschlusses des übertragenden Rechtsträgers mit dem Grund, dass das Abfindungsangebot zu niedrig sei oder nicht ordnungsgemäß in dem Vertrag angeboten wurde, ist nach § 32 UmwG ausgeschlossen. Der Weg in das Spruchverfahren wirkt also als Alternative zu dem Ausschluss von Klagen gegen den Verschmelzungsbeschluss nach § 32 UmwG (Hörtnagl in Schmitt/Hörtnagl/Stratz, UmwG/UmwStG, 2018, § 1 SpruchG Rz. 5). Die in dem Spruchverfahren erwirkte Entscheidung findet Anwendung auf alle anderen Gesellschafter; ihr kommt eine inter omnes-Wirkung (eine inter omnes-Wirkung ist das Gegenteil einer inter partes-Wirkung. Eine inter omnes-Wirkung entfaltet eine Entscheidung, die für und gegen jedermann wirkt; eine inter partes-Wirkung betrifft nur die an dem jeweiligen Rechtsstreit beteiligten Parteien) zu.

Bei dem Berufen auf § 29 UmwG kommen teilweise auch Probleme auf, die einer näheren Betrachtung bedürfen. So ist eine Verschmelzung zur Neugründung mit einer AG als übernehmender Rechtsträger in der Regel eine Verschmelzung auf eine nicht börsennotierte AG, weil die Börsennotierung erst später stattfindet oder aber eine AG ist noch nicht börsennotiert ist, dies aber beabsichtigt (ausführlich zu den Problemen: Müller in Henssler/Strohn, Gesellschaftsrecht, 4. Auflage 2019, § 29 UmwG Rz. 7 ff.). Im Falle von Verfügungsbeschränkungen nach § 29 Abs. 1 S. 2 UmwG ist insbesondere der Unterschied zwischen gesetzlichen, vertraglichen und schuldrechtlichen Verfügungsbeschränkungen zu beachten.

Die hier behandelten §§ 29 bis 34 UmwG sind nicht auf eingetragene Genossenschaften anzuwenden, soweit sie übertragender Rechtsträger sind (§ 90 Abs. 1 UmwG) und ebenso nicht auf eingetragene Vereine, die nach § 5 Abs. 1 Nr. 9 KStG von der Körperschaftssteuer befreit sind, also Vereine, die gemeinnützige, mildtägige oder kirchliche Zwecke verfolgen (§ 104a UmwG).

2.2.6 Differenzhaftung

Der **Grundfall der Differenzhaftung** ist in § 9 GmbHG geregelt. Es war lange umstritten, ob man das Institut der Differenzhaftung auch auf einen Verschmelzungsfall übertragen kann, z.B. wenn der übertragende Rechtsträger die Bilanzen verfälscht hat oder ohne Rückstellungen, welche normalerweise erforderlich gewesen wären, in die Verschmelzung gegangen ist.

§ 9 GmbHG wendet sich an den **Gesellschafter** der GmbH, welcher dafür sorgen muss, dass ein Fehlbetrag mit einer Einzahlung einer Geldsumme ausgeglichen werden muss, wenn der Wert einer Sacheinlage nicht mit dem Nennwert des Geschäftsanteils übereinstimmt. § 9 GmbHG findet gemäß § 56 Abs. 2 GmbHG auch Anwendung auf eine Kapitalerhöhung mit Sacheinlagen und ist somit auch analog auf § 55 GmbHG anwendbar.

§ 9c GmbHG spricht wiederum die Tatsache an, dass die Eintragung einer angemeldeten Gesellschaft abgelehnt werden muss, wenn eine Sacheinlage nicht unwesentlich überbewertet wurde. Diese Norm richtet sich also an den zuständigen **Rechtspfleger** im Registergericht und ist daher als öffentlich-rechtliche Norm zu bewerten. Aufgrund der Tatsache, dass es sich um eine öffentlich-rechtliche Norm handelt, ist hier auch der Verhältnismäßigkeitsgrundsatz aus dem öffentlichen Recht anzuwenden. Hieraus lässt sich ableiten, dass der Rechtspfleger den Geschäftsführer erst auf den Fehler aufmerksam machen muss, bevor er die Eintragung ablehnt. Es wird also eine Möglichkeit zur Verbesserung gegeben.

Bis zu einem Urteil des BGH (vom 12.03.2007, II ZR 302/05, NZG 2007, 513) ging man davon aus, dass die Differenzhaftung auch auf die Verschmelzung Anwendung finden kann, wenn die Gesellschafter in der Gesellschafterversammlung nicht gegen die Verschmelzung gestimmt haben. Der BGH hingegen hat diese Auslegung verworfen, da dies ein **zu weites Mitwirkungserfordernis** der Gesellschafter darstellen würde. In seinem Urteil hat der BGH die verschuldensunabhängige Differenzhaftung abgelehnt (Reichert in Semler/Stengel, Umwandlungsgesetz, 2017, § 55 UmwG Rz. 11a) mit der Begründung, dass der Auslöser der Differenzhaftung der Gesellschafter ist, der mit zu hohen Werten die Anmeldung der Gesellschaft bewirken möchte. Bei einer Verschmelzung hingegen sind die Auslöser die Vertretungsorgane der beteiligten Rechtsträger, die nicht in jedem Fall eine Stellung als Gesellschafter innehaben. Die Differenzhaftung richtet sich aber sodann ausschließlich gegen die Gesellschafter, die die Verschmelzung nicht bewirkt haben. Wenn durch die Differenzhaftung derjenige belangt wird, der die Differenzhaftung nicht ausgelöst hat, so ist die Differenzhaftung in dieser Konstellation nicht anwendbar.

Diese Rechtsprechung für einen Fall der Differenzhaftung bei einer AG ist dabei nicht ohne weiteres auf die GmbH zu übertragen. Nach h.M. war die Differenzhaftung aufgeteilt auf alle Anteilsinhaber quotal (und nicht gesamtschuldnerisch) anzusetzen, auch wenn einzelne Anteilsinhaber der Verschmelzung nicht zugestimmt haben. Den Anteilsinhabern, die gegen eine Verschmelzung gestimmt haben, stünden aber ggf. Ausgleichsansprüche zu (Haeder in Henssler/Strohn, Gesellschaftsrecht, 4. Auflage 2019, § 55 UmwG Rz. 8).

In einem Urteil aus dem Jahr 2018 hat der BGH die Rechtsprechung betreffend die AG aber **auch für die Anwendung auf Verschmelzungsfälle der GmbH** übernommen (BGH vom 06.11.2018, II ZR 199/17, NZG 2019, 187). Demnach ist eine Differenzhaftung nunmehr auch im Falle der Verschmelzung unter Beteiligung einer GmbH zu verneinen (Mayer in Widmann/Mayer, Umwandlungsrecht, Stand: September 2020, § 55 UmwG Rz. 80, 81).

2.2.7 Rechtsbehelfe im Verschmelzungsverfahren

Es gibt drei Sanktionen im Verschmelzungsverfahren: Die **Nichtigkeit**, die **Anfechtung** sowie die **Nichteintragung**. Während des Verschmelzungsverfahrens sollte man sich immer vergegenwärtigen, was die Sanktionen sind, die bei einem nicht mit dem Umwandlungsgesetz konformen Verhalten eintreten können.

Die Gesellschafter haben die Möglichkeit, entweder eine **Nichtigkeitsklage** oder eine **Anfechtungsklage** zu erheben. Alternativ gibt es die Möglichkeit, über das **Spruchverfahrensgesetz** eine Verbesserung des Umtauschverhältnisses herbeizuführen.

Die Frist zur Erhebung einer Klage gegen die Wirksamkeit des Verschmelzungsbeschlusses beträgt gemäß § 14 Abs. 1 UmwG einen Monat ab dem Zeitpunkt der Beschlussfassung. Erst nach dem Ablauf dieser Frist kann die Verschmelzung zur Anmeldung gebracht werden. Über die Anmeldung selbst verhält sich § 16 UmwG.

§ 16 UmwG bestimmt die Vorschriften über die Anmeldung einer Verschmelzung. Die Möglichkeit der Klageerhebung nach § 14 Abs. 1 UmwG wird von § 16 UmwG wieder aufgegriffen. Hierin ist bestimmt, dass die Vertretungsorgane der an einer Verschmelzung beteiligten Rechtsträger erklären müssen, dass entweder keine Klage gegen den Verschmelzungsbeschluss oder eine Klage nicht fristgerecht erhoben wurde oder eine solche bereits erhobene Klage rechtskräftig abgewiesen oder zurückgenommen wurde. Ohne die ausdrückliche Erklärung der Beteiligten wird eine Eintragung durch das Registergericht nicht stattfinden. Bei dieser Erklärung spricht man von der sogenannten Negativerklärung. Eine **Negativerklärung** kann erst nach dem Ende der einmonatigen Frist nach § 14 Abs. 1 UmwG abgegeben werden, da ansonsten jederzeit noch mit einer Klageerhebung gerechnet werden muss.

In § 16 Abs. 3 UmwG gibt es neben der Negativerklärung die Möglichkeit, eine gleichgestellte **Freigabeerklärung** im Falle einer bereits erhobenen Klage zu erwirken. Die Freigabeerklärung muss beim zuständigen Gericht ausdrücklich durch eigenen Antrag erwirkt werden. Der Antrag hat zum Ziel durch das Gericht anerkennen zu lassen, dass die erhobene Klage einer Eintragung nicht entgegensteht. Das Gesetz sieht **für die Erteilung der Freigabeerklärung drei Voraussetzungen** vor, wobei jede hiervon allein ausreicht, d.h. sie sind nicht als kumulativ anzusehen:

1. Die Klage ist **unzulässig** oder **offensichtlich unbegründet**:
   Ob eine Klage unzulässig ist, lässt sich anhand der gesetzlichen Vorschriften durch das Gericht relativ schnell erkennen, da sich die erste Prüfung einer Klage durch das Gericht auf diesen Punkt bezieht.
   Anders verhält es sich bei der offensichtlichen Unbegründetheit. Lange war es strittig, was unter der offensichtlichen Unbegründetheit zu verstehen ist. Heutzutage geht die h.M. davon aus, dass das Klagebegehren nicht tiefergehend für die Beurteilung analysiert werden muss. Es reicht lediglich eine sum-

marische Prüfung der Argumente. Wenn eine Mehrheit der Argumente gegen die Begründetheit der Klage spricht, kann man davon ausgehen, dass sie offensichtlich unbegründet ist.

2. Der Kläger muss mit seinen **Anteilen mindestens 1.000 €** halten:
Bei dieser Voraussetzung handelt es sich um das sogenannte **Bagatellquorum**. Der Kläger oder die Kläger der in Streit stehenden Klage muss mindestens Anteile in Höhe von 1.000 € halten. Dies muss er nach der Zustellung des Antrags auf eine Freigabeerklärung spätestens eine Woche nach Erhalt durch entsprechende Urkunden nachweisen. Der Kläger kann diese Anteile auch nicht erst nach Erhebung der Klage erwerben, sondern muss bereits vor Einberufung der Versammlung der Anteilseigner, die über den Verschmelzungsbeschluss abgestimmt hat, im Besitz der entsprechenden Anteile gewesen sein.
3. Das **Wirksamwerden der Verschmelzung erscheint vorrangig**:
Die Voraussetzung der Vorrangigkeit kennt man auch aus dem öffentlichen Recht beim einstweiligen Rechtsschutzantrag nach § 80 Abs. 5 VwGO. Es findet hierbei eine **Abwägung** zwischen dem **Vollzugsinteresse** der Verschmelzung und dem **Aufschubinteresse** des Klägers statt, wobei für eine Anmeldung der Verschmelzung das Vollzugsinteresse höher sein muss, als das Aufschubinteresse.
Eine Abwägung kann aber nur stattfinden, wenn der durch die Klage angefochtene Verschmelzungsbeschluss nicht durch einen Rechtsverstoß erlangt wurde, der eine besondere Schwere aufweist. Sobald die besondere Schwere eines Rechtsverstoßes vorliegt, wird keine Abwägung zwischen Vollzugsinteresse und Aufschubinteresse mehr vorgenommen und die Verschmelzung kann bis zum Ende des Verfahrens nicht angemeldet werden. Eine besondere Schwere eines Rechtsverstoßes kann zum Beispiel von der Summierung der Anfechtungsgründe abgeleitet werden. Je mehr Anfechtungsgründe vorliegen, desto größer wird die Schwere des Rechtsverstoßes sein.

Der Gesetzgeber hat die **Verfahrensausgestaltung** für die Erteilung einer Freigabeerklärung so vorgenommen, dass es nicht zu einer unnötigen Verzögerung der Anmeldung der Verschmelzung kommt, indem er festlegt, dass eine Freigabeerklärung in dringenden Fällen sowohl ohne mündliche Verhandlung und spätestens drei Monate nach der Antragstellung ergehen soll (§ 16 Abs. 3 S. 4, 5 UmwG). Für die Erteilung einer Freigabeerklärung im Wege eines Beschlusses ist das jeweilige Oberlandesgericht zuständig (§ 16 Abs. 3 S. 7 UmwG). Der Erlass eines solchen Beschlusses durch das Gericht soll auf Tatsachen beruhen, die vom Antragsteller bzw. vom Antragsgegner glaubhaft gemacht werden (§ 16 Abs. 3 S. 6 UmwG). Da es sich lediglich um Glaubhaftmachungen handelt, müssen hierfür keine richtigen Beweisangebote vorgebracht werden. Es muss nur nachgewiesen werden, dass die Tatsachenbehauptungen tatsächlich vorliegen. Der Beschluss ist zudem nicht anfechtbar (§ 16 Abs. 3 S. 9 UmwG). Es bleibt nach dem Erlass eines Beschlusses lediglich noch der Weg in die Nichtzulassungsbeschwerde.

Sollte sich eine Klage nach dem Erlass des Beschlusses doch als begründet erweisen, haftet der Rechtsträger, der die Freigabeerklärung erwirkt hat, im Wege des **Schadensersatzes** dem Antragsgegner gegenüber für alle Schäden, die aus der auf dem Beschluss beruhenden Eintragung der Verschmelzung entstanden sind (§ 16 Abs. 3 S. 10 UmwG). Die Rückgängigmachung bzw. eine Entschmelzung ist nicht erlaubt. Hiermit wird wiederum eine Art Minderheitenschutz in das Gesetz eingebracht, weil oftmals Gesellschafter, die gegen die Verschmelzung gestimmt haben, als Kläger auftreten und welche durch die qualifizierte Mehrheit in der Beschlussfassung überstimmt wurden und ihre Anfechtung in der Gesellschafterversammlung bereits zu Protokoll gegeben haben.

§ 14 Abs. 2 UmwG bestimmt, dass eine Klage gegen die Wirksamkeit eines Verschmelzungsbeschlusses nicht darauf begründet werden kann, dass das Umtauschverhältnis oder der Gegenwert der Mitgliedschaft am übernehmenden Rechtsträger als nicht geeignet angesehen wird. Für dieses Problem kann man eine Verbindung zwischen § 14 Abs. 2 UmwG zu § 15 UmwG herstellen, der die Regelungen für eine Verbesserung des Umtauschverhältnisses regelt und in das **Spruchverfahrensgesetz** führt. Die Durchsetzung im Rahmen eines Spruchverfahrens kann als Ausgleich für den Ausschluss der Unwirksamkeitsklage nach § 14

Abs. 2 UmwG gesehen werden (Hörtnagl in Schmitt/Hörtnagl/Stratz, UmwG/UmwStG, 2018, § 1 SpruchG, Rz. 3).

Nachdem § 15 Abs. 1 UmwG den § 14 Abs. 2 UmwG wieder aufgenommen hat, steht es dem Betroffenen, der sich in Bezug auf das Umtauschverhältnis oder den Gegenwert der Mitgliedschaft benachteiligt sieht, zu, von dem übernehmenden Rechtsträger eine **bare Zuzahlung** als Ausgleich zu verlangen. Falls es zu Unstimmigkeiten kommt, sieht das Gesetz eine Herbeiführung einer Lösung (die Höhe bzw. eine angemessene Zahlung einer baren Zuzahlung) durch das zuständige Gericht vor, die sich nach dem Spruchverfahrensgesetz bestimmt (siehe hierzu Kapitel 2.2.7.4). Eine bare Zuzahlung ist ab dem ersten Tag nach der erfolgten Bekanntmachung der Eintragung der Verschmelzung nach § 19 Abs. 3 UmwG mit 5 Prozentpunkten über dem jeweiligen gesetzlichen Basiszinssatz zu verzinsen.

Mit der Geltendmachung einer baren Zuzahlung wird nicht die Wirksamkeit des Verschmelzungsbeschlusses an sich in Frage gestellt. Lediglich die persönliche Position des Antragstellers verbessert sich. Es stehen in diesem Fall der Antragstellung also lediglich die Individualinteressen eines Anteilseigners im Vordergrund, wohingegen eine Klage gegen den Verschmelzungsbeschluss eine Wirkung für alle Anteilseigner (inter omnes) haben kann.

2.2.7.1 Nichtigkeit

Die Nichtigkeit tritt **kraft Gesetzes** ein. Man muss also nicht direkt eine Nichtigkeitsklage erheben, um die Nichtigkeit geltend zu machen. Erforderlich ist lediglich, dass die Nichtigkeit in Form einer irgendwie gearteten **Mitteilung** geltend gemacht wird, um diese zu dokumentieren. Eine solche Mitteilung ist zum Beispiel in Form eines Zeitungsartikels denkbar und in einem sehr offensichtlichen Fall ausreichend. Sollten jedoch Zweifel an der Nichtigkeit bestehen, ist es ratsam, eine Nichtigkeitsklage zu erheben, um Rechtssicherheit durch ein Urteil zu bekommen. Die Voraussetzungen etwaiger Nichtigkeitsgründe lassen sich § 241 AktG entnehmen. Die Klagebefugnis im Falle einer Nichtigkeitsklage richtet sich nach § 249 AktG. Sobald die Verschmelzung in das Handelsregister des übernehmenden Rechtsträgers eingetragen wurde und damit wirksam geworden ist, können Nichtigkeitsgründe nicht mehr geltend gemacht werden.

2.2.7.2 Anfechtbarkeit

Die Anfechtbarkeit ist durch Erhebung einer Anfechtungsklage geltend zu machen. Hier ist eine einfache Mitteilung bzw. eine Dokumentation nicht ausreichend. Die Anfechtbarkeit muss **durch das Urteil bestätigt** werden.

Anfechtbar sind die Beschlüsse, die gegen das Gesetz oder die Satzung verstoßen und nicht von der Nichtigkeit umfasst sind. Die Anfechtungsgründe lassen sich § 243 AktG entnehmen. § 243 Abs. 3 AktG bestimmt außerdem Gründe, auf die eine Anfechtung nicht gestützt werden kann. Die Anfechtungsbefugnis richtet sich nach § 245 AktG. Hervorzuheben ist hier, dass eine Anfechtungsbefugnis für Aktionäre nur besteht, wenn sie einen Widerspruch gegen den Beschluss zur Niederschrift in der Hauptversammlung eingelegt haben oder ansonsten nur, wenn sie zu Unrecht nicht zur Hauptversammlung zugelassen worden sind. Die Klage muss innerhalb von einem Monat ab der Beschlussfassung erhoben werden.

Im Zusammenhang mit einer Klageerhebung ist außerdem § 14 UmwG zu beachten (s. Kapitel 2.2.7). Insbesondere die Verschmelzung durch Neugründung kann davor schützen, dass Anfechtungsklagen gegen die Wirksamkeit der Verschmelzung erhoben werden, da in diesem Fall alle Anteilsinhaber § 14 UmwG unterworfen sind (Fronhöfer in Widmann/Mayer, Umwandlungsrecht, Stand: September 2020, § 2 UmwG, Rz. 36).

2.2.7.3 Nichteintragung

Bei der Nichteintragung würde der Antrag auf Eintragung der Verschmelzung durch den zuständigen Rechtspfleger zurückgegeben werden mit dem Hinweis, dass aufgrund von **Eintragungshindernissen** ein neuer Antrag eingereicht werden muss. Dies kann zum Beispiel dann der Fall sein, wenn ein beteiligter

Rechtsträger zu ungenau bezeichnet wurde (Heckschen in Widmann/Mayer, Umwandlungsrecht, Stand: September 2020, § 13 UmwG, Rz. 163.9).

2.2.7.4 Spruchverfahrensgesetz

Teilweise kann es vorkommen, dass sich Anteilsinhaber des übertragenden Rechtsträgers durch die Gewährung zu niedriger Anteile an dem übernehmenden Rechtsträger benachteiligt fühlen, also kein angemessener Gegenwert für die bisher gehaltenen Anteile besteht. In diesem Fall kann man § 15 UmwG zur Anwendung bringen, welcher den Weg in das Spruchverfahrensgesetz eröffnet, um eine **Verbesserung des Umtauschverhältnisses** zu erreichen bzw. die **Höhe der baren Zuzahlung gerichtlich überprüfen** zu lassen.

Die Anwendung des Spruchverfahrensgesetzes für die Geltendmachung einer Verbesserung des Umtauschverhältnisses im Rahmen des § 15 UmwG kommt relativ selten vor, da Verschmelzungen überwiegend zwischen Gesellschaften mit kleineren Gesellschafterkreisen stattfinden, die sich über das Umtauschverhältnis schneller einig werden; im Gegensatz zu Publikumsgesellschaften, bei denen ein solches Verfahren vorkommen kann (Mayer in Widmann/Mayer, Umwandlungsrecht, Stand: September 2020, § 5 UmwG Rz. 94).

Das Spruchverfahrensgesetz (SpruchG) spielt im Zusammenhang mit dem Umwandlungsgesetz aber eben deshalb eine große Rolle, weil sich nur hierüber das Umtauschverhältnis bzw. die in diesem Zusammenhang angebotene bare Zuzahlung und auch die Höhe des Abfindungsangebotes der Höhe nach gerichtlich überprüfen lassen. Ein eingeleitetes Spruchverfahren gestaltet sich prozessökonomisch und fair und hat den Vorteil der einheitlichen Feststellung (Hörtnagl in Schmitt/Hörtnagl/Stratz, UmwG/UmwStG, 2018, § 1 SpruchG, Rz. 1).

In § 1 des SpruchG wird der Anwendungsbereich geregelt. § 1 Nr. 4 nimmt dabei die Vorgänge des UmwG in Bezug (§§ 15, 34, 122h, 122i, 176–181, 184, 186, 196, 212 UmwG), um in diesen Fällen das Verfahren über die Bestimmung der Zuzahlung oder der Barabfindung zu ermöglichen. Bei der Verschmelzung führen insbesondere §§ 15 und 34 UmwG in das SpruchG. Auf europäischer Ebene nehmen die §§ 122h und 122i UmwG die genannten §§ 15 und 34 UmwG in Bezug und erklären diese unter der Prämisse der Zustimmung eines Rechtsträgers, dessen nationales Gesetz ein Spruchverfahren nicht vorsieht, im Verschmelzungsbeschluss für anwendbar.

Anspruchsvoraussetzung ist ein zu niedrig bemessener Gegenwert für die Anteilseigner des übertragenden Rechtsträgers im Hinblick auf die Anteile oder der Mitgliedschaft am übernehmenden Rechtsträger. Die gerichtliche Zuständigkeit für das Verfahren bestimmt sich nach § 2 SpruchG, wonach das Landgericht ausschließlich (Gerichtsstandsvereinbarungen sind demnach nichtig, vgl. hierzu Hörtnagl in Schmitt/Hörtnagl/Stratz, UmwG/UmwStG, 2018, § 2 SpruchG Rz. 7) zuständig ist, in dessen Bezirk der Rechtsträger mit den zum Antrag berechtigten Anteilsinhabern seinen Satzungssitz hat. Antragsberechtigt sind die nach dem Umwandlungsgesetz bestimmten Anteilsinhaber (§ 3 Nr. 3 SpruchG), also diejenigen des übertragenden Rechtsträgers. Das Gesetz regelt auch eindeutig den Zeitpunkt der Antragsberechtigung. Demnach muss der Antragsteller zum Zeitpunkt der Antragstellung selbst Anteilsinhaber sein (§ 3 S. 2 SpruchG), weil die Ansprüche untrennbar mit dem Anteil verbunden (Hörtnagl in Schmitt/Hörtnagl/Stratz, UmwG/UmwStG, 2018, § 3 SpruchG Rz. 5) und nicht auf die Person an sich zurückzuführen sind. Die Antragsgegner sind gem. § 5 SpruchG die übernehmenden oder neuen Rechtsträger.

Bei einer Verschmelzung beträgt die Frist zur Einreichung des Antrages auf Einleitung eines Spruchverfahrens drei Monate ab dem Zeitpunkt der Bekanntmachung der Eintragung der Verschmelzung im Register des übernehmenden Rechtsträgers (§ 4 Abs. 1 Nr. 4 SpruchG i.V.m. § 19 Abs. 3 UmwG, § 10 HGB) (ausführlich und m.w.N. zur Frage, ob auf die Eintragung beim übertragenden oder übernehmenden abzustellen ist, da dies im Gesetz nicht bestimmt ist: Hörtnagl in Schmitt/Hörtnagl/Stratz, UmwG/UmwStG, 2018, § 4 SpruchG Rz. 3). Binnen dieser Frist muss zugleich auch die Begründung des Antrages eingereicht werden (§ 4 Abs. 2 SpruchG), was die Einleitung unnötiger Spruchverfahren, die auf pauschalen unspezifischen

Rügen beruhen, verhindern soll (OLG München vom 11.12.2008, 31 Wx 85/08, BeckRS 2009, 1162). Die in der Antragsbegründung zwingend zu berücksichtigenden Bestandteile sind in § 4 Abs. 2 SpruchG aufgelistet. Wichtig ist, dass es sich bei der dreimonatigen Frist um eine **Ausschlussfrist** handelt, wobei auf die Bekanntmachung selbst und nicht auf die Kenntniserlangung derselben abgestellt wird. Eine Wiedereinsetzung in den vorherigen Stand ist durch die Frist ausgeschlossen. Alle verspäteten Anträge sind als unzulässig zu verwerfen (vgl. für diesen Abschnitt weitere Hinweise auf Literatur und Rechtsprechung: Hörtnagl in Schmitt/Hörtnagl/Stratz, UmwG/UmwStG, 2018, § 4 SpruchG, Rz. 5).

Im Spruchverfahren besteht nach §§ 6 ff. SpruchG die Möglichkeit der Bestellung eines **gemeinsamen Vertreters**, der die Rechte aller Antragsberechtigten wahren soll. Denn auch wenn nicht alle Antragsberechtigten einen Antrag nach dem Spruchverfahrensgesetz stellen, wirkt eine einzelne Entscheidung schon für und gegen alle Antragsberechtigte nach § 13 S. 2 SpruchG (**inter omnes-Wirkung**). Dabei vertritt der Vertreter nicht die Interessen der Antragsberechtigten, die selbst einen Antrag eingereicht haben, sondern derjenigen Antragsberechtigten, die keinen Antrag eingereicht haben, für die die Entscheidung nach § 13 S. 2 SpruchG aber trotzdem Wirkung entfaltet.

Die hier nicht erwähnten Paragrafen des Spruchverfahrensgesetzes befassen sich zum großen Teil mit dem Ablauf des Verfahrens, welches hier nicht ausführlich dargestellt werden soll. Das Verfahren selbst endet schließlich mit einem Beschluss nach § 11 SpruchG oder mit einer gütlichen Einigung. Ein wichtiger Punkt stellt in diesem Zusammenhang § 13 S. 2 SpruchG dar, der – wie bereits ausgeführt – eine Inter-Omnes-Wirkung herausstellt, d.h. die Entscheidung wirkt für und gegen alle Anteilsinhaber, sogar wenn sie keinen eigenständigen Antrag auf Einleitung eines Spruchverfahrens gestellt haben. Zuletzt ist noch anzumerken, dass das SpruchG auf die Vorschriften über das Verfahren in Familiensachen und in den Angelegenheiten der freiwilligen Gerichtsbarkeit Bezug nimmt, soweit im SpruchG selbst nichts anderes bestimmt ist.

2.2.8 Handelsrechtliche Bilanzierungsfragen der Verschmelzung

2.2.8.1 Allgemeines

Das UmwG kennt lediglich zwei eigene Bilanzierungsregelungen, welche u.a. die Verschmelzung betreffen. § 17 Abs. 2 UmwG verpflichtet nur den bzw. die übertragenden Rechtsträger, der Anmeldung der Verschmelzung neben den in § 17 Abs. 1 UmwG genannten Anlagen eine **Schlussbilanz** beizufügen. § 24 UmwG eröffnet dem übernehmenden Rechtsträger ein **Wahlrecht**. Anstatt der **Anschaffungskosten** gemäß §§ 253 Abs. 1, 255 Abs. 1 HGB können auch die **Buchwerte** der Schlussbilanz des/der übertragenden Rechtsträger in der Handelsbilanz angesetzt werden. Für Praxis ist das Heranziehen des Standards IDW RS HFA 42 zu empfehlen.

2.2.8.2 Bilanzierung beim übertragenden Rechtsträger

Nur der übertragende Rechtsträger hat **der Registeranmeldung eine Bilanz beizufügen**. Diese Schlussbilanz ist auf den Tag vor dem Verschmelzungsstichtag aufzustellen, da nur so eine lückenlose Abgrenzung der Ergebniszurechnung gewährleistet ist. Die Eintragung erfolgt nur, wenn die Schlussbilanz auf einen höchstens acht Monate (Jahr 2020: Zwölf Monate (s. hierzu Zusatzinformation in Kapitel 2.2.1.1.1)) vor der Anmeldung liegenden Tag aufgestellt worden ist. Dieser Zeitraum bestimmt sich nach den §§ 187 ff. BGB.

Es wird lediglich eine Bilanz gefordert, mithin keine Gewinn- und Verlustrechnung sowie Anhang (IDW RS HFA 42, Stand: Februar 2013, Rz. 7). Zudem ist keine Feststellung und Offenlegung erforderlich und auf eine Inventur kann ggf. verzichtet werden (IDW RS HFA 42, Stand: Februar 2013, Rz. 13 f.; Hörtnagl in Schmitt/Hörtnagl/Stratz, UmwG/UmwStG, 2018, § 17 UmwG Rz. 18 f.). Sofern nur diese beigefügt wird, sind auch nur die die Bilanz betreffenden Vorschriften des Dritten Buches des HGB für deren Aufstellung und Prüfung anzuwenden. Wahlrechte bezüglich der Ausweisung von Angaben in Bilanz oder Anhang sind zwingend zugunsten der Bilanz auszuüben. Es kann aber auch ein **Jahresabschluss** im Sinne des HGB beigefügt werden, da dieser eine Bilanz einschließt. Das bietet sich insbesondere an, wenn der Stichtag der Schlussbilanz auf den letzten Tag des Geschäftsjahres fällt. Durch eine entsprechende Wahl des Verschmelzungsstichtags auf den Folgetag des letzten Tages des Wirtschaftsjahres des übertragenden Rechtsträgers kann also die separate Aufstellung der Schlussbilanz in Form einer „Zwischenbilanz" unterbleiben.

Die Bilanz ist unter der **Annahme der Fortführung des Unternehmens** i.S.v. § 252 Abs. 1 Nr. 2 HGB aufzustellen, da das Unternehmen an sich zwar rechtlich untergeht, aber im Grunde durch den übernehmenden Rechtsträger weitergeführt wird (vgl. IDW RS HFA 42, Stand: Februar 2013, Rz. 15). Falls beim übernehmenden Rechtsträger andere Ansatz-, Ausweis- oder Bewertungsmöglichkeiten als beim übertragenden Rechtsträger angewandt werden sollen, kann mit der Schlussbilanz nach § 17 Abs. 2 UmwG ein Grund i.S.v. § 252 Abs. 2 HGB vorliegen, das Stetigkeitsgebot zu durchbrechen (IDW RS HFA 42, Stand: Februar 2013, Rz. 17).

Sofern aufgrund eines Übertragungsgewinns noch **verschmelzungsbedingte Ertragsteuern** entfallen, sind diese in der steuerlichen Schlussbilanz, nicht hingegen in der Handelsbilanz nach umstrittener Auffassung des IDW zu berücksichtigen (IDW RS HFA 42, Stand: Februar 2013, Rz. 20; a.A. Hörtnagl in Schmitt/Hörtnagl/Stratz, UmwG/UmwStG, 2018, § 17 UmwG Rz. 29 m.w.N.). Sie sollen vielmehr das Reinvermögen des übernehmenden Rechtsträgers vermindern.

Die Pflicht zur Aufstellung von Jahresabschlüssen, die auf einen Tag nach dem Schlussbilanzstichtag fallen, bleibt auch nach der Anmeldung bis zur Eintragung unberührt. Die Vermögens- und Ergebniszurechnung richtet sich nunmehr aber nach dem wirtschaftlichen Eigentum und ist somit ggf. bereits dem übernehmenden Rechtsträger zuzurechnen, wenn eine **Eintragung hinreichend wahrscheinlich** ist. Diese Verpflichtung erlischt mit der Eintragung, sie geht auch nicht auf den übernehmenden Rechtsträger über.

§ 17 Abs. 2 UmwG begründet keine eigenständige Bilanzierungspflicht. Insbesondere die nach § 3 Abs. 1 Nr. 1 UmwG verschmelzungsfähige PartG ist nicht verpflichtet, nach Handelsrecht Bücher zu führen und somit ggf. nicht in der Lage, aus solchen eine Bilanz abzuleiten. In diesen Fällen ist z.B. die Abgabe einer steuerlichen **Einnahme-Überschuss-Rechnung** denkbar (vgl. Hörtnagl in Schmitt/Hörtnagl/Stratz, UmwG/UmwStG, 2018, § 17 UmwG Rz. 17).

2.2.8.3 Bilanzierung beim übernehmenden Rechtsträger

Die Verschmelzung stellt nach h.M. aus Sicht des übernehmenden Rechtsträgers einen **Anschaffungsvorgang** dar (Hörtnagl in Schmitt/Hörtnagl/Stratz, UmwG/UmwStG, 2018, § 24 UmwG Rz. 10 m.w.N.). Alternativ zu den Anschaffungskosten nach §§ 253 Abs. 1, 255 Abs. 1 HGB können aber auch nach § 24 UmwG die Buchwerte des übertragenden Rechtsträgers angesetzt werden. Das Wahlrecht wird bei inländischen Verschmelzungen im Rahmen der Auf- und Feststellung des Jahresüberschusses des übernehmenden Rechtsträgers ausgeübt. Die Verschmelzung stellt grundsätzlich einen laufenden Geschäftsvorfall dar; eine Verpflichtung zur Erstellung einer Verschmelzungsbilanz besteht nicht. Die Verschmelzung wird also erst im nachfolgenden Jahresabschluss sichtbar, wenn der Verschmelzungsstichtag nicht auf den Tag der Eröffnungsbilanz fällt (entsprechend Verschmelzungsvertrag oder stets bei Verschmelzungen zur Neugründung). Davon losgelöst bleibt jedoch die Verpflichtung nach § 242 Abs. 1 HGB bei Verschmelzung zur Neugründung, dass eine Eröffnungsbilanz aufzustellen ist.

2.2.8.3.1 Ansatz mit den Anschaffungskosten

Wird die Verschmelzung zu Anschaffungskosten vorgenommen, so richtet sich deren **Höhe** nach dem Wert der ausgegebenen Anteile (Verschmelzung mit Kapitalerhöhung) bzw. der untergehenden Beteiligung (Verschmelzung ohne Kapitalerhöhung). Da alle Vermögensgegenstände entgeltlich übernommen werden, sind auch die beim übertragenden Rechtsträger nicht bilanzierten selbst geschaffenen immateriellen Vermögensgegenstände und Geschäfts- oder Firmenwerte beim übernehmenden Rechtsträger in die Bilanz aufzunehmen. Insoweit greift § 248 Abs. 2 HGB nicht (IDW RS HFA 42, Stand: Februar 2013, Rz. 26). Insbesondere ist ein positiver Unterschiedsbetrag nach § 246 Abs. 1 S. 4 HGB als **Geschäfts- oder Firmenwert** zu aktivieren. Für die Praxis begrüßenswert ist die Auffassung des IDW einzuschätzen, dass der Geschäfts- oder Firmenwert bei der Ermittlung der latenten Steuern angesichts des Residualcharakters zunächst unberücksichtigt bleiben kann (IDW RS HFA 42, Stand: Februar 2013, Rz. 59). **Latente Steuern** des übertragenden Rechtsträgers gehen indes nicht automatisch über, sie sind vielmehr auf Ebene des übernehmenden Rechtsträgers neu zu prüfen (IDW RS HFA 42, Stand: Februar 2013, Rz. 39; Hörtnagl in Schmitt/Hörtnagl/Stratz, UmwG/UmwStG, 2018, § 24 UmwG Rz. 25; a.A. Simlacher, DStR 2011, 1872 f.). Durch den Ansatz der Anschaffungskosten ist es in der Regel möglich, einen u.U. unerwünschten handelsrechtlichen Verschmelzungsgewinn bzw. -verlust zu vermeiden. Der Ansatz kann unabhängig von der steuerlichen Behandlung ausgeübt werden.

Bei der Bewertung der übernommenen Vermögensgegenstände und Schulden sollte zwischen Verschmelzungen mit und ohne Kapitalerhöhungen differenziert werden:

Bei Verschmelzungen mit **Kapitalerhöhung bzw. zur Neugründung** wird die Übertragung als **Sacheinlage** behandelt, die Anschaffungskosten bestimmen sich nach dem Wert der ausgegebenen Anteile (ggf. zzgl. beziffertes Agio und Kapitalrücklage i.S.v. § 272 Abs. 2 Nr. 1 HGB) (IDW RS HFA 42, Stand: Februar 2013, Rz. 41 f.). Sofern im Kapitalerhöhungsbeschluss weder ein Agio noch eine Kapitalrücklage bestimmt wird, ist der Ansatz durch Auslegung zu ermitteln. Insofern empfiehlt sich eine entsprechende Regelung im Beschluss.

Bei Verschmelzungen ohne Kapitalerhöhung im Falle eines upstream-Mergers handelt es sich um einen tauschähnlichen Vorgang; die Anschaffungskosten entsprechen dem **Buch- oder Zeitwert der untergehenden Beteiligung**. Auch ein Zwischenwert kann angesetzt werden, sodass die h.M. von einem Bewertungswahlrecht ausgeht (IDW RS HFA 42, Stand: Februar 2013, Rz. 46; Hörtnagl in Schmitt/Hörtnagl/Stratz, UmwG/UmwStG, 2018, § 24 UmwG Rz. 30 ff. m.w.N., wonach nach anderer Auffassung eine zwingende Bewertung mit Zeitwerten zu erfolgen hat). Damit verbunden ist regelmäßig eine Erfolgswirkung, die entsprechend zu buchen ist. Im Fall des downstream-mergers ist nach Auffassung des IDW von einer unentgeltlichen Gesellschafterleistung auszugehen, wobei die Bewertung zum vorsichtig zu schätzenden Zeitwert zu erfolgen hat und der Ausweis im Eigenkapital über eine Kapitalrücklage i.S.v. § 272 Abs. 2 Nr. 4 HGB (bei negativen Reinvermögen hingegen Sachentnahme zur Verrechnung mit dem Eigenkapital) erfolgen soll (IDW RS HFA 42, Stand: Februar 2013, Rz. 47 ff.).

Wenn der übernehmende Rechtsträger **eigene Anteile** hält und insoweit eine Kapitalerhöhung nach §§ 54 Abs. 1 S. 2 Nr. 1, 68 Abs. 1 S. 2 Nr. 1 UmwG entfällt, ist der Vorgang nach § 272 Abs. 1b HGB einer Kapitalerhöhung entsprechend abzubilden (IDW RS HFA 42, Stand: Februar 2013, Rz. 53).

Gegenseitige Forderungen und Verbindlichkeiten des übertragenden und übernehmenden Rechtsträgers erlöschen aufgrund **Konfusion**. Insofern scheidet eine Bilanzierung aus und etwaige Wertunterschiede sind erfolgswirksam zu buchen, wobei bei der IDW beim downstream-merger ohne Kapitalerhöhung wiederum die Kapitalrücklage präferiert (IDW RS HFA 42, Stand: Februar 2013, Rz. 48).

2.2.8.3.2 Ansatz zu Buchwerten

Werden die **Buchwerte des übertragenden Rechtsträgers übernommen**, ist der übernehmende Rechtsträger an die Ansätze in der Schlussbilanz nach § 17 Abs. 2 UmwG gebunden. Im folgenden Jahresabschluss darf jedoch von den Ansatz- und Bewertungsmethoden des übertragenden Rechtsträgers abgewichen werden. Fehler in der Bilanz des übertragenden Rechtsträgers sind beim übernehmenden Rechtsträger zu korrigieren.

Da der Wert der ausgegebenen Anteile bzw. der untergehenden Beteiligungen in den seltensten Fällen mit den Buchwerten korrespondiert, ergibt sich in der Regel ein **Verschmelzungsgewinn oder -verlust**. Dieser reduziert sich ebenfalls um die Verschmelzungskosten, die im Fall der Buchwertverknüpfung nicht als Anschaffungsnebenkosten berücksichtigt werden können (IDW RS HFA 42, Stand: Februar 2013, Rz. 62; Hörtnagl in Schmitt/Hörtnagl/Stratz, UmwG/UmwStG, 2018, § 24 UmwG Rz. 73). Auch hier ist zwischen Verschmelzungen mit und ohne Kapitalerhöhung zu unterscheiden:

- Sofern bei einer Verschmelzung **mit Kapitalerhöhung** der Wert des übernommenen Reinvermögens niedriger als der Wert der Anteile/Beteiligungen ist, entsteht ein Verlust, welcher als Aufwand zu buchen ist. Eine Berücksichtigung als Firmenwert oder eine Verrechnung mit Eigenkapital scheidet aus (IDW RS HFA 42, Stand: Februar 2013, Rz. 70). Im Unterschied dazu ist ein Gewinn in die Kapitalrücklage i.S.v. § 272 Abs. 2 Nr. 1 HGB oder bei Personengesellschaften in die Rücklage nach § 264c Abs. 2 HGB (oder jeweilige Zuordnung zu den Kapitalkonten) einzustellen (IDW RS HFA 42, Stand: Februar 2013, Rz. 68; Hörtnagl in Schmitt/Hörtnagl/Stratz, UmwG/UmwStG, 2018, § 24 UmwG Rz. 77).
- Ohne Kapitalerhöhung ist bei einem upstream-merger sowohl ein Gewinn als auch ein Verlust erfolgswirksam zu erfassen. Bei einem downstream- oder sidestep-merger ist ein Gewinn in die Kapitalrücklage i.S.v. § 272 Abs. 2 Nr. 4 HGB einzustellen, ein Verlust wird mit dem Eigenkapital verrechnet (IDW RS HFA 42, Stand: Februar 2013, Rz. 74 f.).

2.2.8.4 Bilanzierung beim Anteilsinhaber

Auch beim Anteilsinhaber stellen sich bilanzielle Fragen. Im einfachsten Fall gehen einerseits Anteile unter, während er neue Anteile erhält. Es handelt sich damit um einen Tauschvorgang, der nach den allgemeinen Tauschgrundsätzen zu beurteilen ist (IDW RS HFA 42, Stand: Februar 2013, Rz. 77; Hörtnagl in Schmitt/Hörtnagl/Stratz, UmwG/UmwStG, 2018, § 24 UmwG Rz. 99). Wenn die Anteilsinhaber hingegen z.B. beim sidestep-merger auf die Kapitalerhöhung verzichten, da eine Beteiligung am übertragenden und übernehmenden Rechtsträger vorliegt, fehlt es grundsätzlich am Tausch. Da sich der innere Wert der Anteile am übernehmenden Rechtsträger jedoch erhöht, sind nach Auffassung des IDW auch hier sachgerecht die Tauschgrundsätze anzuwenden (IDW RS HFA 42, Stand: Februar 2013, Rz. 78; vgl. hierzu auch Hörtnagl in Schmitt/Hörtnagl/Stratz, UmwG/UmwStG, 2018, § 24 UmwG Rz. 102). Beim Tausch besteht nach h.M. ein Wahlrecht, die Anteile am übernehmenden Rechtsträger mit dem Buchwert der untergehenden Beteiligung am übertragenden Rechtsträger oder deren Zeitwert anzusetzen (Hörtnagl in Schmitt/Hörtnagl/Stratz, UmwG/UmwStG, 2018, § 24 UmwG Rz. 100 m.w.N., wonach jedoch der Ansatz eines Zeitwertes bevorzugt wird).

2.3 Konzernverschmelzungen

Im Rahmen von Konzernverschmelzungen gibt es verschiedene Konstellationen, eine Verschmelzung zwischen zum Konzern gehörigen Gesellschaften durchzuführen. Im Regelfall hält eine Gesellschaft innerhalb des Konzerns Anteile an einer anderen Gesellschaft, was eine Erleichterung im Verschmelzungsprozess mit sich bringen kann.

Zu den Vorgaben der Kapitalmaßnahmen im Rahmen einer Konzernverschmelzung vgl. Kapitel 2.2.2.4.

2.3.1 Verschmelzung einer Tochter- auf die Muttergesellschaft (upstream-merger)

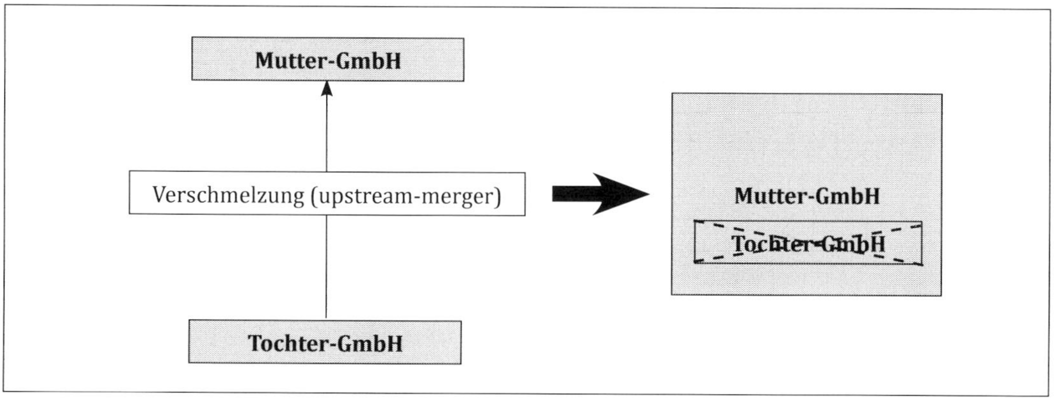

Abbildung 6: upstream-merger

Die Verschmelzung, bei der **die Tochtergesellschaft auf die Muttergesellschaft verschmolzen** wird, nennt man **upstream-merger**. Für diese Fälle gibt es zum Teil gesetzliche Sonderbestimmungen, die einige Schritte im Verschmelzungsprozess vereinfachen.

So bestimmt § 5 Abs. 2 UmwG, dass die in § 5 Abs. 1 UmwG aufgeführten Punkte Nr. 2 bis 5 nicht in den Verschmelzungsvertrag mit aufgenommen werden müssen. Dies gilt jedoch nur für den Fall, dass alle Anteile des übertragenden Rechtsträgers sich in der Hand des übernehmenden Rechtsträgers befinden. Die Muttergesellschaft muss also **100 %iger Anteilseigner** der Tochtergesellschaft sein. Im Falle eines 100 %igen upstream-mergers ist die Angabe eines Umtauschverhältnisses dann nicht erforderlich. Es findet lediglich ein **Aktivtausch** statt, indem die bisherige Beteiligung der Muttergesellschaft an der Tochtergesellschaft durch das im Wege der Gesamtrechtsnachfolge übernommene Vermögen ersetzt wird (Winter in Schmitt/Hörtnagl/Stratz, UmwG/UmwStG, 2018, § 5 UmwG Rz. 9).

Der übernehmende Rechtsträger besitzt prinzipiell bereits alle Anteile des übertragenden Rechtsträgers. Im Rahmen eines upstream-mergers müsste sich die Muttergesellschaft, die 100 %iger Anteilseigner der Tochtergesellschaft ist, bei der Verschmelzung also Anteile an sich selbst gewähren. Diese Verpflichtung der Anteilsgewährung fällt damit in sich selbst zusammen (vgl. Konfusion unter Punkt 2.2.2.4.1). Dabei ist es unerheblich, wenn die Tochtergesellschaft auch eigene Anteile an sich selbst hält, weil auch dann ein Anteilstausch nicht stattfindet (Schröer in Semler/Stengel, Umwandlungsgesetz, 2017, § 5 Rz. 133). Auch § 20 Abs. 1 Nr. 3 S. 1 Hs. 2 UmwG sieht vor, dass eine Anteilsgewährung im Falle eines upstream-mergers nicht umgesetzt werden darf.

Aufgrund der Tatsache, dass die nach § 5 Abs. 1 Nr. 2 bis 5 UmwG vorgegebenen Angaben zum Inhalt des Verschmelzungsvertrages entfallen, ist auch ein Verschmelzungsbericht nicht zu fertigen (§ 8 Abs. 3 S. 1 2. Alt. UmwG). Auch ist eine Verschmelzungsprüfung entbehrlich (§ 9 Abs. 2 UmwG) und daraufhin auch der Prüfungsbericht (§§ 9 Abs. 3, 12 Abs. 3 UmwG, die jeweils auf § 8 Abs. 3 bzw. Abs. 2 und 3 UmwG Bezug nehmen).

Die aufgeführten formalen Erleichterungen kommen aber lediglich zur Anwendung, wenn die Muttergesellschaft 100 % der Anteile an der Tochtergesellschaft hält. Gibt es mehrere Anteilseigner oder findet eine Verschmelzung durch Neugründung statt, finden die Erleichterungen keine Anwendung (Hoger in Münchener Handbuch des Gesellschaftsrechts, Band 8, 8. Auflage 2018, § 6 UmwG Rz. 31). Der upstream-merger findet nur auf Kapitalgesellschaften Anwendung, weil Personengesellschaften keine Rechtsträger darstellen, an denen eine alleinige Anteilseignerstellung in Betracht kommt (Schröer in Semler/Stengel, Umwandlungsgesetz, 2017, § 5 Rz. 132).

Bei einem upstream-merger ist es ebenfalls nicht erforderlich, entsprechende Zustimmungsbeschlüsse bei einer Aktiengesellschaft als übernehmenden Rechtsträger einzuholen (vgl. § 62 Abs. 1 S. 1 UmwG). Allerdings findet in diesem Zusammenhang der Schutz von Minderheiten im Aktionärskreis Einzug in das Gesetz. Sollten Aktionäre Anteile halten, die mindestens 5 % des Grundkapitals ausmachen, können diese beantragen, eine Hauptversammlung einzuberufen, auf der über die Zustimmung der Verschmelzung abgestimmt werden muss. Wenn in der Satzung geregelt ist, dass auch weniger als 5 % des Grundkapitals für den Antrag auf Einberufung der Hauptversammlung ausreichen, so ist dies gesetzlich erlaubt.

2.3.2 Verschmelzung einer Mutter- auf die Tochtergesellschaft (downstream-merger)

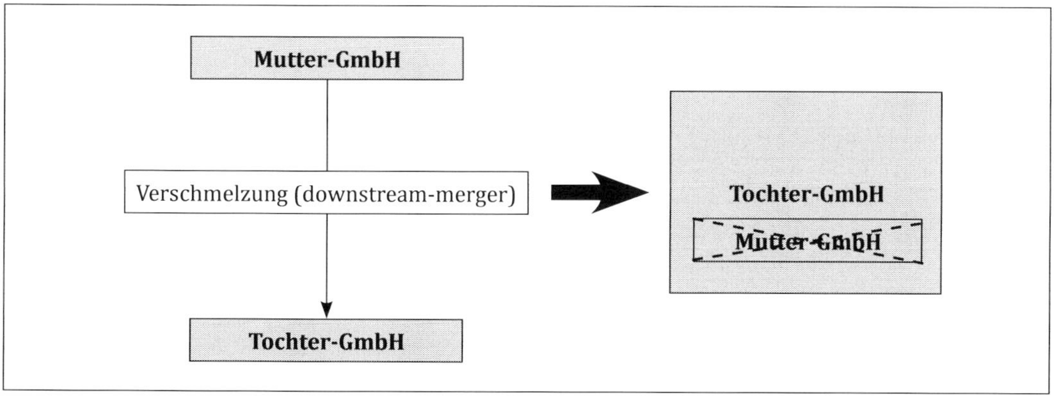

Abbildung 7: downstream-merger

Der upstream-Merger ist direkt in § 5 Abs. 2 UmwG geregelt. Der downstream-Merger hingegen findet keine direkte Erwähnung in § 5 UmwG. Er stellt die **Verschmelzung einer Mutter- auf die Tochtergesellschaft** dar, an der die Muttergesellschaft 100 % der Anteile hält.

Dadurch, dass eine explizite Nennung dieser Möglichkeit auch in § 20 Abs. 1 Nr. 3 UmwG nicht genannt wird, besteht weiterhin eine Anteilsgewährpflicht. Auch die formellen Erleichterungen in § 5 Abs. 2 UmwG, die bei einem 100 %igen upstream-merger zur Anwendung kommen, können auf einen downstream-merger nicht angewendet werden.

Der **downstream-merger** lässt sich dann aber in § 54 Abs. 1 S. 2 Nr. 2 UmwG wiederfinden, nach dem eine **Wahlmöglichkeit** zu einer Kapitalerhöhung oder zu einem Verzicht auf die Kapitalerhöhung möglich ist. Dies hat seinen Grund darin, dass die gehaltenen Anteile einfach durch eine Neuzuordnung zugewiesen werden können und nicht durch eine Kapitalerhöhung erst gebildet werden müssen.

Bei einem downstream-merger müssen zudem die Kapitalerhaltungsgrundsätze aus § 30 GmbHG und § 57 AktG beachtet werden. Wird bei einer Verschmelzung einer verschuldeten Muttergesellschaft auf die Tochtergesellschaft die Stammkapitalziffer (also der Wert aller Einlagen zusammen) der Tochtergesellschaft unterschritten, kommt es zu einem Verstoß gegen § 30 GmbHG, was zur Unzulässigkeit der Verschmelzung führt (vgl. Hoger in Münchener Handbuch des Gesellschaftsrechts, Band 8, 8. Auflage 2018, § 6, Rz. 33).

Bei der Verschmelzung einer Muttergesellschaft, deren Verbindlichkeiten die übertragenden Aktiva überwiegen, kommt es zu einem Vorteil der Anteilsinhaber der übertragenden Muttergesellschaft, weil die Verbindlichkeiten auf die Tochtergesellschaft übergehen. Entgegen einer normalen Liquidation würde die Tochtergesellschaft für die entstehende Differenz aufkommen. Wenn es dann keine entsprechende Gegenleistung gibt, würde es zu einer unerlaubten Einlagenrückgewähr nach § 57 Abs. 1 AktG kommen (vgl. Hoger in Münchener Handbuch des Gesellschaftsrechts, Band 8, 8. Auflage 2018, § 6 Rz. 33).

2.3.3 Verschmelzung von Schwestergesellschaften (sidestep-merger)

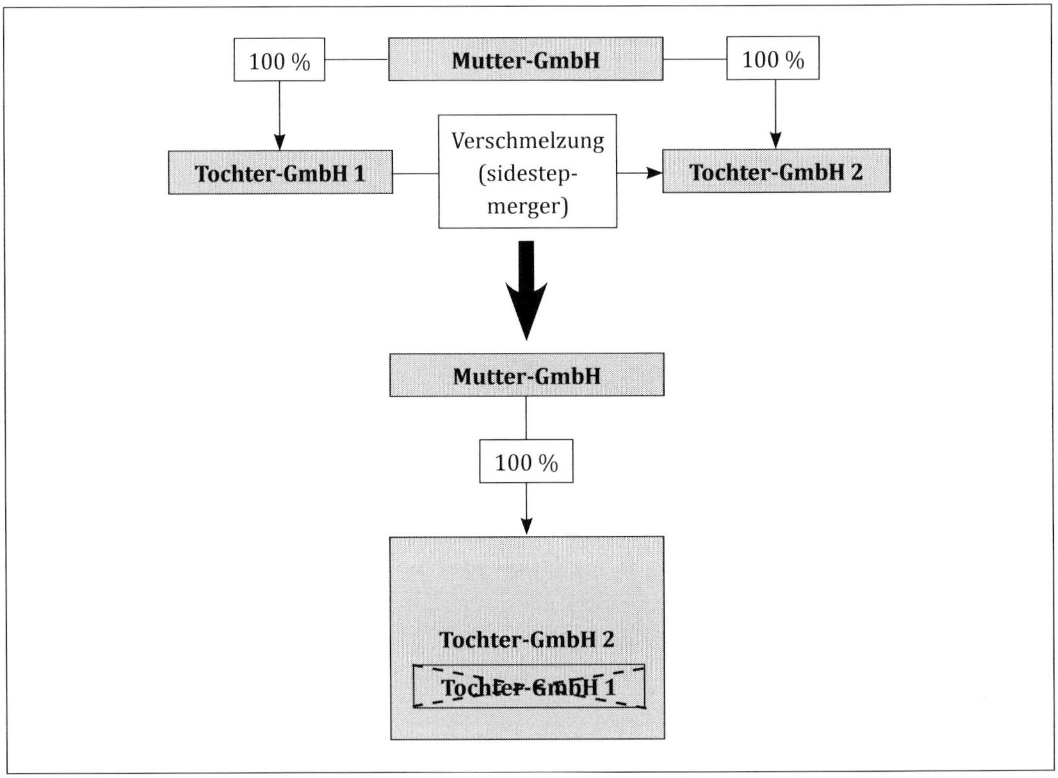

Abbildung 8: sidestep-merger

Bei einem sidestep-merger werden **zwei Gesellschaften verschmolzen, deren Anteile beide einer identischen Muttergesellschaft zugeordnet werden** können oder aber dieselben Anteilseigner mit gleicher Quote. Eine Kapitalerhöhung in einer solchen Konstellation wird lediglich als „bloße Förmelei" gesehen (Winter in Schmitt/Hörtnagl/Stratz, UmwG/UmwStG, 2018, § 2 UmwG Rz. 22).

Die Erstellung neuer Anteile an einem übernehmenden Rechtsträger in dem Verhältnis zu den Anteilen an dem übertragenden Rechtsträger würde sinnlos erscheinen, da sich die Verhältnisse selbst nicht ändern würden, weil alle Anteileigner mit gleichen Teilen an beiden Schwestergesellschaften beteiligt sind. Demnach sieht § 54 Abs. 1 S. 3 UmwG die Möglichkeit vor, bei notariell beglaubigten Verzichtserklärungen aller Anteilseigner auf eine Anteilsgewährpflicht zu verzichten. Die Anteilseigner können in diesem Falle also selbst bestimmen, ob sie neue Anteile schaffen oder nicht. Insbesondere kann bei der Konstellation eines sidestep-mergers die freiwillige Verzichtserklärung zur Anwendung kommen, mit der in notariell beglaubigter Form auf die Gewährung von Anteilen verzichtet wird (§§ 54 Abs. 1 S. 3 bzw. 68 Abs. 1 S. 3 UmwG).

2.3.4 Verschmelzung einer Enkel- auf die Muttergesellschaft

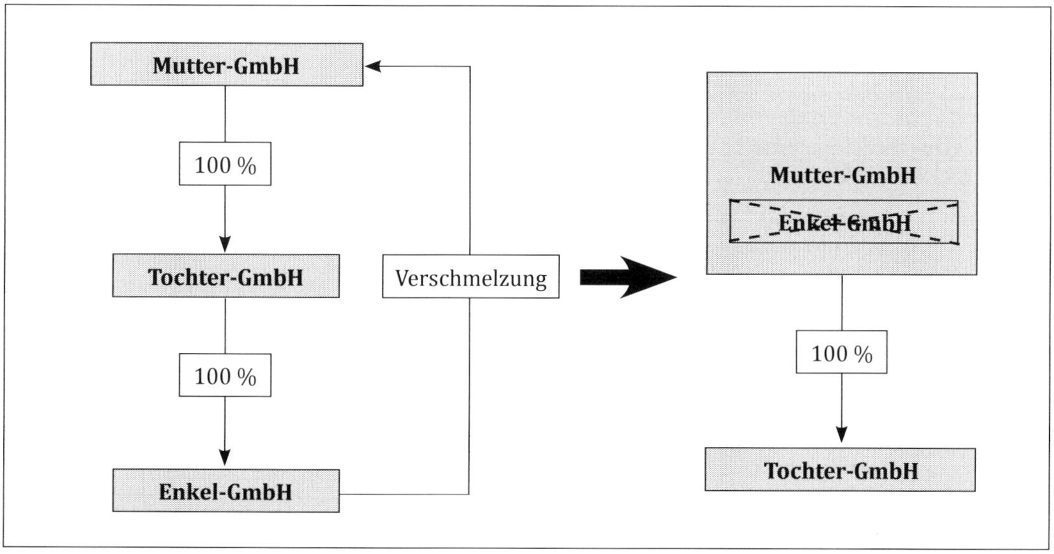

Abbildung 9: Enkel- wird auf Muttergesellschaft verschmolzen

Bei der sogenannten Enkelverschmelzung wird die **Enkelgesellschaft, deren Anteilseigner zu 100 % die Tochtergesellschaft ist, auf die Muttergesellschaft verschmolzen**, die wiederum zu 100 % Anteilseigner an der Tochtergesellschaft ist. Nach h.M. ist für die Übertragung eine Gegenleistung zu gewähren (vgl. Hoger in Münchener Handbuch des Gesellschaftsrechts, Band 8, 8. Auflage 2018, § 6 Rz. 38 m.w.N.). Die Tochtergesellschaft hat daher keinen „Wegfall" der Enkelgesellschaft zu erwarten, sondern muss entsprechend an der Muttergesellschaft beteiligt werden.

2.4 Verschmelzungen mit Beteiligung eines Alleingesellschafters

Ein Alleingesellschafter kann **übernehmender Rechtsträger** sein, nicht jedoch übertragender Rechtsträger. Im gesamten Umwandlungsgesetz wird nur an zwei Punkten auf einen Alleingesellschafter eingegangen.

Im neunten Abschnitt des zweiten Buches (§§ 120-122 UmwG) finden sich die Regelungen für die **Verschmelzung von Kapitalgesellschaften mit dem Vermögen eines Alleingesellschafters**. Über diese Vorschriften ist es möglich, das in eine Ein-Mann-GmbH eingebrachte Vermögen wieder auf den Alleingesellschafter zu übertragen. Die Einbringung in die Ein-Mann-GmbH findet zumeist aus steuerlichen Gründen statt. Wenn der Gesellschafter der GmbH dieses Vermögen aus der GmbH wieder auf sich als Privatperson übertragen möchte, ist dies im Wege der Verschmelzung möglich.

Beispiel Nichtkaufmann:

Die A-GmbH wurde von A als Steuerberatungsgesellschaft gegründet. Im Vermögen der Gesellschaft befindet sich ein Grundstück. A möchte die Gesellschaft auflösen.

Zudem wird der Einzelkaufmann im siebenten Abschnitt des dritten Buches in Bezug genommen. Hier werden die Rechtsvorschriften für die **Ausgliederung aus dem Vermögen eines Einzelkaufmanns** aufgeführt. Dies kann zum Beispiel dann der Fall sein, wenn der Betrieb eines Einzelkaufmanns in mehrere Einzelbetriebe aufgeteilt ist und nun ein Teilbetrieb vom Gesamtbetrieb ausgegliedert und beispielsweise auf den Sohn des Einzelkaufmanns übertragen werden soll.

2.5 Grenzüberschreitende Verschmelzungen

Anhand der zugefügten Buchstaben der §§ 122a bis 122m UmwG erkennt man, dass diese Paragrafen erst nachträglich in das Umwandlungsgesetz aufgenommen wurden. Dieser zehnte Abschnitt wurde im BGBl I S. 542 ff. vom 24.04.2007 verkündet und ist am 25.04.2007 in Kraft getreten.

Dass diese Paragrafen eingefügt wurden, findet seinen ursprünglichen Grund in der Richtlinie Nr. 2005/56/EG des Europäischen Parlaments und des Rates vom 26. Oktober 2005 über die Verschmelzung von Kapitalgesellschaften aus verschiedenen Mitgliedstaaten, welche am 25.11.2005 im Amtsblatt der Europäischen Union Nr. L 310, S. 1 ff. veröffentlicht wurde. Diese wurde wiederum abgelöst von der **Richtlinie (EU) 2017/1132** des Europäischen Parlaments und des Rates vom 14.06.2017 über bestimmte Aspekte des Gesellschaftsrechts, welche verschiedene gesellschaftsrechtliche Richtlinien zusammenfasst. Die ursprüngliche Richtlinie Nr. 2005/56/EG hat wiederum seinen Ursprung in dem sogenannten SEVIC-Verfahren (EuGH vom 13.12.2005, Rechtssache „SEVIC“, C-411/03), in dessen Urteil der Europäische Gerichtshof Anforderungen an grenzüberschreitende Verschmelzungen von Kapitalgesellschaften aufgestellt hat.

Hintergrund für den Erlass der Richtlinie waren vor allem rechtliche und administrative Schwierigkeiten bei einer Verschmelzung unter Beteiligung von Gesellschaften aus unterschiedlichen EU-Mitgliedstaaten, weshalb einheitliche, gemeinschaftsrechtliche Regelungen gefunden werden sollten. Durch die SEVIC-Entscheidung hat der EuGH klargestellt, dass grenzüberschreitende Verschmelzungen durch die Niederlassungsfreiheit aus Art. 49, 54 AEUV gedeckt sind (Heckschen in Widmann/Mayer, Umwandlungsrecht, Stand: September 2020, § 122a UmwG Rz. 2).

Insgesamt lässt sich die grenzüberschreitende Verschmelzung wie eine innerstaatliche Verschmelzung in die Vorbereitungs-, die Beschluss- und die Vollzugsphase einteilen (Gutkès in Sagasser/Bula/Brünger, Umwandlungen, 5. Auflage 2017, § 13 Rn. 26 bis 49). In die Vorbereitungsphase fallen insbesondere die Aufstellung des Verschmelzungsplans sowie die Verschmelzungsprüfung mit allen damit einhergehenden weiteren Voraussetzungen sowie Bekanntmachungen und die Berücksichtigung der Arbeitnehmer. Zuletzt sollte in dieser Phase die Gesellschafterversammlung einberufen werden. Die Beschlussphase schließt sich dann unmittelbar an die Vorbereitungsphase an. Im Mittelpunkt steht hier die Beschlussfassung durch die Gesellschafter der beteiligten Rechtsträger. Somit unterscheiden sich die ersten beiden Phasen in einem grenzüberschreitenden Verschmelzungsvorgang nicht von dem innerstaatlichen Verschmelzungsvorgang. In der Vollzugsphase muss hingegen zwischen einer Hereinverschmelzung und einer Herausverschmelzung (§§ 122k, 122l UmwG) unterschieden werden.

Insgesamt lässt sich der Ablauf einer grenzüberschreitenden Verschmelzung schematisch wie folgt zusammenfassen (Heckschen in Widmann/Mayer, Umwandlungsrecht, Stand: September 2020, Vorbemerkung zu § 122a UmwG Rz. 271):

1. Entscheidung zur grenzüberschreitenden Verschmelzung,
2. gemeinsamer Verschmelzungsplan (§ 122c UmwG),
3. Erstellung eines Verschmelzungsberichtes (§ 122e UmwG),
4. Verschmelzungsprüfung (§ 122f UmwG),
5. Bekanntmachung des Verschmelzungsplans (§ 122d UmwG),
6. Zustimmung der Gesellschafter (§ 122g UmwG),
7. Rechtmäßigkeitskontrolle (§§ 122k, 122l UmwG),
8. Eintragung der Verschmelzung.

In § 1 Abs. 1 UmwG wird der Anwendungsbereich des Umwandlungsgesetzes auf Rechtsträger mit Sitz im Inland beschränkt, was auch die §§ 122a ff. UmwG umfasst. § 122a UmwG besagt nun, dass Verschmelzungen auch grenzübergreifend stattfinden können. Hierfür ist es allerdings zwingende Voraussetzung, dass äquivalente, also analoge Regelungen zum Umwandlungsgesetz im nationalen Recht des europäischen Staates vorhanden sind, in dem der andere Rechtsträger, der an der Verschmelzung beteiligt ist, seinen Sitz hat.

§ 122b UmwG normiert den **persönlichen Anwendungsbereich** der grenzüberschreitenden Verschmelzung nach § 122a UmwG. Er untergliedert sich in zwei Absätze, in denen zum einen (Abs. 1) die Rechtsträger aufgeführt werden, die an einer grenzüberschreitenden Verschmelzung beteiligt sein können und zum anderen werden (Abs. 2) explizit Rechtsträger von einer grenzüberschreitenden Gesellschaft ausgeschlossen.

§ 122b Abs. 1 UmwG richtet sich dabei nach der Richtlinie (EU) 2017/1132 des Europäischen Parlaments und des Rates vom 14.06.2017 über bestimmte Aspekte des Gesellschaftsrechts (**Ges-RL 2017**). Eine Gesellschaft, die als Rechtsträger an einer grenzüberschreitenden Verschmelzung beteiligt ist, muss nach dem Recht eines europäischen Mitgliedstaats bzw. eines Mitgliedstaats des EWR gegründet worden sein und den Satzungssitz, die Hauptverwaltung oder die Hauptniederlassung in einem dieser Staaten haben (§ 122b Abs. 1 Nr. 1 UmwG). Gesellschaften, die in einem Drittland gegründet wurden und nachträglich ihren Verwaltungssitz in die EU bzw. den EWR verlegen, können kein Rechtsträger sein, die an einer grenzüberschreitenden Verschmelzung teilnehmen können (Hörtnagl in Schmitt/Hörtnagl, UmwG/UmwStG, 2020, § 122b UmwG Rn. 10). Des Weiteren sieht § 122b Abs. 1 Nr. 2 UmwG für Personenhandelsgesellschaften, die übernehmender Rechtsträger sind, vor, dass diese beteiligte Rechtsträger sein können, sofern sie in der Regel nicht mehr als 500 Arbeitnehmer haben.

In § 122b Abs. 2 UmwG schließt das Gesetz ausdrücklich Gesellschaften von einer grenzüberschreitenden Verschmelzung aus. Diese sind zum einen Genossenschaften (§ 122 b Abs. 2 Nr. 1 UmwG), auch wenn sie nach dem in Abs. 1 aufgestellten Erfordernis zur Gründung nach dem Recht eines EU- oder EWR-Mitgliedstaates gegründet wurden. Dabei greift der Gesetzgeber auf die Möglichkeit in Art. 120 Abs. 2 Ges-RL 2017 zurück, die Regelungen für die grenzüberschreitende Verschmelzung nicht auf Genossenschaften anzuwenden. Zum anderen sind dies Organismen für gemeinsame Anlagen in Wertpapieren (OGAW) (Drinhausen in Semler/Stengel, Umwandlungsgesetz, 2017, § 122b UmwG, Rn. 12), also Gesellschaften, die verschiedene vom Publikum gesammelten Gelder nach dem Grundsatz der Risikostreuung gemeinsam anlegen. Die Möglichkeit des Ausschlusses sowie der Wortlaut der Begriffsbestimmung eines OGAW bestimmt sich nach Art. 120 Abs. 3 Ges-RL 2017.

Im Rahmen einer grenzüberschreitenden Verschmelzung wird ein **Verschmelzungsplan** nach § 122c UmwG aufgestellt. Dieser tritt an die Stelle des Verschmelzungsvertrages nach § 4 UmwG und wird von den beteiligten Gesellschaften gemeinsam aufgestellt. Ebenso wie der Verschmelzungsvertrag bei einer inländischen Verschmelzung ist der gleichgestellte Verschmelzungsplan bei einer grenzüberschreitenden Verschmelzung ein Kernbestandteil des Verschmelzungsvorganges (Hörtnagl in Schmitt/Hörtnagl, UmwG/UmwStG, 2020, § 122c UmwG, Rn. 1). In § 122 c Abs. 2 UmwG werden die Mindestangaben für den Verschmelzungsplan aufgezählt, die durch die beteiligten Gesellschaften noch ergänzt werden können (Drinhausen in Semler/Stengel, Umwandlungsgesetz, 2017, § 122c UmwG, Rn. 11). Insgesamt entsprechen die Mindestangaben den aus § 5 UmwG bekannten Mindestangaben für einen Verschmelzungsvertrag, werden jedoch um einige Angaben ergänzt, wie z.B. über die Mitbestimmung der Arbeitnehmer, Bewertung des Aktiv- und Passivvermögens und des Bilanzstichtages (Drinhausen in Semler/Stengel, Umwandlungsgesetz, 2017, § 122c UmwG, Rn. 10).

In Umsetzung der Richtlinie EU (2017/1132) bestimmt § 122d UmwG, dass ein gemeinsamer Verschmelzungsplan bzw. sein Entwurf spätestens einen Monat vor der Versammlung der Anteilsinhaber, in der über den Verschmelzungsplan abgestimmt werden soll, zum Register eingereicht werden muss. Während die

Richtlinie jedoch in Art. 123 Abs. 1 vorgibt, dass der Verschmelzungsplan bekanntzumachen ist, reduziert das deutsche Recht diese **Bekanntmachungspflicht** auf die Einreichung zum Register (Es ist umstritten, ob die Umsetzung als nicht richtlinienkonform anzusehen ist. Die h.M. geht davon aus, dass die Umsetzung in § 122d UmwG nicht die ordnungsgemäße Umsetzung der RL 2017/1132 beinhaltet, Heckschen in Widmann/Mayer, Umwandlungsrecht, Stand: September 2020, Vorbemerkung zu § 122a UmwG, Rz. 105; Polley in Henssler/Strohn, Gesellschaftsrecht, 4. Auflage 2019, § 122d UmwG, Rn. 1; Drinhausen in Semler/Stengel, Umwandlungsgesetz, 2017, § 122d UmwG Rn. 8.). Nach der Einreichung zum Register hat sodann das Registergericht den Verschmelzungsplan nach § 10 HGB unverzüglich bekanntzumachen. Die Bekanntmachung muss nach § 122d S. 2 UmwG folgende Mindestbestandteile enthalten:

- Hinweis auf Einreichung eines Verschmelzungsplans oder seines Entwurfs.
- Rechtsform, Firma und Sitz der beteiligten Rechtsträger.
- Nennung der zuständigen Register und die Nummern der Eintragungen.
- Hinweis auf Modalitäten für Rechte von Gläubigern und Minderheitsgesellschaftern.

Der **Verschmelzungsbericht** nach § 122e UmwG nimmt Bezug auf die bereits bekannten Vorschriften aus § 8 UmwG und ergänzt diese lediglich um Angaben über die Auswirkungen der grenzüberschreitenden Verschmelzung auf Gläubiger und Arbeitnehmer (Hörtnagl in Schmitt/Hörtnagl, UmwG/UmwStG, 2020, § 122e UmwG Rn. 1). Dabei muss der Verschmelzungsbericht auch den Arbeitnehmern selbst zugeleitet werden, sofern es keinen Betriebsrat gibt. Der **Prüfungsbericht** nach § 122f UmwG orientiert sich an den §§ 9 bis 12 UmwG und muss spätestens einen Monat vor der Versammlung der Anteilsinhaber vorliegen. Der Prüfungsbericht ist bei Beteiligung eines Rechtsträgers aus Deutschland mindestens in deutscher Sprache vorzulegen, wobei ggf. eine entsprechende Ausfertigung separat anzufertigen ist (Drinhausen in Semler/Stengel, Umwandlungsgesetz, 2017, §122f Rn. 6; Polley in Henssler/Strohn, Gesellschaftsrecht, 4. Auflage 2019, § 122f, Rn. 7).

Wie bei der nationalen Verschmelzung bedarf der Verschmelzungsplan gem. § 122g UmwG die **Zustimmung der Anteilsinhaber** der beteiligten Rechtsträger. Diese richtet sich nach den Vorschriften des § 13 UmwG mit dem Zusatz, dass die Anteilsinhaber ihre Zustimmung nach § 122g Abs. 1 UmwG von der Art und Weise der Mitbestimmung der Arbeitnehmer beim übernehmenden Rechtsträger abhängig machen können. Ein Verschmelzungsbeschluss ist im Rahmen eines upstream-mergers gem. § 122g Abs. 2 UmwG nicht erforderlich. Sofern Anteilsinhaber der beteiligten Gesellschaften das **Umtauschverhältnis verbessern** möchten, steht ihnen nach § 122h UmwG der Weg in die §§ 14 Abs. 2, 15 UmwG offen, über die ein Spruchverfahren eingeleitet werden kann. Voraussetzung hierfür ist allerdings, dass ein solches Verfahren analog in der Rechtsordnung des anderen Mitgliedstaats vorgesehen ist, wenn einer der an der grenzüberschreitenden Verschmelzung beteiligten Rechtsträger eben jener Rechtsordnung unterworfen ist. Sofern dies nicht der Fall ist, müssen die Anteilsinhaber nach § 122h Abs. 1 UmwG dem Verfahren im Verschmelzungsbeschluss ausdrücklich zustimmen. Auch ein Abfindungsangebot für Minderheitsgesellschafter ist nach § 122i UmwG im Verschmelzungsplan vorgesehen. Dabei gestalten sich die Regelungen ähnlich wie in § 29 UmwG. Unterschied ist jedoch, dass der übertragende deutsche Rechtsträger das **Abfindungsangebot** macht, während nach § 29 UmwG dem übernehmenden Rechtsträger diese Aufgabe zukommt (Polley in Henssler/Strohn, Gesellschaftsrecht, 4. Auflage 2019, § 122i UmwG, Rn. 2).

Im Rahmen der Rechtmäßigkeitskontrolle kommen §§ 122j, 122k UmwG zum Tragen. Mit § 122j UmwG soll der **Gläubigerschutz** für den übertragenden Rechtsträger sichergestellt werden, wenn der übernehmende Rechtsträger nicht dem deutschen Recht unterliegt. § 122j UmwG ist wiederum an § 22 UmwG angelehnt. Ein wesentlicher Unterschied ist jedoch der Zeitpunkt der Geltendmachung der Gewährung des Gläubigerschutzes. Nach § 22 UmwG kann dies ab dem Tag der Eintragung der Verschmelzung in das Register der jeweiligen Gesellschaft, deren Gläubiger man ist, erfolgen. Nach § 122j UmwG steht einem dieses Recht bereits ab dem Tag der Bekanntmachung des Verschmelzungsplans bzw. dessen Entwurfs zu, denn Gläubiger sollen ihre Ansprüche bereits in Deutschland und nicht erst nach dem Vollzug der Verschmelzung im

Ausland geltend machen können (Polley in Henssler/Strohn, Gesellschaftsrecht, 4. Auflage 2019, § 122j Rn. 1). § 122j Abs. 2 UmwG schließt die Forderungen in Bezug auf das Recht auf Sicherheitsleistung aus, die innerhalb von zwei Wochen vor der Bekanntmachung des Verschmelzungsplans bzw. dessen Entwurfs entstanden sind.

§ 122k UmwG normiert sodann die sog. **Verschmelzungsbescheinigung**. Hinter diesem Begriff verbirgt sich die registerrechtliche Abwicklung der grenzüberschreitenden Verschmelzung (Hörtnagl in Schmitt/Hörtnagl, UmwG/UmwStG, 2020, § 122k, Rn. 1). Die Verschmelzungsbescheinigung ist nach § 122k Abs. 2 S. 2 UmwG die Nachricht des Gerichtes über die Eintragung der Verschmelzung im Register, nachdem die Voraussetzungen für die grenzüberschreitende Verschmelzung geprüft wurden und diese vorliegen. Die vorzunehmende Eintragung in das Register ist mit einem Vermerk zu versehen, dass die Wirksamkeit erst mit dem Vorliegen der Voraussetzungen gemäß der Rechtsordnung, der der übernehmende Rechtsträger unterliegt, eintritt. Außerdem muss eine Versicherung über etwaige Sicherungsleistungen abgegeben werden und ein eventuell anhängiges Spruchverfahren ist ebenfalls anzugeben (§ 122k Abs. 2 S. 3 bis 5 UmwG). Die Verschmelzungsbescheinigung selbst ist nach Erteilung gem. § 122k Abs. 3 UmwG innerhalb von sechs Monaten bei der zuständigen Stelle des Staates, dessen Recht der übernehmende Rechtsträger unterliegt, vorzulegen.

Nachdem § 122k UmwG die registerrechtliche Abwicklung für eine inländische **übertragende Gesellschaft** bestimmt hat, befasst sich § 122l UmwG mit dem Registerverfahren für eine inländische **übernehmende oder neue Gesellschaft** (Hörtnagl in Schmitt/Hörtnagl, UmwG/UmwStG, 2020, § 122l Rn. 1). Es wird zunächst in § 122l Abs. 1 S. 1 UmwG differenziert, dass bei einer Verschmelzung durch Aufnahme die Verschmelzung selbst und bei einer Verschmelzung durch Neugründung die neue Gesellschaft anzumelden ist. Einer solchen Anmeldung sind sämtliche Verschmelzungsbescheinigungen (nicht älter als sechs Monate) und der gemeinsame Verschmelzungsplan beizufügen sowie ggf. die Vereinbarung über die Mitarbeiterbeteiligung. § 122l Abs. 2 und 3 UmwG richtet sich sodann an das Gericht und bestimmt den Prüfungsumfang. Geprüft werden insbesondere die Zustimmungserklärungen zum Verschmelzungsplan sowie ggf. die Vereinbarung über die Beteiligung der Arbeitnehmer. Nach Abs. 3 müssen sämtliche Register über die Eintragung unterrichtet werden, bei dem ein übertragender Rechtsträger Unterlagen zu hinterlegen hatte.

Schließlich ist § 122m UmwG am 1. Januar 2019 in Kraft getreten und beschäftigt sich explizit mit dem Austritt des Vereinigten Königreichs Großbritannien und Nordirland aus der Europäischen Union (**Brexit**). Der Paragraf wurde mit dem Vierten Gesetz zur Änderung des Umwandlungsgesetzes (vgl. BGBl I 2018, 2694) in das Gesetz eingebracht und regelt, dass ein Verschmelzungsplan nach § 122c UmwG vor dem Austritt des Vereinigten Königreichs beurkundet werden muss, die Rechtsträger im Anschluss aber noch zwei Jahre Zeit haben, die erforderlichen Unterlagen für eine Registereintragung einzureichen. Dieser Artikel wurde vor dem Hintergrund des angenommenen Austritts des Vereinigten Königreichs am 29. März 2019 eingebracht, da in diesem Fall der „harte Brexit" bei der kurzfristigen Ablehnung des Austrittsvertrages durch das Unterhaus im Vereinigten Königreich relativ kurzfristig vonstattengegangen wäre. § 122m UmwG kommt trotz des verschobenen Austrittsdatums zum Tragen. Die Gesellschaften haben ab Zeitpunkt der notariellen Beurkundung zwei Jahre Zeit, die erforderlichen Unterlagen für eine Registereintragung einzureichen. Mit der Änderung des Gesetzes soll die „Schaffung von Rechtssicherheit und Vermeidung negativer Auswirkungen des bevorstehenden EU-Austritts von Großbritannien (Brexit) auf Unternehmen nach britischem Gesellschaftsrecht mit deutschem Verwaltungssitz, insbesondere in der Rechtsform einer Ltd." und die „Erweiterung der Möglichkeiten zum geordneten Wechsel in eine inländische Gesellschaftsform mit beschränkter Haftung [...]" bezweckt werden (vgl. Gesetzesbegründung zu § 122m UmwG, BT-Dr. 19/5463 vom 05.11.2018).

3. Spaltung

3.1 Ein schematischer Überblick

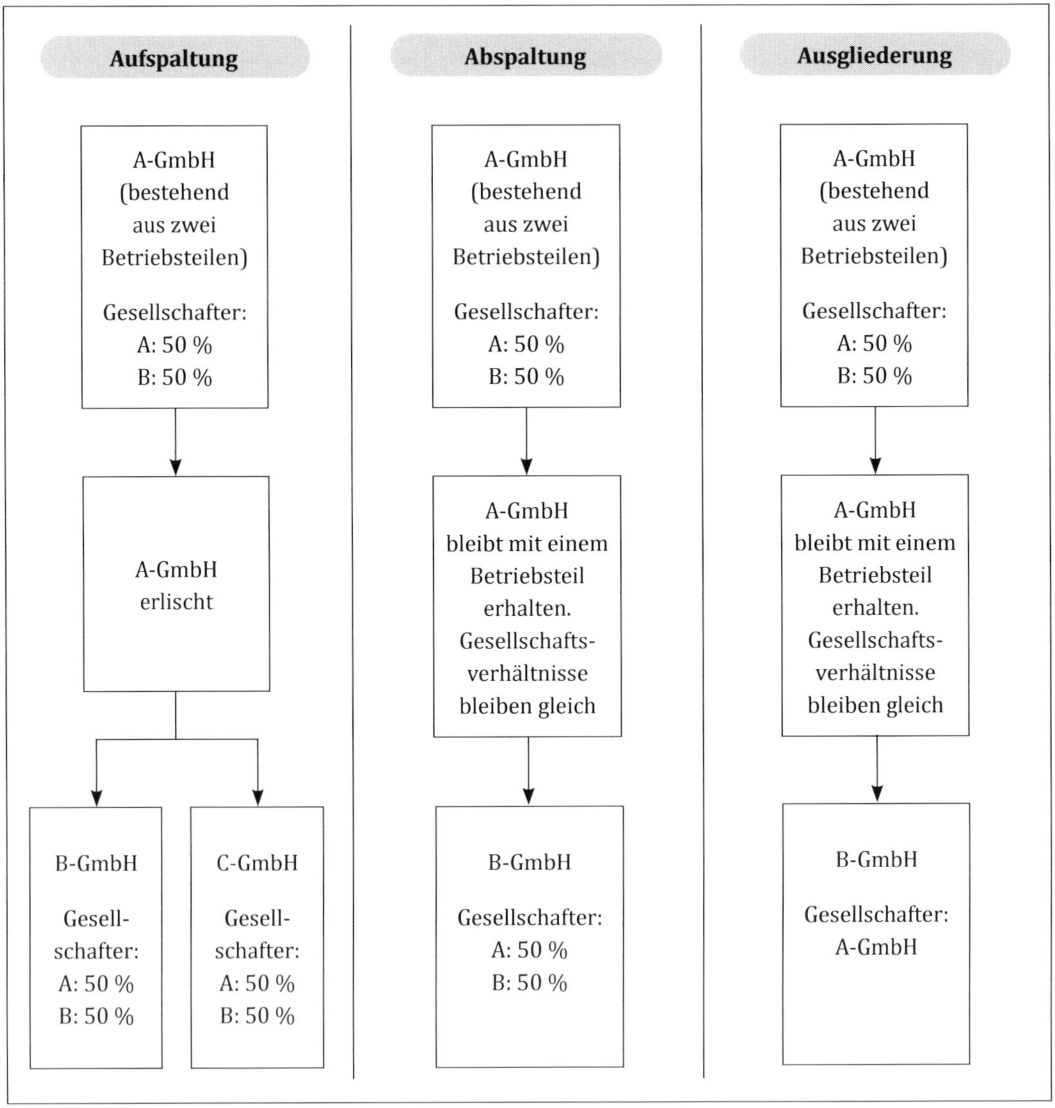

Abbildung 10: Schematischer Überblick über die Spaltungsarten (eigene Darstellung)

Die Spaltung kommt in drei verschiedenen Konstellationen vor. Bei der Aufspaltung wird das Vermögen des übertragenden Rechtsträgers unter Erlöschen desselben auf zwei bestehende oder neu zu gründende Rechtsträger übertragen. Im Rahmen der Abspaltung und der Ausgliederung bleibt der übertragende Rechtsträger bestehen und überträgt nur einen Teil seines Vermögens auf einen oder mehrere bestehende oder neu zu gründende Rechtsträger. Bei der Abspaltung werden die Anteilsinhaber des übertragenden Rechtsträgers neue Anteilsinhaber, wohingegen bei der Ausgliederung der übertragende Rechtsträger an sich neuer Anteilsinhaber wird (zu den verschiedenen Spaltungsarten s. Kapitel 3.2 und Weiler in Widmann/Mayer, Umwandlungsrecht, Stand: September 2020, § 123 UmwG, Rz. 3 ff.).

Abbildung 10 zeigt lediglich einen schematischen Überblick. Im Rahmen einer Spaltung kann auch eine nicht verhältniswahrende Übertragung erfolgen, sodass die prozentualen Anteile an den übernehmenden

Rechtsträgern unterschiedlich ausgestaltet werden können. Dies kann sogar bis zu einer sog. Spaltung zu Null gehen (vgl. hierzu weitergehend Kapitel 3.6.1.3).

3.2 Ein rechtlicher Überblick

§ 123 UmwG differenziert die drei Spaltungen in:

- **Abs. 1:** Aufspaltung,
- **Abs. 2:** Abspaltung,
- **Abs. 3:** Ausgliederung.

Die Gemeinsamkeit aller drei Umwandlungen im Wege der Spaltung liegt darin, dass hier – anders wie bei der Verschmelzung – **Vermögensteile** Gegenstand der Umwandlung sind. Dies führt dazu, dass bei allen Spaltungsvorgängen die Übertragung des Vermögens im Wege der **beschränkten Gesamtrechtsnachfolge** erfolgt. Es sind eben nur Vermögensteile – und nicht das ganze Vermögen – betroffen.

Von besonderer Bedeutung ist in diesem Zusammenhang § 132 UmwG a. F., der bis 2006 vorsah, dass bei der Spaltung die Vorschriften der Einzelrechtsnachfolge einzuhalten waren. Diese – als Spaltungsbremse bezeichnete – Renaissance des Bestimmtheitsgrundsatzes wurde im Jahr 2007 aufgehoben (BGBl. I, 542), womit der Rechtskomfort der (beschränkten) Rechtsnachfolge auch im Spaltungsrecht Einzug gehalten hat.

Eine weitere Gemeinsamkeit – und insofern eine Parallele zur Verschmelzung – besteht darin, dass den beteiligten Gesellschaftern der Alt-Gesellschaft (bzw. der Ausgangsgesellschaft) neue Anteile ausgegeben werden müssen (**Anteilsgewährpflicht**).

Der Unterschied innerhalb der drei Vorgänge ist gekennzeichnet durch:

- ein Erlöschen des Ausgangsrechtsträgers (übertragender Rechtsträger) bei der Aufspaltung, während der alte Rechtsträger bei der Abspaltung und Ausgliederung – als Torso – bestehen bleibt.
- die Person, die nach dem Spaltungsvorgang neue Anteile erhält. Während dies bei der Abspaltung die Gesellschafter des übertragenden Rechtsträgers sind, wird bei der Ausgliederung der übertragende Rechtsträger selbst Gesellschafter an den Nachfolgegesellschaften.

3.2.1 Die Aufspaltung (inklusive Kapitalerhaltungsmaßnahmen)

Da bei der Aufspaltung der übertragende Rechtsträger erlischt, stellen sich hier keine Fragen bzgl. ggf. zu treffender Kapital(erhaltungs-)maßnahmen.

3.2.2 Die Abspaltung

Bei der Abspaltung hingegen, bei der lediglich ein Vermögens-Teil (konkret: ein Teilbetrieb) auf einen übernehmenden Rechtsträger abgespalten wird, ist im Regelfall auch das Kapital des übertragenden Rechtsträgers im Hinblick auf die Kapitalerhaltungsgrundsätze betroffen (s. Kapitel 3.2.5).

3.2.3 Die Ausgliederung

Bei der Ausgliederung erhält der übertragende Rechtsträger für die (Teil)Vermögensübertragung neue Anteile an dem übernehmenden Rechtsträger. Insoweit findet hier ein Aktivtausch (Anteile gegen Teilbetrieb) statt.

3.2.4 Absicherungen der Kapitalbindungsmaßnahmen

Die o.g. Kapitalbindung selbst wird durch Versicherungen der Vertretungsorgane gem. § 140 UmwG (für die GmbH bzw. § 146 UmwG für die AG) erreicht. Danach haben die Vertretungsorgane bei der Handelsregisteranmeldung zu erklären, dass die gesetzlichen Voraussetzungen für die Gründung des neuen Rechtsträgers im Zeitpunkt der Anmeldung vorliegen (sog. vereinfachte Solidaritätsprüfung).

3.2.5 Beispiel und Vereinfachte Kapitalherabsetzung

Der übertragende Rechtsträger erleidet durch die **Abspaltung** einen Vermögensverlust, ohne dass der übertragende Rechtsträger einen Gegenwert erhält (anders bei der Ausgliederung). Dadurch kommt es zu einer Unterbilanz und somit zu einem (möglichen) Verstoß gegen § 30 GmbHG. Dabei wirken die Anteile an dem übernehmenden Rechtsträger für die Anteilsinhaber des übertragenden Rechtsträgers wie eine Ausschüttung. Diese Ausschüttung(-swirkung) zu Lasten des gebundenen Stammkapitals ist unzulässig.

Also schreibt § 139 UmwG (GmbH) bzw. § 145 UmwG (AG) die Kapitalherabsetzung vor, um somit die Spaltung ohne Verminderung des Nennkapitals zu ermöglichen, da ja sonstige offene EK-Posten (Rücklagen, Gewinnvorträge) fehlen.

Die Maßnahme selbst erfolgt bei einer GmbH gem. § 58a GmbHG mittels satzungsändernder Mehrheit i.V.m. dem Spaltungsbeschluss, wobei bei der vereinfachten Kapitalherabsetzung kein Gläubigeraufruf erforderlich ist, da diese bei der Umwandlung nicht befriedigt werden. Die Gläubiger werden gem. § 58b GmbHG i.V.m. § 139 UmwG durch eine Zweckbindung geschützt.

Nach § 139 S. 2 UmwG darf der Spaltungsbeschluss erst im Handelsregister eingetragen werden, wenn der Herabsetzungsbeschluss eingetragen ist.

Ein einfaches Beispiel:

GmbH (UG/AG) **X vor der Abspaltung**

Teilbetrieb X	100 €	Gezeichnetes Kapital	100 €
Teilbetrieb Y	100 €	Verb. Teilbetrieb X	50 €
		Verb. Teilbetrieb Y	50 €
	200 €		**200 €**

GmbH (UG/AG) **X nach der Abspaltung**

Teilbetrieb X	100 €	Gezeichnetes Kapital	50 €
		Verb. Teilbetrieb X	50 €
	100 €		**100 €**

GmbH (UG/AG) Y

Teilbetrieb Y	100 €	Gezeichnetes Kapital	40 €
		Rücklage	10 €
		Verb. Teilbetrieb Y	50 €
	100 €		**100 €**

3.3 Präzisierung

Ohne dass vom UmwG – dem Wortlaut nach – differenziert wird, kommen bei Spaltungen begrifflich als übertragender Rechtsträger nur **Kapitalgesellschaften** in Betracht. Bei Personengesellschaften wird der Vorgang als (echte) Realteilung bezeichnet.

Wichtiger ist jedoch, dass in der Praxis – wegen des UmwStG – als Vermögensteile nur **Teilbetriebe** in Betracht zu ziehen sind, da § 15 UmwStG eben diese Eigenschaft voraussetzt.

Die wichtigste Rechtsfolge seit dem BGH-Urteil aus 2013 (vgl. Hörtnagel in Schmitt/Hörtnagel/Stratz, § 128, Rz. 12 ff.) ist allerdings, dass die Spaltung eine Auf- und Zuteilung der Teilbetriebe (bis) **zu Null** ermöglicht. Damit (Spaltung zu Null) ist zum Ausdruck gebracht, dass an den neuen Rechtsträger nicht immer die Alt-Gesellschafter – und diese schon gar nicht im gleichen Verhältnis – beteiligt sein müssen (Rechtsgedanke des § 128 UmwG, der schon immer die **nicht-verhältniswahrende Spaltung** ermöglichte).

Das Bild kann folglich – zunächst bezogen auf die **Aufspaltung** auch so aussehen:

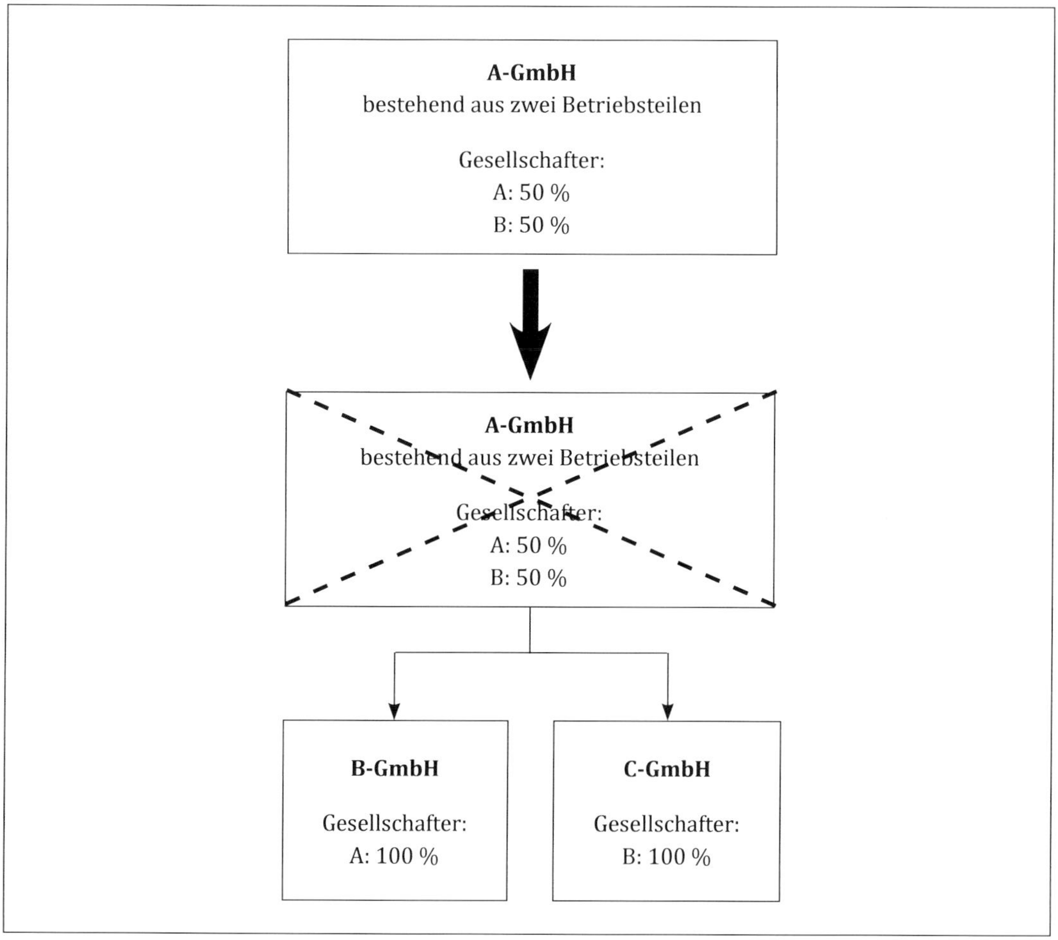

Abbildung 11: Spaltung zu Null (eigene Darstellung)

3.4 Die Motive der Spaltung

Folgende Beweggründe sind für eine Spaltung kennzeichnend:

- Trennung von rentablen Abteilungen (→ profit center) und renditeschwachen (oder sogar Verlust-) Einheiten (→ „bad banks"),
- Reduzierung von Mitbestimmungsvorgaben,
- Herunterfahren von Testat- und sonstigen Jahresabschlusspflichten,
- Vorbereiten von Börsengängen und/oder Verkäufen von Teilbetrieben (unter Steuergesichtspunkten),
- Schaffen neuer Holdingstrukturen (allgemein: betriebswirtschaftlicher Lockerungsübungen),
- Vorbereitungen zur Unternehmensnachfolge (bei mehreren Stämmen),
- Begründung einer (erwünschten) Betriebsaufspaltung,
- usw.

3.5 Grundsätzliche Auslegungsfragen

In § 123 Abs. 4 UmwG wird der Grundsatz der Mischspaltung festgeschrieben, so wie er von der Verschmelzung her bekannt ist. Außerdem können die aufnehmenden Rechtsträger anlässlich der Spaltung auch erst gegründet werden und müssen nicht bereits bestehen.

In § 124 UmwG sind allgemeine Bestimmungen über den Kreis der spaltungsfähigen Rechtsträger enthalten. Während sich der persönliche Anwendungsbereich dem Grundsatz nach nicht von der Verschmelzung unterscheidet (s. dort Kapitel 2.1.2), verdient die einzige zusätzliche Ergänzung besondere Beachtung: An der **Ausgliederung** können auch Einzelpersonen als übertragender Rechtsträger beteiligt sein, so wie sie **Einzelkaufleute** sind, während dies für Privatpersonen nicht gilt.

Gem. § 125 UmwG finden – im Wege einer Rückverweisung – die Vorschriften der Verschmelzung Anwendung, allerdings mit einigen Einschränkungen, auf die bei der Einzeldarstellung näher einzugehen ist. An dieser Stelle wird jedoch schon hervorgehoben, dass die Regelungen über das Kapitalerhöhungsverbot bei Konzernspaltungen hier nur eingeschränkt gelten.

3.6 Das Verfahren bei Spaltungen

Wie bei der Verschmelzung werden unterschieden:

- die Vorbereitungsphase,
- die Beschlussphase und
- die Vollzugsphase.

3.6.1 Die Vorbereitungsphase

Neben der Vorabfestlegung der spaltungsfähigen Rechtsträger und der konkreten Spaltungsart sind vor allem drei Aspekte von Bedeutung:

1. die Festlegung des Spaltungsstichtags,
2. die nötigen Unterlagen,
3. die Möglichkeit einer Spaltung zu Null.

3.6.1.1 Der Spaltungsstichtag

Gem. § 126 Abs. 1 Nr. 6 UmwG gilt als handelsrechtlicher Spaltungsstichtag der Zeitpunkt, von dem an die Handlungen des übertragenden Rechtsträgers als für Rechnung des übernehmenden Rechtsträgers vorgenommen gelten.

Der (umwandlungsrechtliche) Spaltungsstichtag selbst ist frei bestimmbar. Dabei ist wieder von der Reihenfolge auszugehen: Der handelsrechtliche Spaltungsstichtag folgt der Aufstellung der Handels- und Steuerbilanz, die mindestens einen Tag vor dem Stichtag aufgestellt wird. Mit diesem Datum wird auch der steuerrechtliche Spaltungsstichtag festgelegt.

Beispiel 1: Wird als handels-(= umwandlungs-)rechtlicher Stichtag der 2. Januar 2020 festgelegt, so muss die (Handels- wie Steuer-)Bilanz mindestens zum 1. Januar 2020 aufgestellt sein. In diesem Fall würden die steuerlichen Folgen erst im Jahr 2020 aufzudecken sein.

Beispiel 2: Wird hingegen der 1. Januar 2020 als Umwandlungsstichtag gewählt, so greift man auf die zum 31. Dezember 2019 aufgestellte Handelsbilanz und Steuerbilanz zurück und der Vorfall wird steuerlich im Jahr 2019 behandelt.

3.6.1.2 Die relevanten Unterlagen und der Eintragungsantrag

Konform mit der Festlegung des Spaltungsstichtags ist § 17 Abs. 4 UmwG (i.V.m. § 125 UmwG) von Bedeutung. Danach kann – handelsrechtlich wie steuerrechtlich – auf Unterlagen zurückgegriffen werden, die bis zu **acht Monate** (bzw. vorübergehend **zwölf Monate** (s. hierzu Zusatzinformation in Kapitel 2.2.1.1.1)) alt sind.

Beispiel 3: In den Beispielen 1 und 2 wird man auf die Schlussbilanz des Jahres 2019 rekurrieren, wobei der Eintragungsantrag bis zum 30. August 2020 (bzw. vorübergehend: 31. Dezember 2020 (s. hierzu Zusatzinformation in Kapitel 2.2.1.1.1)) gestellt werden kann.

3.6.1.3 Die Spaltung zu Null (bzw. die nicht verhältniswahrende Spaltung)

Wie schon ausgeführt, besteht bei Spaltungen die Möglichkeit, die Beteiligungsquoten bei den beteiligten Rechtsträger neu und unabhängig von den bisherigen Verhältnissen bei dem übertragenden Rechtsträger festzusetzen (§ 126 Abs. 1 Nr. 10 UmwG). Damit sollte die Auseinandersetzung von Gesellschaftergruppen und Familienstämmen im Wege der Sonderrechtsnachfolge (besser: der beschränkten Gesamtrechtsnachfolge) ermöglicht werden (vgl. Gesetzesbegründung zu § 128 UmwBerG, BR-Dr. 75/94 vom 04.02.1994).

Durch das Zulassen der nichtverhältniswahrenden Spaltung soll jedoch nicht von dem Grundsatz abgewichen werden, dass eine Umwandlung lediglich auf Rechtsträgerebene, nicht jedoch auf Anteilsinhaberebene Veränderungen in der Vermögenssphäre nach sich zieht. Abweichungen von diesem Grundsatz können deshalb gem. § 128 UmwG nur **einstimmig** getroffen werden. § 128 UmwG dient dem Schutz der Anteilsinhaber und gilt bei der Auf- und Abspaltung. Bei der Ausgliederung bedarf es dessen nicht, da alle (neuen) Anteile dem übertragenden Rechtsträger selbst gewährt werden.

Durch die Zulassung der nichtverhältniswahrenden Spaltung sind vielfältige Möglichkeiten vorstellbar. So kann es zu bloßen Verschiebungen der Beteiligungsverhältnisse bis hin zu einer **„Spaltung zu Null"** kommen. Letzteres ist gegeben, wenn einzelne Anteilsinhaber des übertragenden Rechtsträgers **nur** an bestimmten übernehmenden Rechtsträgern beteiligt werden.

Im Extremfall besteht die Möglichkeit, dass einzelnen Gesellschaftern des übertragenden Rechtsträgers überhaupt **keine Anteile** an den übernehmenden Rechtsträgern gewährt werden. Dies erleichtert die Generationen-Nachfolge mit mehreren Kindern, wenn sich der Senior komplett zurückziehen will.

Dabei – bei der Nachfolgeplanung mittels der Spaltung zu Null – sollten (aus steuerlichen Gründen) Ausgleichszahlungen i.S.e. Spitzenausgleichs vermieden werden. Als probates Mittel hierfür bieten sich sog. Ausgleichszahlungen als **bare Zuzahlung** an.

3.7 Die Beschlussphase

Vor dem qualifizierten Gesellschafterbeschluss müssen die von der Verschmelzung her bekannten Stadien durchlaufen werden (nachfolgend in chronologischer Auflistung).

3.7.1 Der Spaltungsvertrag (bzw. der Spaltungsplan)

Auslösendes gesellschaftsrechtliches Moment ist der Spaltungsvertrag (§ 126 UmwG). Wie bei der Verschmelzung genügt – für die Beschlussfassung – auch hier der Entwurf (§§ 4 Abs. 2, 125 UmwG). Der spätere Vertrag darf nur noch in Nuancen von dem Entwurf abweichen, um den Gesellschafterkonsens nicht in Frage zu stellen. Bei einer Spaltung auf einen neuen Rechtsträger ist gem. § 136 UmwG ein **Spaltungsplan** zu erstellen.

Im Einzelnen ist – im Unterschied zur Verschmelzung – zu beachten:

- Nach **§ 126 Abs. 1 Nr. 1 UmwG** müssen „Name, Firma und Sitz" der beteiligten Rechtsträger im Vertrag (Plan) aufgeführt sein. Wichtig dabei ist, dass bei Kettenumwandlungen, bei denen die letzte Umwandlung eine Spaltung ist, immer der Name des letztaktuellen übertragenden Rechtsträgers enthalten ist.
- Nach **§ 126 Abs. 1 Nr. 2 UmwG** (Spaltungsklausel) sind die Grundsätze der beschränkten Gesamtrechtsnachfolge (Übergang des Teilbetriebs als Gesamtheit) und die Anteilsgewährspflicht beim übernehmenden Rechtsträger darzustellen.
- Nur bei Aufspaltung und Abspaltung sind gem. **§ 126 Abs. 1 Nr. 3 UmwG** das Umtauschverhältnis der Anteile und ggf. die Höhe der baren Zuzahlung sowie Angaben zur Mitgliedschaft beim übernehmenden Rechtsträger anzubringen.
- Gem. **§ 126 Abs. 1 Nr. 4 UmwG** sind die gesellschaftsrechtlichen Charakteristika der Anteile an den beteiligten Rechtsträgern zu erläutern, insbesondere der konkrete Übergang.
- **§ 126 Abs. 1 Nr. 5 UmwG** präzisiert den Zeitpunkt, ab dem die Gesellschafter am alten Rechtsträger nunmehr einen Gewinnanspruch beim neuen Rechtsträger erhalten.
- Dies (Nr. 5) wird häufig mit dem Spaltungsstichtag identisch sein (**§ 126 Abs. 1 Nr. 6 UmwG**).

- Nach **§ 126 Abs. 1 Nr. 7 UmwG** sind die Sonderbedingungen, die ggf. den neu erhaltenen Anteilen am übernehmenden Rechtsträger zukommen (stimmrechtslose Anteile, Vorzugs- oder Mehrstimmrechte), zu beschreiben.
- Gem. **§ 126 Abs. 1 Nr. 8 UmwG** müssen besondere Vorteile, die einem Organ der beteiligten Rechtsträger oder sonstigen involvierten Personen gewährt werden, mitgeteilt werden.
- Anders als bei der Verschmelzung findet bei der Spaltung keine ganzheitliche Vermögensübertragung, sondern eine beschränkte Übertragung statt. Wichtig aber ist, dass sich auch dieser begrenzte Übergang rechtstechnisch im Wege der Gesamtrechtsnachfolge (in einem Akt und von Gesetzes wegen) vollzieht. Daher ist der richtige Begriff hierfür „**beschränkte Gesamtrechtsnachfolge**" (Nicht: Sonderrechtsnachfolge. Dieser Begriff ist reserviert für das isolierte Einrücken einzelner Gesellschafter einer KG in die Rechtsstellung des Vorgängers (aufgrund der Nachfolgeklausel), wenn sie gleichzeitig Partner einer Erbengemeinschaft sind.); auch partielle Universalsukzession genannt.

Dies führt rechtstechnisch dazu, dass gem. **§ 126 Abs. 1 Nr. 9 UmwG** eine genaue Bezeichnung der Gegenstände des Aktiv- und Passivvermögens zu erfolgen hat, die vom übertragenden Rechtsträger an den jeweiligen übernehmenden Rechtsträger übergehen. Diese Abweichung von der Verschmelzung ist dem sachenrechtlichen **Bestimmtheitsgrundsatz** geschuldet, um nach/mit der Spaltung eine genaue Zuordnung der Gegenstände an den einzelnen übernehmenden Rechtsträgern vornehmen zu können. Nachdem die spaltungshemmende Wirkung von § 132 UmwG weggefallen ist (danach bestand Aufzeichnungspflicht wie bei Einzelrechtsnachfolge) und um Überkomplizierungen (z.B. Aufzählen der einzelnen Gegenstände des Umlaufvermögens) zu vermeiden, haben sich in der Praxis zwei Spielarten herausgebildet:

Die Verwendung sog. „**All-Klauseln**". Damit ist gemeint und zugelassen, dass – ähnlich wie bei Unternehmenskaufverträgen – die Wirtschaftsgüter der jeweiligen Teilbetriebe zusammengefasst werden (Beispiel bei einem aufzuspaltenden Bauunternehmen „das Warenlager" des Tiefbau-Bereichs).

Um diesen Weg weiter zu erleichtern, bietet sich an dieser Stelle auch der Rekurs auf Spaltungsbilanzen an. Dieser Weg führt natürlich nicht weiter, wenn von dem partiellen Vermögensübergang auch solche immaterielle originäre WG betroffen sind, die weder handelsrechtlich (§ 247 Abs. 2 S. 2 HGB) noch steuerrechtlich (gem. § 5 EStG) betroffen sind, die nicht aktiviert werden dürfen (Beispiel: im obigen Bau-Unternehmen die Kundenlisten für den Tiefbau). Hier muss eine konkretisierte Aufzeichnung erfolgen.

Immer wieder treten jedoch Probleme mit **§ 126 Abs. 2 UmwG** auf, wenn bei Immobilienübertragungen anlässlich einer Spaltung die nach § 28 GBO erforderlichen Angaben (Flur-Nr., Gemarkung, Gemeindebezirk, Band- und Blattstelle etc.) fehlen. Die Rechtsfolge, ob es sich dabei um ein bloßes Eintragungshindernis oder – bei Nichtbeachtung – um einen nichtigen Vertrag handelt, hat die Rechtsprechung vom Ergebnis her (absolute Wirkung der Eintragung einer Spaltung gem. § 131 Abs. 2 UmwG) so entschieden, dass § 126 Abs. 2 UmwG lediglich eine „Sollens-Vorschrift" sei und die Wirkung der eingetragenen Spaltung nicht verhindern kann.

- Bei Auf- und Abspaltung müssen die Aufteilungsmaßstäbe (Wertigkeit Alt-Anteile zur Wertigkeit der Neu-Anteile) gem. § 126 Abs. 1 Nr. 10 UmwG erläutert werden.
- Kontrovers diskutiert wird vor allem § 126 Abs. 1 Nr. 11 UmwG. Danach soll der Spaltungsvertrag die Folgen für die Arbeitnehmer (AN) enthalten. Während unzureichende Angaben ggf. bis zur Eintragung noch korrigiert werden können, stellen unterlassene Angaben lediglich ein Eintragungshindernis dar, da es kein Anfechtungs- und Klagerecht für AN und deren Vertreter (Betriebsräte) gibt.

Zusammenfassend entsprechen die Nr. 1 bis 8 und 11 von § 126 Abs. 1 UmwG weitgehend den Anforderungen an einen Verschmelzungsvertrag gem. § 5 Abs. 1 Nr. 1 bis 9 UmwG.

Zu beachten ist auch, dass einzelne Nummern für die **Ausgliederung nicht** gelten (§ 126 Abs. 1 Nr. 3, 4 und 10 UmwG), da hier kein Anteilsaustausch vorliegt.

3.7.2 Weitere Verfahrensstadien

Spaltungsprüfung und Spaltungsbericht sind – analog zur Verschmelzung – auch hier durchzuführen bzw. können unter bestimmten Voraussetzungen erlassen werden (s. Kapitel 2.2.1.3 und 2.2.1.4).

3.7.3 Der Beschluss

Spaltungsvertrag wie -plan benötigen gem. §§ 125 i.V.m. 43 Abs. 2, 45d Abs. 2, 50 Abs. 1, 65 Abs. 1, 84, 103, 112 Abs. 3 UmwG für den erforderlichen Beschluss (als gesellschaftsrechtliche Organisationmaßnahme) die qualifizierte Mehrheit der Gesellschafter der beteiligten Rechtsträger.

3.7.4 Die Eintragung im Handelsregister

Die Registereintragung erfolgt nur, wenn die zugrunde gelegte Schlussbilanz – und die anderen Unterlagen – nicht älter als **acht Monate (bzw. vorübergehend zwölf Monate** (s. hierzu Zusatzinformation in Kapitel 2.2.1.1.1)) gem. § 125 S. 1 i.V.m. § 17 Abs. 2 S. 4 UmwG sind.

Bei der Eintragungsreihenfolge ist zu beachten, dass die Eintragung zunächst beim neuen Rechtsträger und erst danach beim übertragenden Rechtsträger erfolgt.

3.8 Die Wirkungen der Spaltung

Die hauptsächlichen Wirkungen der Eintragung der Spaltung sind in § 131 Abs. 1 UmwG zusammengefasst:

- Übergang des (Teil-)Vermögens im Wege der (beschränkten) Gesamtrechtsnachfolge (Nr. 1),
- Erlöschen des übertragenden Rechtsträgers bei der Aufspaltung (Nr. 2),
- Anteilsinhaberwechsel (Nr. 3),
- Heilung von Beurkundungsmängeln (Nr. 4).

Von besonderer Bedeutung ist die Tragweite der in § 131 Abs. 1 Nr. 1 UmwG vorgesehenen Gesamtrechtsnachfolge.

3.8.1 Die beschränkte Gesamtrechtsnachfolge bei der Spaltung

Während die meisten Vermögenspositionen generell übertragbar sind, gilt dies nicht für **höchstpersönliche** Rechtspositionen. Diese häufig im Arbeitsrecht vorkommenden Rechte und Pflichten gem. § 613a BGB sind bei GmbHs schwerlich denkbar, da Arbeitnehmerrechte und -pflichten meist von natürlichen Personen wahrgenommen werden.

Folgende Positionen gelten allerdings als nicht übertragbar und sind damit auch **nicht** nach §§ 123 ff. UmwG in einen Vermögensübergang kraft Spaltung einbezogen:

- Dingliche Nießbrauchrechte,
- Höchstpersönliche Verpflichtungen (wie z.B. Gebietsschutzvereinbarungen),
- bei Unternehmens-(Organschafts-)verträgen ist die Stellung als Organtochter nicht übertragbar, während die Stellung als Organmutter für übertragbar erachtet wird,
- Unterlassungsverpflichtungen.

Demgegenüber sind nachfolgende Positionen problemlos im Rahmen der (beschränkten) Gesamtrechtsnachfolge übertragbar:

- Immobilien (unter Verzicht auf §§ 893, 925 BGB); sollten jedoch bei ausländischen Grundstücken die dortige Rechtsordnung keine Gesamtrechtsnachfolge kennen, so greift man – geltungserhaltend – auf die Einzelrechtsnachfolge zurück,
- Bewegliche WG (unter Verzicht auf § 929 BGB),
- Forderungen und Rechte (wie z.B. Verträge) (unter Verzicht auf §§ 398, 413 BGB),
- grundsätzlich auch Schulden (unter Verzicht auf die Gläubigerzustimmung, § 414 BGB).

Als besonders problematisch haben sich bestimmte Verbindlichkeiten, Beteiligungen an Personengesellschaften und öffentlich-rechtliche Verpflichtungen erwiesen.

3.8.1.1 Schuldübernahme

Auch wenn Schulden generell übernahmefähig sind, hat die Rechtsprechung die ersten Versuche, sich von betrieblichen Verpflichtungen durch Auslagerung (Abspaltung/Ausgliederung) auf „bad banks" zu entledigen, abgelehnt.

Die Überführung von Pensionsverpflichtungen haben die Oberlandesgerichte unterschieden nach Pensionen von ausgeschiedenen Mitarbeitern und „frischen" Pensionsrückstellungen noch aktiver Mitarbeiter, die qua Rückstellungen passiviert sind. Zwischenzeitlich hat der BGH im Wortlaut des § 613a BGB keinen Hinderungsgrund mehr gesehen und lässt zwischenzeitlich alle passivierten Pensionsverpflichtungen zum Übergang zu.

3.8.1.2 Öffentlich-rechtliche Rechtspositionen

Der Übergang von öffentlich-rechtlichen Ansprüchen und Pflichten ist unterschiedlich geregelt und generell nach dem Zweck der öffentlich-rechtlichen Vorschriften auszulegen. Entscheidend ist dabei, ob den jeweiligen Regelungen eher eine (höchst)persönliche Leistung zu entnehmen ist oder ob es sich um „dingliche" Anordnungen („Verwaltungsakt an den, den es angeht") handelt. Folgende Fallgruppen lassen sich unterscheiden:

1. Im **Baurecht** (Hauptfall: Baugenehmigungen und Abrissverfügungen) hat sich die Auffassung herausgebildet, dass es sich um sachliche Entscheidungen handelt, die mit der Person des Bauherrn nichts zu tun haben. Da es bei der Klärung dieser Normen um die Übereinstimmung mit öffentlich-rechtlichen Bauvorschriften geht, sind die baurechtlichen Anordnungen grundsätzlich übergangsfähig.
2. Im Recht der **Konzessionen** muss zwischen Personalkonzessionen und dinglichen Genehmigungen unterschieden werden. Personalkonzessionen (Bsp: Gewerbe- oder Apothekerzulassung) sind nicht übergangsfähig, Sachgenehmigungen hingegen schon.
3. Im Bereich des **Sicherheits- und Polizeirechts** wird zwischen Verhaltens- und Zustandsverantwortung differenziert. Während Verwaltungsakte im Bereich der Zustandsverantwortung („Gefahr" geht von der Sache aus) als übergangsfähig betrachtet werden, gilt dies nicht für Verwaltungsakte, mit denen eine Verhaltensverantwortung geregelt wurde.

3a. Wichtig ist dabei, dass in den Fällen des zulässigen Übergangs die öffentlich-rechtliche Pflicht (z.B. zur Unterlassung einer Tätigkeit) in dem „**Aggregats**"- Zustand übergeht, wie sie der Rechtsvorgänger vorgefunden hat (mit der Folge, dass der eingelegte Einspruch oder die anhängige Klage in diesem Zustand auf den Rechtsnachfolger übergeht, also z.B. kein neuer Rechtsbehelf mehr eingelegt werden muss bzw. darf).

4. Im Steuerrecht geht bei Gesamtrechtsnachfolge (§ 45 AO) die Steuer auf den Rechtsnachfolger über, und zwar auch in dem Stadium, wie sie den Rechtsvorgänger verlassen hat (s. oben: Ein eingelegtes Rechtsmittel wirkt fort).
5. Im **Restitutionsrecht** sind die Ansprüche übergangsfähig.

3.8.1.3 Beteiligungen an Personengesellschaften

Während die Anteile an Kapitalgesellschaften unter Übertragungsgesichtspunkten keine Probleme bereiten (der rein vermögensrechtliche Aspekt steht im Vordergrund), hat die Rechtsprechung des BGH für die Übertragung von Beteiligungen an Personengesellschaften von Todes wegen aufgrund des Doppelcharakters (sowohl Vermögenswert wie auch höchstpersönliche Mitverwaltungsrechte) ein Sonderrecht geschaffen, das nachfolgend kurz dargestellt wird. Wegen der Parallele (Tod des Gesellschafters einerseits sowie Erlöschen des übertragenden Rechtsträgers andererseits, zumindest bei der Aufspaltung) werden die dortigen Grundsätze auf die Spaltung übertragen (vgl. hierzu Hörtnagel in Schmitt/Hörtnagl/Stratz, UmwG/UmwStG, 2018, § 131 UmwG Rn. 34).

3.8.1.3.1 Tod eines Komplementärs

Die Rechtsfolge des Todes eines Komplementärs hat sich durch das HR-ReformG mit Wirkung vom 01.07.1998 geändert. Bis zu diesem Zeitpunkt ordnete § 131 Nr. 4 HGB a.F. an, dass die KG im Fall des Todes eines Komplementärs aufgelöst wird.

3.8.1.3.2 Fortsetzung durch die überlebenden Gesellschafter

Gem. der neuen gesetzlichen Regelung der §§ 161 Abs. 2, 131 Abs. 3 Nr. 1 HGB führt der Tod eines Komplementärs – sofern nicht eine andere gesellschaftsvertragliche Regelung getroffen wurde – zu dessen **Ausscheiden** und somit zur **Fortsetzung der Gesellschaft** durch die verbleibenden Gesellschafter.

Das **Ausscheiden des Gesellschafters** erfolgt mit seinem Tode. Ein Übertragungsakt ist nicht notwendig. Die Gesellschaftsbeteiligung ist somit nicht vererblich. Die Erben haben lediglich schuldrechtliche Ansprüche, insb. – vorbehaltlich abweichender Regelungen in dem Gesellschaftsvertrag – einen Abfindungsanspruch. Wenn der **einzige Komplementär** einer KG verstirbt, kann die Gesellschaft nur fortgesetzt werden, wenn ein neuer Komplementär eintritt. Anderenfalls ist sie aufgelöst, weil eine reine Kommanditistengesellschaft nicht zulässig ist.

Der Anteil des Verstorbenen am Gesellschaftsvermögen wächst den verbleibenden Gesellschaftern an (**Anwachsung**). Die personenrechtliche Seite der Mitgliedschaft erlischt. Die Mitgliedschaft des Verstorbenen fällt daher nicht in den Nachlass. Eine etwaige Testamentsvollstreckung, Nachlassverwaltung oder auch eine Nachlassinsolvenz haben auf die Anwachsung daher keinen Einfluss. Diese Rechtsfolge (An-/Abwachsung) ergibt sich aus §§ 131 Abs. 3 Nr.1 HGB i.V.m. 105 Abs. 3 HGB gem. § 738 BGB.

Die **Identität** und die **Firma** der KG bleibt – vergleichbar dem rechtsgeschäftlichen Eintritt oder Austritt eines Gesellschafters – erhalten, sodass das Gesamthandsvermögen unberührt bleibt. Auch laufende Verträge, anhängige Prozesse oder Eintragungen im Grundbuch werden nicht tangiert.

Da das Stimmrecht des Verstorbenen entfällt, kann sich bei Mehrheitsentscheidungen das relative Stimmrecht der einzelnen Gesellschafter verschieben. Sofern der Gesellschaftsanteil einem Kommanditisten anwächst, haftet dieser nur gem. den §§ 171–173 HGB. Die Haftung vor Eintragung gem. § 176 Abs. 2 HGB greift nicht ein.

Für die Fortführung der Firma ist § 24 Abs. 2 HGB zu beachten. Wenn der Name des Verstorbenen in der Firma enthalten ist, bedarf es zur Fortführung der Firma der ausdrücklichen Einwilligung des Gesellschafters oder seiner Erben. Um denkbare Konflikte mit Erben zu vermeiden, empfiehlt es sich, die Einwilligung der Namensgeber zur Firmenfortführung schon im Gesellschaftsvertrag festzulegen.

3.8.1.3.3 Tod eines Kommanditisten

Im Falle des Todes eines Kommanditisten hat sich durch die Neuregelungen des HR-ReformG keine sachliche Änderung ergeben.

3.8.1.3.4 Fortsetzung mit den Erben des Kommanditisten

Nach der gesetzlichen Regelung des § 177 HGB wird die Gesellschaft mit den Erben des Kommanditisten fortgesetzt, wenn nicht der Gesellschaftsvertrag etwas anderes bestimmt. Die Kommanditbeteiligung ist also – anders als die Beteiligung als Komplementär – vererblich. Sie geht, ohne dass es eines Übertragungsaktes bedürfte, unmittelbar auf den oder die Erben des verstorbenen Kommanditisten über.

Ist ein Erbe bereits Gesellschafter, was gerade bei Familiengesellschaften in der Praxis häufig vorkommt, vereinigen sich seine eigene und die ererbte Beteiligung zu einem einheitlichen Gesellschaftsanteil. Ist der **Erbe Kommanditist**, so vereinigen sich zwei Kommanditbeteiligungen in einer Person und die bisherigen zwei Kapitalkonten zu einem einzigen Kapitalkonto. Ist der **Erbe Komplementär**, entsteht ebenfalls ein einheitlicher Gesellschaftsanteil, allerdings einer unter unbeschränkter Haftung. Die im HR eingetragene Haftsumme des Kommanditkapitals ist daher notwendigerweise entsprechend herabzusetzen.

Wenn bei einer **Zwei-Personen-KG** der Kommanditist den Komplementär beerbt, erlischt die KG. Der Komplementär wird Einzelunternehmer. Das Vermögen der KG wächst dem Einzelunternehmer automatisch als Ganzes an.

Dogmatische Probleme wirft der typische Erbfall auf, in dem der Kommanditist **mehrere Erben** hinterlässt: Nach erbrechtlichen Grundsätzen könnte man annehmen, die Kommanditbeteiligung gehe auf die Gesamthand der Erbengemeinschaft über. Dies führte allerdings zu dem Problem, dass eine Erbengemeinschaft nach ganz überwiegender Auffassung in Rechtsprechung und Literatur nicht Gesellschafter einer werbenden Gesellschaft sein kann. Deshalb entspricht es gefestigter Rechtsprechung (vgl. BGH vom 10.02.1977, II ZR 120/75, BGHZ 68, 225 (237)), dass die vererblich gestellte Mitgliedschaft in einer Personengesellschaft beim Tod ihres Inhabers nicht »als Ganzes«, sondern im Wege der **Sondererbfolge** (Singularsukzession) unmittelbar und entsprechend der Erbquote geteilt ohne weiteres Dazutun an die mehreren Nachfolge-Erben gelangt. Die Kommanditbeteiligung zerfällt also in so viele Anteile, wie Erben vorhanden sind. Die geteilten Gesellschaftsanteile gehören trotz der Sondererbfolge zum Nachlass.

Um eine Zersplitterung der Gesellschafterversammlung zu vermeiden, sollte der Gesellschaftsvertrag vorsehen, dass die Erben eines Kommanditisten ihre Gesellschafterrechte nur durch einen gemeinsamen Vertreter ausüben dürfen.

Ob die (Verwaltungs-)**Testamentsvollstreckung an Kommanditbeteiligungen** zulässig ist, war heftig umstritten. Die grundlegende Entscheidung des BGH vom 03.07.1989 (vgl. BGH vom 03.07.1989, II ZB 1/89, NJW 1989, 3152 sowie BGH vom 21.09.1995, II ZR 273/93, NJW-RR 1996, 411) hat die Zulässigkeit bejaht. Gefordert wird allerdings von der Rechtsprechung die Zulassung der Testamentsvollstreckung im Gesellschaftsvertrag oder die Zustimmung aller Mitgesellschafter. Einzelheiten sind unverändert zweifelhaft. Nach der Rechtsprechung des BGH darf jedenfalls die »Außenseite« der Kommanditbeteiligung i.S.d. abspaltbaren Vermögensrechte einer Testamentsvollstreckung unterworfen werden. Die Zulässigkeit einer die gesamte Kommanditistenstellung umfassenden Testamentsvollstreckung, die also auch die »**Kernrechte**« der Mitgliedschaft umfasst, ist weiterhin lebhaft umstritten (Klein/Lindemeier, Münchener Handbuch der KG, 4. Auflage, § 42 Rz. 36 ff.).

3.8.1.3.5 Rechtsfolgen der Vererblichkeit

Der oder die Erben übernehmen die Gesellschafterstellung des verstorbenen Kommanditisten mit allen Rechten und Pflichten, soweit es sich nicht um dem Erblasser eingeräumte höchstpersönliche Sonderrechte, wie z.B. Geschäftsführungsbefugnis oder Prokura, handelt.

Die **Identität** der KG bleibt – vergleichbar dem rechtsgeschäftlichen Eintritt oder Austritt eines Gesellschafters – auch nach dem Tode eines Kommanditisten erhalten. Auch laufende Verträge, anhängige Prozesse oder Eintragungen im Grundbuch werden nicht tangiert. Die Firma der KG bleibt unverändert.

Hinsichtlich der **Haftung der Erben** ist zu unterscheiden:

Für **Altverbindlichkeiten**, also solche Verbindlichkeiten, die schon vor dem Erbfall entstanden sind, unterliegen die Erben einer doppelten Haftung, nämlich der **Erbenhaftung** für Haftungsverbindlichkeiten des Erblassers aus § 1967 BGB, §§ 171 f. HGB und der **Eigenhaftung** nach §§ 173, 171 f. HGB.

Die Erbenhaftung kann gem. § 1975 BGB erbrechtlich auf den Nachlass beschränkt werden. Sie besteht nur, soweit auch der Erblasser persönlich haftete. Die Eigenhaftung ist dagegen erbrechtlich nicht beschränkbar und kann daher das sonstige Vermögen der Erben betreffen. Wenn durch eine Sondererbfolge mehrere Erben die Mitgliedschaft anteilig entsprechend ihrer Erbquote erhalten, trifft den einzelnen Miterben die Haftung nur je anteilig für den geerbten Anteil.

Für **Neuverbindlichkeiten**, also solche Verbindlichkeiten, die nach dem Erbfall begründet wurden, haften die Erben zunächst persönlich gem. §§ 171, 172 HGB, allerdings begrenzt auf die Hafteinlageschuld, bei mehreren Erben begrenzt auf die jeweils anteilige Hafteinlageschuld des Erblassers.

War der **Erblasser nicht im Handelsregister** eingetragen, geht auch die den Erblasser persönlich treffende Haftung nach § 176 Abs. 2 HGB auf die Erben über. Diese Haftung besteht bis zur Eintragung der Erben im Handelsregister.

3.8.1.3.6 Anmeldung zum Handelsregister

Der erbrechtliche Übergang der Kommanditbeteiligung ist zum Handelsregister anzumelden. Dabei ist zu beachten, dass durch einen Nachfolgevermerk die unmittelbare Rechtsnachfolge zum Ausdruck gebracht wird.

3.8.1.3.7 Vertragliche Gestaltungen

Die dargestellten Rechtsfolgen der gesetzlichen Regelungen beim Tode eines Gesellschafters entsprechen in der Praxis häufig nicht der Interessenlage der Gesellschafter. Der überwiegende Teil der in der Praxis verwandten Gesellschaftsverträge sieht daher eine Modifizierung der Rechtsfolgen beim Tode eines Gesellschafters vor. Die gesellschaftsrechtliche Literatur bietet eine kaum noch überschaubare Vielzahl von Gestaltungsmöglichkeiten an. Es empfiehlt sich, diese Gestaltungsmöglichkeiten, ausgehend von der **Interessenlage der Gesellschafter**, wie folgt zu strukturieren:

Zunächst ist zu überlegen, ob die Beteiligten die KG im Fall des Todes fortsetzen oder beenden wollen. Wenn die Entscheidung für eine Fortsetzung der Gesellschaft getroffen wurde, ist zu fragen, ob die Gesellschaft ohne Erben oder mit den Erben fortgesetzt werden soll. Sofern die Gesellschaft mit Erben fortgesetzt werden soll, ist zu entscheiden, ob alle Erben, nur bestimmte Erben und/oder in welcher Rechtsstellung als Gesellschafter die Erben die Gesellschaft fortsetzen sollen.

In der gesellschaftsrechtlichen Literatur und der Vertragspraxis haben sich für diese Fallgestaltungen die folgenden Begrifflichkeiten durchgesetzt, die nachfolgend übernommen werden, auch wenn sie teilweise die damit verbundenen Rechtsfolgen unzureichend beschreiben:

Wenn im Falle des Todes eines KG-Gesellschafters die Gesellschaft aufgelöst werden soll, spricht man von einer **Auflösungsklausel**.

Wenn im Falle des Todes eines KG-Gesellschafters die Gesellschaft unter Ausschluss und Abfindung der Erben fortgesetzt werden soll, spricht man von einer **Fortsetzungsklausel**.

Wenn im Falle des Todes eines KG-Gesellschafters die Gesellschaft mit den Erben fortgeführt werden soll, spricht man von einer **Nachfolgeklausel**.

Daneben werden in der Vertragspraxis häufig Regelungen vereinbart, die einem bestimmten Personenkreis ein Eintrittsrecht gewähren. Derartige Klauseln werden als **rechtsgeschäftliche Nachfolge- oder Eintrittsklauseln** bezeichnet.

Nachfolgend werden die Gestaltungsmöglichkeiten der Fortsetzungsklausel, der qualifizierten Nachfolgeklausel sowie die kombinierte Nachfolge- und Umwandlungsklausel mit ihren Rechtsfolgen näher erläutert.

3.8.1.3.8 Fortsetzungsklauseln

Die gesetzliche Regelung beim Tode eines Komplementärs (§§ 131 Abs. 3 Nr. 1, 161 Abs. 2 HGB) entspricht einer **Fortsetzungsklausel**. Danach scheidet ein Gesellschafter mit seinem Tode aus der Gesellschaft aus. Mit dem Todestag erlischt die Mitgliedschaft des verstorbenen Gesellschafters, die seinen Mitgesellschaftern ohne weiteren Übertragungsakt kraft Gesetzes anwächst. Die Erben werden nicht Gesellschafter. Ihnen stehen, soweit diese nicht gesellschaftsvertraglich ausgeschlossen sind, lediglich schuldrechtliche Abfindungsansprüche zu.

Eine Fortsetzungsklausel sollte gewählt werden, wenn ein besonderes Interesse der Gesellschafter besteht, vor dem Eintritt von Nachfolgern geschützt zu werden. Vor Inkrafttreten des HR-ReformG dienten diese Klauseln außerdem dazu, den bis dahin gesetzlich vorgesehenen Auflösungstatbestand beim Tode eines Komplementärs zu vermeiden.

Ein wesentlicher **Nachteil** der Fortsetzungsklausel kann darin liegen, dass die Erben des ausscheidenden Gesellschafters im Regelfall durch eine Abfindungszahlung nicht den wahren Wert der Beteiligung vergütet bekommen; dies ist insb. der Fall bei sog. Buchwertklauseln, bei denen die weichenden Erben mit dem Buchwert des Ex-Gesellschafters (= sein Kapitalkonto) abgefunden werden. Sie führt außerdem zu erheblichen, das Unternehmen evtl. gefährdenden Abfindungszahlungen beim Tode eines Gesellschafters; dies wiederum gilt insb. dann, wenn Abfindungszahlungen aus der Basis der Teilwerte (bzw. gemeinen Werte = Verkehrswert der Beteiligung) vereinbart werden. Letztendlich hängt es von dem Zufall der Reihenfolge des Versterbens der Gesellschafter ab, wessen Erben das Unternehmen fortführen dürfen.

Interessengerecht kann eine solche Fortsetzungsklausel sein, wenn beispielsweise ein familienfremder Manager in eine KG aufgenommen wurde, dessen Beteiligung ausschließlich auf die konkrete Person beschränkt werden soll. Außerdem ist eine solche Fortsetzungsklausel berufsrechtlich bei Freiberufler-Sozietäten erforderlich, weil solche Sozietäten nicht mit Erben fortgeführt werden dürfen, die nicht die entsprechende berufliche Qualifikation haben (z.B. Ärzte, Rechtsanwälte, Wirtschaftsprüfer etc.).

Eine **einfache Fortsetzungsklausel** sollte nicht gewählt werden, wenn eine KG nur einen einzigen Komplementär aufweist. Rechtsfolge einer solchen Fortsetzungsklausel wäre nämlich die Auflösung der KG, weil eine reine Kommanditistengesellschaft nicht zulässig ist. Wenn im Gesellschafterkreis kein anderer Gesellschafter bereit ist, die Rolle des Komplementärs zu übernehmen, bietet es sich an, vorzusehen, dass für den Fall des Todes des einzigen Komplementärs eine GmbH als persönlich haftende Gesellschafterin eintritt. Die KG wird dann zu einer GmbH & Co. KG.

3.8.1.3.9 Qualifizierte Nachfolgeklausel

Von einer **qualifizierten Nachfolgeklausel** spricht man, wenn nicht alle Erben, sondern nur **einer** oder einzelne von ihnen unmittelbar mit dem Erbfall in die Gesellschafterstellung einrücken sollen. Die erbrechtlichen Verfügungsmöglichkeiten des Gesellschafter-Erblassers sind damit auf einen bestimmten Personenkreis beschränkt. Der Erblasser hat also zu beachten, dass sich gesellschaftsvertragliche und erbrechtliche Regelungen entsprechen. Der nach Gesellschaftsvertrag zugelassene Nachfolger ist auch als Erbe einzusetzen.

Die Kriterien, wer Nachfolger werden darf, können im Gesellschaftsvertrag frei bestimmt werden, soweit sie nicht gegen zwingende Rechtsvorschriften verstoßen oder sittenwidrig sind. Möglich ist, die zulässigen Nachfolger namentlich auf eine bestimmte Personengruppe zu beziehen, z.B. Abkömmlinge, Ehegatten, Mitgesellschafter etc. Üblich ist auch die Nachfolgeberechtigung mit bestimmten Qualifikationsmerkmalen, wie z.B. berufliche Qualifikationen und Alter, zu verknüpfen.

Durch eine qualifizierte Nachfolgeklausel können die oben zur einfachen Nachfolgeklausel dargestellten Schwierigkeiten, wie die Zersplitterung des Gesellschaftsanteils oder das Eindringen unerwünschter Nachfolger, ausgeschlossen werden. Es ergibt sich allerdings der **Nachteil**, zwischen den Erben Abfindungsprobleme lösen zu müssen. Es handelt sich hierbei um eine erbrechtliche, nicht eine gesellschaftsrechtliche Abfindungsproblematik.

Für diese Rechtsfolge (Abfindungsansprüche der diskriminierten Erben gegen den privilegierten Gesellschafter-Erben) hat sich der Begriff »keine Nachfolge am Erbrecht vorbei« eingebürgert. Von besonderer, auch praktischer, Bedeutung ist dabei die bis heute nicht geklärte Frage, auf welcher Rechtsgrundlage diese Abfindungsansprüche beruhen. Je nach angenommener Anspruchsgrundlage handelt es sich – und dies ist für die Verjährung von Bedeutung – um einen erbrechtlichen Anspruch (§§ 2032 ff., 2042 BGB analog) oder um einen gesellschaftsrechtlichen Anspruch (§ 738 BGB analog).

Gesellschaftsrechtlich besteht für eine Abfindung kein Anlass, weil sich nur die Person des Gesellschafters ändert. Vielmehr stellt sich die erbrechtliche Frage, ob der Nachfolgererbe seine Miterben durch einen Ausgleich entschädigen muss. Es empfiehlt sich, dieses Problem in einer letztwilligen Verfügung zu regeln (vgl. dazu Schmidt, GesR, 1345).

Wenn der Nachfolgeberechtigte vom Erblasser in der Verfügung von Todes wegen nur als Vermächtnisnehmer eingesetzt wird, kommt es nicht zum unmittelbaren Vollerwerb der Beteiligung. Diese fällt vielmehr zunächst den Erben zu, die die Beteiligung aber in Erfüllung des Vermächtnisses gem. § 2174 BGB auf den Vermächtnisnehmer übertragen müssen.

3.8.1.3.10 Kombinierte Nachfolge- und Umwandlungsklausel

Beim Tod eines Komplementärs besteht für die eintretenden Erben ein Interesse, sich vor der sich aus den §§ 128, 130 HGB ergebenden Haftung für Altverbindlichkeiten sowie von der Haftung für neue Verbindlichkeiten, für die jeweils keine rechtliche Beschränkungsmöglichkeit besteht, zu befreien. Die gesetzliche Regelung des § 139 HGB gibt einem Erben eines Komplementärs die Befugnis, sein Verbleiben in der Gesellschaft davon abhängig zu machen, dass ihm unter Belassung des bisherigen oder eines im Gesellschaftsvertrag festgesetzten Gewinnanteils der auf ihn fallende Teil der Einlage des Erblassers als seine Kommanditeinlage anerkannt wird. Diese Regelung des § 139 HGB soll nicht nur den Erben vor der unbeschränkten Haftung schützen. Sie schützt auch die Gesellschaft vor einem Liquiditätsentzug durch eine Abfindungszahlung. Die Mitgesellschafter haben nämlich die Möglichkeit, das Angebot des Erben, als Kommanditist in der Gesellschaft zu bleiben, anzunehmen.

Der Schutz dieser Vorschrift ist allerdings unvollkommen, weil der Erbe nicht verlangen kann, ihm eine Kommanditistenstellung einzuräumen. Andererseits haben die Gesellschafter, sofern eine Minderheit die Umwandlung in einen Kommanditanteil verweigert, keine Möglichkeit, das Ausscheiden des Erben und damit den mit einer Abfindung verbundenen Liquiditätsabfluss zu verhindern (Schmidt, BB 1989, 1702 ff.).

Um diese Unwägbarkeiten der gesetzlichen Regelungen aufzuheben, kann eine Umwandlungsklausel gesellschaftsvertraglich vorgesehen werden. Für die **kombinierte Nachfolge- und Umwandlungsklausel** werden drei verschiedene Gestaltungsformen vorgeschlagen (vgl. dazu Schmidt, BB 1989, 1704 ff.):

1. Als **obligatorische** Umwandlungsklausel wird eine Klausel bezeichnet, die den Erben einen schuldrechtlichen Anspruch gegen die Mitgesellschafter im Wege eines Vertrages zugunsten Dritter einräumt, die Umwandlung seines Geschäftsanteils in einen Kommanditanteil zu verlangen. Eine solche Klausel ist regelmäßig mit einer zeitlichen Befristung zu versehen, die nicht länger als die Dreimonatsfrist des § 139 Abs. 3 HGB sein sollte.
2. Die Umwandlung kann auch im Rahmen einer **Optionsklausel** geregelt werden. Nach ihr kann der Erbe die Umwandlung **durch einseitige** Erklärung herbeiführen. Auch insoweit sollte vorgeschrieben werden, dass die Erklärung entsprechend § 139 Abs. 3 HGB spätestens innerhalb von drei Monaten den Mitgesellschaftern zugegangen sein muss. Die Konditionen der Umwandlung müssen objektiv bestimmbar festgelegt werden.
3. Schließlich ist auch eine **automatisch wirkende** Umwandlungsklausel möglich. Es kann vorgesehen werden, dass entweder jeder Erbe mit dem Erbfall Kommanditist wird oder dass einzelne Erben automatisch mit dem Erbanfall einen Kommanditanteil erwerben, wohingegen andere ein Wahlrecht haben sollen.

Im Falle der automatischen Umwandlungsklausel haftet der Erbe für die Altschulden nach § 128 HGB in Verbindung mit §§ 1967, 1965 BGB auf den Nachlass beschränkbar (vgl. zur Haftung auch Sudhoff, Unternehmensnachfolge, 65. Auflage, § 44 Rz. 70 ff.).

3.9 Handelsrechtliche Bilanzierungsfragen der Spaltung

Im Rahmen einer Spaltung werfen lediglich die Abspaltung und Ausgliederung bilanzrechtliche Fragen auf, sodass auf diese im Folgenden näher eingegangen wird und im Übrigen wird auf die Ausführung zur bilanziellen Behandlung der Verschmelzung verwiesen. Für die Praxis ist das Heranziehen des Standards IDW RS HFA 42 und 43 zu empfehlen.

3.9.1 Abspaltung

3.9.1.1 Bilanzierung beim übertragenden Rechtsträger

3.9.1.1.1 Allgemeines

Bei der Abspaltung wird ein Teil des Vermögens des übertragenden Rechtsträgers zur Aufnahme oder zur Neugründung auf einen übernehmenden Rechtsträger übertragen. Hierbei existiert der übertragende Rechtsträger weiter, da nur ein Teil seines Vermögens im Wege der Sonderrechtsnachfolge auf einen oder mehrere bereits bestehende oder neugegründete Rechtsträger übertragen wird. Aus diesem Grund ist der übertragende Rechtsträger weiter zur Aufstellung und Prüfung eines Jahresabschlusses für das ihm zugeordnete Vermögen verpflichtet. Die Anteilseigner des abspaltenden Rechtsträgers erhalten Anteile am übernehmenden Rechtsträger gemäß § 123 Abs. 2 UmwG.

Als einzureichende Bilanz nach §§ 125 S. 1 i.V.m. 17 Abs. 2 UmwG ist die Bilanz für das gesamte Vermögen des übertragenden Rechtsträgers gemeint. Eine Aufstellung von Teilbilanzen ist nicht erforderlich, sie kann sich jedoch für Zwecke des Spaltungsvertrages bzw. Spaltungsplanes anbieten (IDW RS HFA 43, Stand: Februar 2013, Rz. 7).

3.9.1.1.2 Abspaltung positiven Nettobuchvermögens

Bei der **Abspaltung von positiven Nettobuchvermögen** ist der **Buchwertsaldo** zwischen den abzuspaltenden Vermögensgegenständen und Schulden **positiv**. Dadurch mindert sich das Buchvermögen der abspaltenden Gesellschaft, da die Anteilseigner der abspaltenden Gesellschaft und nicht die Gesellschaft selbst Anteile am übernehmenden Rechtsträger erhalten. Durch die Abspaltung wird ein Teil des Gesellschaftsvermögens an die Anteilseigner der abspaltenden Gesellschaft ausgeschüttet, sodass es sich bei der Abspaltung um eine Vermögensverwendung auf Gesellschaftsebene handelt (vgl. auch IDW RS HFA 43, Stand: Februar 2013, Rz. 11).

Aus diesem Grund muss die Vermögensminderung der abspaltenden Gesellschaft als „**Vermögensminderung durch Abspaltung**" (IDW RS HFA 43, Stand: Februar 2013, Rz. 17 f., wonach dies für eine übertragende AG verpflichtend und eine entsprechende Bezeichnung bei der GmbH sachgerecht ist) bilanziell als Passivposten erfasst werden und darf nicht als Aufwand in der GuV verbucht werden (IDW RS HFA 43, Stand: Februar 2013, Rz. 12 ff.). Wenn die buchungsmäßige Vermögensabgabe nicht durch andere Eigenkapitalteile ausgeglichen werden kann, ist insofern eine Kapitalherabsetzung in ordentlicher oder vereinfachter Form durchzuführen, es sei denn, es kann anhand einer Zwischenbilanz ein Gewinn zwischen dem Stichtag der Schlussbilanz und der Anmeldung aus dem verbleibenden Vermögen nachgewiesen werden (ausführlich hierzu IDW RS HFA 43, Stand: Februar 2013, Rz. 13 ff.).

3.9.1.1.3 Abspaltung negativen Nettobuchvermögens

Bei der Abspaltung wird das Vermögen des übertragenden Rechtsträgers nicht gemindert, wenn der **Saldo aus übertragenen Vermögensgegenständen und Schulden geringer oder gleich null** ist. Eine Übertragung ist zulässig, soweit die in den übertragenen Vermögensgegenständen enthaltenen stillen Reserven den Wert der Schulden übersteigen. Bei der Übertragung negativen Nettobuchvermögens wird das Vermögen des übertragenden Rechtsträgers gemehrt, da der Wert der übertragenen Passiva den aktivierten Wert der Aktiva übersteigt. Diese Vermögensmehrung ist beim übertragenden Rechtsträger in die **Kapitalrücklage** gemäß § 272 Abs. 2 Nr. 4 HGB einzustellen (IDW RS HFA 43, Stand: Februar 2013, Rz. 19).

3.9.1.2 Bilanzierung beim übernehmenden Rechtsträger

Der aufnehmende Rechtsträger hat beim Ansatz der **Anschaffungskosten** gemäß §§ 125 S. 1 i.V.m. 24 UmwG ein **Wahlrecht** zwischen den in der Schlussbilanz des übertragenden Rechtsträgers angesetzten Buchwerten oder der Behandlung der (Ab-)Spaltung als Anschaffungsvorgang. Die Ausführungen zur bilanziellen Behandlung der Verschmelzung gelten hier entsprechend, wonach wiederum nach Vorgängen mit und ohne Kapitalerhöhungen sowie der Spaltungsrichtung zu differenzieren ist.

3.9.1.2.1 Bestimmung der Höhe der Anschaffungskosten

Um eine Bewertung der Anschaffungskosten des übernehmenden Rechtsträgers vornehmen zu können, müssen diese bestimmt werden. Je nach Ansatzmethode bestehen sie entweder in der Ausgabe neuer Anteile nach einer Kapitalerhöhung, dem Buchwert der bereits bestehenden Beteiligung oder im Zeitwert gewährter eigener Anteile. Anschaffungskosten können zum einen in der Ausgabe neuer Anteile nach einer Kapitalerhöhung des übernehmenden Rechtsträgers bestehen, die den Anteilseignern des übertragenden Rechtsträgers gewährt werden müssen.

a) Abspaltung **mit Kapitalerhöhung beim übernehmenden Rechtsträger**
Wenn für das übertragene Vermögen neue Anteile am übernehmenden Rechtsträger ausgegeben werden, können als Anschaffungskosten des übertragenen Vermögens entweder der Ausgabebetrag der gewährten Anteile oder der Zeitwert der ausgegebenen Anteile herangezogen werden. Wenn der Vermögenswert des übernommenen Vermögens und der Wert der ausgegebenen neuen Anteile identisch sind, entspricht der Ausgabewert der Anteile den Anschaffungskosten des übernommenen Vermögens. Ein bei der Ausgabe der Anteile vereinbartes und vom übernehmenden Rechtsträger vereinnahmtes Agio ist gemäß § 272 Abs. 2 Nr. 4 HGB in die Kapitalrücklage einzustellen.

b) Abspaltung **ohne Kapitalerhöhung**
Wenn der übertragende Rechtsträger Teile seines Vermögens auf den übernehmenden Rechtsträger überträgt, der bereits am übertragenden Rechtsträger beteiligt ist, ist eine Kapitalerhöhung gemäß §§ 125 S. 1 UmwG i.V.m. 54 Abs. 1 und 68 UmwG ausgeschlossen. Anders als beim upstream-merger bleiben die Anteile jedoch bestehen, sie verlieren jedoch infolge des Vermögensüberganges mitunter an Wert. Nach Hörtnagl soll eine Abschreibung jedoch ausscheiden, soweit der Wert der Beteiligung am übertragenden Rechtsträger auch unter Berücksichtigung des abgehenden Vermögens den Bilanzansatz nicht unterschreitet (Hörtnagl in Schmitt/Hörtnagl/Stratz, UmwG/UmwStG, 2018, § 24 UmwG Rz. 94). Insofern bliebe es beim bisherigen Beteiligungsansatz. Für das übergehende Vermögen gelten im Übrigen die Ausführungen zur Verschmelzung entsprechend, sodass ein Ansatz zum Buch-, Zwischen- und Zeitwert unter ggf. erforderlicher Einstellung in die Kapitalrücklage i.S.v. § 272 Abs. 2 Nr. 4 HGB in Frage kommt (vgl. IDW RS HFA 43, Stand: Februar 2013, Rz. 25).

3.9.1.2.2 Verteilung der Anschaffungskosten

Die Anschaffungskosten des übernehmenden Rechtsträgers müssen **auf die übernommenen Vermögensgegenstände** verteilt werden. Hierbei sind die übernommenen stillen Reserven gleichmäßig auf alle übernommenen Vermögensgegenstände zu verteilen; die **Höchstgrenzen sind die aktuellen Zeitwerte** der übernommenen Vermögensgegenstände.

Ergibt sich nach der Verteilung der Anschaffungskosten ein positiver Unterschiedsbetrag, ist dieser als Geschäfts- oder Firmenwert beim übertragenden Rechtsträger zu aktivieren und über 15 Jahre abzuschreiben. Ein sich ergebender negativer Unterschiedsbetrag zwischen Anschaffungskosten und übernommenen Vermögensgegenständen führt zur Abstockung der Buchwerte des übernommenen Vermögens.

3.9.1.3 Bilanzierung bei Buchwertfortführung

3.9.1.3.1 Ansatz

Übt der übernehmende Rechtsträger sein **Wahlrecht** zum Ansatz und Bewertung der übernommenen Vermögensgegenstände und Schulden gemäß § 24 UmwG aus, übernimmt er die Buchwerte aus der Schlussbilanz des übertragenden Rechtsträgers als Anschaffungskosten in seine Bilanz und ist zur Fortführung der Bewertungsmethoden verpflichtet. Da bei Ausübung des Wahlrechts die Abspaltung nicht als Anschaffungsvorgang behandelt wird, gelten für den übernehmenden Rechtsträger die **Bilanzierungsverbote** gemäß § 248 Abs. 2 S. 2 HGB.

3.9.1.3.2 Bewertung

Bei der Buchwertfortführung des übernehmenden Rechtsträgers entsteht beim übernehmenden Rechtsträger regelmäßig ein Unterschiedsbetrag zwischen den fortgeführten Buchwerten und der während der

Abspaltung gewährten Gegenleistung. Hierbei muss zwischen der Ausgabe neuer Anteile durch Kapitalerhöhung, der Hingabe bereits bestehender Anteile und der Übernahme des Vermögens gegen Untergang der Beteiligung differenziert werden.

a) Spaltung **mit Kapitalerhöhung**
Führt der übernehmende Rechtsträger eine Kapitalerhöhung durch und übersteigen die Buchwerte des übernommenen Vermögens den Ausgabebetrag der Anteile, entsteht ein positiver Unterschiedsbetrag, der wie ein Aufgeld behandelt und aus diesem Grund in die Kapitalrücklage des übernehmenden Rechtsträgers gemäß § 272 Abs. 2 Nr. 1 HGB einzustellen ist. Übersteigt jedoch der Ausgabebetrag der Anteile die Buchwerte des übernommenen Vermögens, ergibt sich ein negativer Unterschiedsbetrag, der als erfolgswirksam als außerordentlicher Aufwand („Spaltungsverlust") in der GuV des übernehmenden Rechtsträgers erfasst wird.

b) Spaltung **ohne Kapitalerhöhung**
Wird bei der Abspaltung Vermögen des übertragenden Rechtsträgers auf seine eigenen Gesellschafter übertragen, ist eine Kapitalerhöhung gemäß §§ 125 S. 1 UmwG i.V.m. 54 Abs. 1 und 68 UmwG ausgeschlossen. Der sich bei dieser „upstream-Spaltung" ergebende Unterschiedsbetrag zwischen dem Buchwert der Beteiligung und dem Buchwert des übertragenen Vermögens muss als Verschmelzungsgewinn (bei negativem Unterschiedsbetrag) oder Verschmelzungsverlust (bei positivem Unterschiedsbetrag) sofort erfasst werden. Bei der down- oder sidestep-Spaltung ist ein Gewinn in die Kapitalrücklage i.S.v. § 272 Abs. 2 Nr. 4 HGB einzustellen, ein Verlust wird mit dem Eigenkapital verrechnet.

3.9.2 Ausgliederung

Die Ausgliederung stellt für den übertragenden Rechtsträger einen Tausch dar, bei dem er als Gegenleistung Anteile am übernehmenden Rechtsträger erhält. Nach Auffassung des IDW gelten damit wiederum die allgemeinen Tauschgrundsätze. Mithin wird damit der Ansatz der Anteile zum **Buch-, Zwischen- und Zeitwert** als zulässig erachtet (IDW RS HFA 43, Stand: Februar 2013, Rz. 21). Wenn das ausgegliederte Buchwertvermögen negativ ist, sollen die Anteile nach Auffassung des IDW zumindest mit einem Merkposten angesetzt werden (IDW RS HFA 43, Stand: Februar 2013, Rz. 21). In der Folge des Ansatzes ergibt sich ggf. ein Übertragungsgewinn oder -verlust, der erfolgswirksam zu berücksichtigen ist.

3.10 Spaltung im Prozess

Die **unterschiedlichen Rechtsfolgen** der Spaltung treten insbesondere im Prozess auf. Anhand von Beispielfällen wird hier ein Überblick gegeben.

3.10.1 Aufspaltung

Beispiel 1:
Die X-GmbH wird zum 1. Januar 2020 aufgespalten in die Y-AG. Kurz vor Aufspaltung ist die X-GmbH in einem Prozess involviert, in dessen Verlauf schon die ersten Prozesshandlungen seitens des Rechtsanwalt R in 2019 erfolgten. Bei Aufspaltung des übertragenden Rechtsträgers (hier: der X-GmbH) erlischt dieser auch als Prozessbeteiligter. Gemäß §§ 239 Abs. 1, 246 ZPO wird der Prozess unterbrochen, bis ihn der übernehmende Rechtsträger (hier: die Y-AG) wieder aufnimmt.

Lösung:
Grundsätzlich wird der Prozess unterbrochen, solange bis die Y-AG ihn wieder aufnimmt. Dies gilt allerdings nicht (keine Unterbrechung), soweit der übertragende Rechtsträger – wie hier – durch einen Prozessbevollmächtigten vertreten war (§ 246 ZPO).

3.10.2 Abspaltung/Ausgliederung

Beispiel 2:

Die VW-AG spaltet die komplette Dieselsparte auf eine X-UG ab (bzw. gliedert sie in die X-UG aus).

a) Kurz vor der Spaltung (zum 1. Januar 2020) verklagt VW den Käufer K1 auf Zahlung des Kaufpreises für einen Golf-GTD i.H.v. 35 T€.

b) Ebenfalls kurz vor der Spaltung geht bei VW die Klage eines amerikanischen Verbraucher-Anwalts i.H.v. (umgerechnet) 12,5 Mrd. € ein, der alle US-Käufer von VW-Diesel-Pkw der Jahre 2018/2019 vertritt.

c) Kurz vor der Spaltung (zum 1. Januar 2020) verklagt VW den Käufer K2 auf Zahlung des Kaufpreises für einen Golf-GTI i.H.v. 40 T€.

Lösung:

Vorweg ist danach zu differenzieren, ob der Prozessstoff bei dem übertragenden Rechtsträger verbleibt oder auf den übernehmenden Rechtsträger übergeht. Sollte der Prozessstoff beim übertragenden Rechtsträger verbleiben (Fall 2c), ändert sich am Prozessgeschehen nichts.

Im Fall (2a) liegt ein sogenannten **Aktivprozess** vor (VW ist/war aktivlegitimiert), bei dem materiell die Forderung auf den übernehmenden Rechtsträger übergeht. Trotz des Übergangs der Forderung (§§ 398, 433 Abs. 2 BGB) hat dies keine Auswirkung auf den Prozess (§ 265 Abs. 2 ZPO). Trotz des Verlustes der Aktivlegitimation bleibt der übertragende Rechtsträger (hier: VW) Prozesspartei und dies ohne Unterbrechung. Es liegt ein Fall der sogenannten **Prozessstandschaft** vor. Formal bedingt dies allerdings (wegen der Rechtskraft, § 325 ZPO) die Umstellung des Klageantrags auf die X-UG, ggf. eine Titelumschreibung nach § 727 ZPO.

Bei einem **Passivprozess** (Fall 2b: VW als Beklagter) hat die wirksame Aufspaltung/Ausgliederung ebenfalls keine Auswirkung auf den Prozess, da der übertragende Rechtsträger zumindest gesamtschuldnerisch dem Kläger für die bis dahin entstandene Verbindlichkeit als Haftungsschuldner erhalten bleibt (§ 133 UmwG).

4. Vermögensübertragung

Die Vorschriften für eine Vermögensübertragung nach dem Umwandlungsgesetz befinden sich im Vierten Buch in den §§ 174 bis 189 UmwG. Die Vorschriften unterteilen sich dabei in drei Teile. Nachdem in den §§ 174 und 175 zunächst die **Möglichkeiten einer Vermögensübertragung** aufgezeigt werden, werden darauffolgend in den §§ 176 und 177 UmwG die Übertragung des Vermögens oder von Vermögensteilen **einer Kapitalgesellschaft auf die öffentliche Hand** (Bund, Länder, Gebietskörperschaften (Gemeinden, Landkreise)) und in den §§ 178 bis 189 UmwG zuletzt die **Vermögensübertragung unter Versicherungsunternehmen** normiert. Bei der Vermögensübertragung besteht ein hoher Anteil an den Paragrafen aus Verweisen auf die Vorschriften zur Verschmelzung oder Spaltung. So befassen sich von den 16 Paragrafen zur Vermögensübertragung alleine 9 Paragrafen mit den anzuwenden Vorschriften aus anderen Teilen des Umwandlungsgesetzes.

Die Vermögensübertragung im Umwandlungsgesetz ist abzugrenzen zu der in § 179a AktG normierten Vermögensübertragung. In der Praxis ist die Vermögensübertragung **kaum relevant**, weil der Gesetzgeber die Bedürfnisse der Praxis wohl falsch eingeschätzt hat (Stengel in Semler/Stengel, Umwandlungsgesetz, 2017, § 174 Rz. 10 (u.a. mit statistischen Angaben); Winter in Schmitt/Hörtnagl/Stratz, UmwG/UmwStG, 2018, Vorbemerkung zu §§ 174 bis 189 UmwG Rz. 6). Für eine Vermögensübertragung zwischen Versicherungsgesellschaften steht außerdem das Institut der **Bestandsübertragung** zur Verfügung. Dieses Institut ist weniger kompliziert und flexibler (Stengel in Semler/Stengel, Umwandlungsgesetz, 2017, § 178 Rz. 4 (mit Gründen, warum die Bestandsübertragung für Versicherungsunternehmen attraktiver ist)).

4.1 Allgemeines

Der wesentliche Unterschied der Vermögensübertragung zu den anderen Umwandlungsarten des Umwandlungsgesetzes besteht darin, dass als Gegenleistung für die Übertragung **keine Anteile oder Mitgliedschaften für die Anteilsinhaber des übertragenden Rechtsträgers zu gewähren** sind. Das Gesetz spricht hier in § 174 UmwG selbst lediglich von einer „**Gegenleistung** [...], die nicht in Anteilen oder Mitgliedschaften besteht [...]". Schon der Gesetzgeber hat bei der Einführung der Vermögensübertragung erkannt, dass die Gegenleistung in der Regel in Geld bestehen wird (vgl. Gesetzesbegründung zu § 174 UmwG, BT-Dr. 12/6699 vom 01.02.1994). Es sind mit dem weit gefassten Begriff der Gegenleistung aber auch andere Vermögensvorteile jeder Art, also auch Anteile oder Mitgliedschaften an anderen Rechtsträgern (Dritten), möglich (Decker in Henssler/Strohn, Gesellschaftsrecht, 4. Auflage 2019, § 174 UmwG Rz. 3; Stengel in Semler/Stengel, Umwandlungsgesetz, 2017, § 174 Rz. 20). Der Grundsatz der Auflösung ohne Liquidation, wie man ihn aus der Verschmelzung oder der Spaltung kennt, bleibt bestehen.

§ 175 UmwG bestimmt die Gesellschaftsformen, die als Rechtsträger an einer Vermögensübertragung mitwirken dürfen. Hierzu gehören:

- die **Kapitalgesellschaft** als **übertragender** Rechtsträger,
- der **Bund, ein Land, eine Gebietskörperschaft** oder der **Zusammenschluss von Gebietskörperschaften** als **übernehmende** Rechtsträger,
- eine **Versicherungs-AG, Versicherungsverein auf Gegenseitigkeit und öffentlich-rechtliche Versicherungsunternehmen**.

Dabei ist in § 175 UmwG genau geregelt, welche Übertragungsvorgänge überhaupt erlaubt sind:

- Kapitalgesellschaft → Bund, Land, Gebietskörperschaft oder Zusammenschluss von Gebietskörperschaften,
- Versicherungs-AG → VVaG oder öffentlich-rechtliche Versicherungsunternehmen,
- VVaG → Versicherungs-AG oder öffentlich-rechtliche Versicherungsunternehmen,
- öffentlich-rechtliche Versicherungsunternehmen → Versicherungs-AG oder VVaG.

Wie ersichtlich, ist es bei den Versicherungsunternehmen ausgeschlossen, dass diese sich typengleich als übertragender und übernehmender Rechtsträger an einer Vermögensübertragung beteiligen (Decker in Henssler/Strohn, Gesellschaftsrecht, 4. Auflage 2019, § 175 UmwG Rz. 2; Stengel in Semler/Stengel, Umwandlungsgesetz, 2017, § 175 Rz. 2). Andere als die zuvor genannten Vorgänge sind von dem Rechtsinstitut der Vermögensübertragung nach den §§ 174–189 UmwG nicht umfasst. Die Aufzählung der erlaubten Fälle der Vermögensübertragung ist abschließend (vgl. Gesetzesbegründung zu § 175 UmwG, BT-Dr. 12/6699 vom 01.02.1994).

Das Gesetz sieht bei den Arten der Vermögensübertragung in § 174 UmwG jeweils nur **einen übertragenden Rechtsträger** vor. Außerdem ist die Vermögensübertragung lediglich auf einen (bei der Vollübertragung) oder mehrere (bei der Teilübertragung) bereits **bestehende Rechtsträger** als übernehmende Rechtsträger möglich, sodass eine Vermögensübertragung zur Neugründung ausscheidet.

Bei der Vermögensübertragung wird unterschieden zwischen der **Vollübertragung** und der **Teilübertragung**. Die Vollübertragung lässt sich mit dem Rechtsinstitut der Verschmelzung vergleichen, wohingegen die Teilübertragung sich mit der Spaltung vergleichen lässt.

4.2 Vollübertragung

Die Definition der Vollübertragung lässt sich § 174 Abs. 1 UmwG entnehmen:

„Ein Rechtsträger (übertragender Rechtsträger) kann unter Auflösung ohne Abwicklung sein Vermögen als Ganzes auf einen anderen bestehenden Rechtsträger (übernehmender Rechtsträger) gegen Gewährung einer Gegenleistung an die Anteilsinhaber des übertragenden Rechtsträgers, die nicht in Anteilen oder Mitgliedschaften besteht, übertragen (Vollübertragung)."

Genau wie bei der Verschmelzung sind die Rechtsfolgen der Vollübertragung die Übertragung des Vermögens im Wege der **Gesamtrechtsnachfolge** in einem Akt (**uno actu**) einhergehend mit der **Auflösung des übertragenden Rechtsträgers ohne Liquidation**. Lediglich die Anteilsgewährpflicht findet hier keine Anwendung. Dafür soll eine andere **Gegenleistung** erbracht werden.

Im Unterschied zur Verschmelzung sind bei der Vollübertragung aber lediglich ein übertragender Rechtsträger und ein übernehmender Rechtsträger zugelassen. Eine Beteiligung mehrerer Rechtsträger auf der einen oder anderen Seite ist nicht erlaubt.

4.3 Teilübertragung

Die Teilübertragung wird in § 174 Abs. 2 UmwG definiert:

„Ein Rechtsträger (übertragender Rechtsträger) kann

1. unter Auflösung ohne Abwicklung sein Vermögen aufspalten durch gleichzeitige Übertragung der Vermögensteile jeweils als Gesamtheit auf andere bestehende Rechtsträger,
2. von seinem Vermögen einen Teil oder mehrere Teile abspalten durch Übertragung dieses Teils oder dieser Teile jeweils als Gesamtheit auf einen oder mehrere bestehende Rechtsträger oder
3. aus seinem Vermögen einen Teil oder mehrere Teile ausgliedern durch Übertragung dieses Teils oder dieser Teile jeweils als Gesamtheit auf einen oder mehrere bestehende Rechtsträger

gegen Gewährung der in Absatz 1 bezeichneten Gegenleistung in den Fällen der Nummer 1 oder 2 an die Anteilsinhaber des übertragenden Rechtsträgers, im Falle der Nummer 3 an den übertragenden Rechtsträger (Teilübertragung)."

Hier lässt sich sehr leicht die **Verbindung der Teilübertragung zur Spaltung** erkennen. Dabei erkennt man in § 174 Abs. 2 Nr. 1 UmwG die Abspaltung wieder, in Nr. 2 die Aufspaltung und in Nr. 3 die Ausgliederung.

4.4 Verschiedene Möglichkeiten der Vermögensübertragung

Wie bereits ausgeführt, finden sich in dem Vierten Buch des UmwG zur Vermögensübertragung vermehrt Verweise auf die Verschmelzung und die Spaltung. Die Verweise machen den Teil der Vermögensübertragung leider etwas unübersichtlich, weil die Verweise auf den Spaltungsteil dann wiederum Verweise auf den Verschmelzungsteil enthalten. Dementsprechend soll im Folgenden eine systematische Aufstellung der anzuwendenden Normen für die einzelnen Möglichkeiten der Vermögensübertragung erfolgen. Vorangestellt sei noch einmal der Hinweis, dass sich die Vollübertragung dem Wesen nach der Verschmelzung entspricht und die Teilübertragung der Spaltung.

4.4.1 Übertragung des Vermögens oder von Vermögensteilen einer Kapitalgesellschaft auf die öffentliche Hand

Die Übertragung des Vermögens oder von Vermögensteilen einer Kapitalgesellschaft auf die öffentliche Hand wird in den §§ 176 und 177 UmwG geregelt. § 176 UmwG betrifft hierbei die Vollübertragung und § 177 UmwG die Teilübertragung.

Entsprechend befasst sich § 176 UmwG für die **Vollübertragung** mit der Anwendung von Verschmelzungsvorschriften aus dem Zweiten Buch des Umwandlungsgesetzes. Es werden alle Vorschriften der Verschmelzung für anwendbar erklärt, sofern sich aus den Vorschriften für die Vermögensübertragung nichts anderes ergibt. Die Ausnahmen für die Anwendung betreffen die folgenden Normen:

- § 176 Abs. 2 S. 1 UmwG bestimmt, dass der Inhalt des Verschmelzungsvertrages nach § 5 UmwG bei der Vollübertragung nicht Ziffer 4 (Einzelheiten über die Anteile der Gesellschafter), Ziffer 5 (Zeitpunkt der Gewinnbeteiligung) und Ziffer 7 (Sonderrechte) enthalten muss. Aber auch Ziffer 2 (Vereinbarung über die Übertragung des Vermögens gegen Anteilsgewährung) kann insoweit ausgenommen werden, obwohl dies gesetzlich nicht bestimmt ist, da keine Anteilsgewährpflicht im eigentlichen Sinne besteht (Stengel in Semler/Stengel, Umwandlungsgesetz, 2017, § 176 Rz. 3). Die Vermögensübertragung wird in § 176 Abs. 3 UmwG für die Vermögensübertragung neu definiert.
- § 176 Abs. 2 S. 2 UmwG sieht vor, dass an die Stelle des Registers des übernehmenden Rechtsträgers das Register des Sitzes des übertragenden Rechtsträgers tritt. Diese Vorschrift bezieht sich vor allen Dingen auf §§ 16 (Anmeldung der Verschmelzung) und 19 (Eintragung und Bekanntmachung der Verschmelzung) UmwG.
- Nach § 176 Abs. 2 S. 3 UmwG tritt an die Stelle des Umtauschverhältnisses die Art und Höhe der Gegenleistung. Dies bezieht sich insbesondere auf § 5 Abs. 1 Nr. 3 UmwG sowie auf §§ 8 Abs. 1 S. 1, 12 Abs. 2, 15 UmwG.
- § 176 Abs. 2 S. 4 UmwG hebt § 23 UmwG auf (weshalb auch § 5 Abs. 1 Nr. 7 des Verschmelzungsvertrages hinfällig ist). An die Stelle von Sonderrechten tritt ein Anspruch auf Barabfindung, auf den § 29 Abs. 1 (Abfindungsangebot im Verschmelzungsvertrag), § 30 (Inhalt des Anspruchs auf Barabfindung und Prüfung der Barabfindung) und § 34 (Gerichtliche Nachprüfung der Abfindung) entsprechende Anwendung finden.
- § 176 Abs. 3 UmwG hebt § 20 Abs. 1 Nr. 1 bis 3 UmwG auf und gibt die Wirkungen der Eintragung der Vermögensübertragung an. Da sich keine Anteilsgewährpflicht in den Wirkungen befindet, wurde die Gesamtrechtsnachfolge sowie die Auflösung des übertragenden Rechtsträgers hier neu normiert und von der Aufnahme der Anteilsgewährpflicht abgesehen.

Die **Teilübertragung** ist in § 177 UmwG geregelt und nimmt die Regelungen für die Vollübertragung aus § 176 UmwG in Bezug und erklärt diese für anwendbar. Dies ist darauf zurückzuführen, dass sich die Teilübertragung zwar im Gegensatz zur Vollübertragung in ihrer Art nicht auf die Verschmelzung, sondern auf die Spaltung bezieht (so § 177 Abs. 1 UmwG). Jedoch erklärt das Gesetz in § 125 UmwG auch die Vorschriften über die Verschmelzung für die Spaltung für anwendbar, sofern sich nicht etwas anderes aus dem Gesetz ergibt, sodass der Bezug von § 177 UmwG auf § 176 UmwG logisch erscheint. Es gibt eine Ausnahme die besondere Erwähnung findet, da dies für die Spaltung separat geregelt ist:

- Nach § 177 Abs. 2 S. 2 UmwG wird die Bezugnahme in § 176 Abs. 2 S. 1 UmwG ersetzt durch die Bezugnahme auf § 126 Nr. 4 (Einzelheiten über die Anteile der Gesellschafter), Nr. 5 (Zeitpunkt der Gewinnbeteiligung), Nr. 7 (Sonderrechte) und Nr. 10 (Aufteilung der Anteile und Maßstab für diese Aufteilung) UmwG, weil diese Punkte für die Spaltung in § 126 UmwG differenziert von § 5 UmwG normiert sind.

Wie bereits erwähnt, finden außer den vorgenannten Ausnahmen alle Vorschriften für die Verschmelzung auf die Vollübertragung und der Spaltung auf die Teilübertragung von Kapitalgesellschaften auf die öffentliche Hand Anwendung (für die im Einzelnen zu beachtenden wichtigsten Normen findet sich eine Auflistung bzw. Beschreibung von Winter in Schmitt/Hörtnagl/Stratz, UmwG/UmwStG, 2018, § 176 UmwG Rz. 4). Dies gilt auch für die rechtsformspezifischen Vorschriften zur Verschmelzung durch Aufnahme im Besonderen Teil, je nachdem welche Art von Kapitalgesellschaft der übertragende Rechtsträger ist (§§ 46 bis 55 UmwG für die GmbH, §§ 60 bis 72 UmwG für die AG, § 78 UmwG für die KGaA).

4.4.2 Vermögensübertragung einer Versicherungs-AG auf VVaG oder öffentlich-rechtliche Versicherungsunternehmen

Das Gesetz gibt zu den Vorschriften einer Versicherungs-AG auf VVaG (strittig, ob nur großer VVaG oder alle VVaG die Möglichkeit der Vermögensübertragung haben. H.M. verneint beschränkt Anwendung auf große VVaG, vgl. Stengel in Semler/Stengel, Umwandlungsgesetz, 2017, § 178 UmwG Rz. 8, § 179 UmwG Rz. 2) oder öffentlich-rechtliche Versicherungsunternehmen nach § 175 Nr. 2 lit. a) UmwG nur zwei Paragrafen vor. § 178 UmwG behandelt hierbei die Vollübertragung und befasst sich ausschließlich mit der Anwendung der Verschmelzungsvorschriften und § 179 UmwG behandelt die Vorschriften für die Teilübertragung und bestimmt ausschließlich die Anwendung der Spaltungsvorschriften. Es kann ausschließlich eine Mischverschmelzung erfolgen (Decker in Henssler/Strohn, Gesellschaftsrecht, 4. Auflage 2019, § 178 UmwG Rz. 1; Stengel in Semler/Stengel, Umwandlungsgesetz, 2017, § 178 UmwG Rz. 1, 2), also keine Verschmelzung zweier Rechtsträger mit derselben Rechtsform.

Zur **Vollübertragung** nach § 178 UmwG ist festzuhalten, dass dieser in Abs. 1 vollumfänglich auf die §§ 4 bis 35 UmwG (Verschmelzung zur Aufnahme) aus dem Allgemeinen Teil und je nach Rechtsform der übernehmenden Gesellschaften auf §§ 60 bis 72 UmwG (Verschmelzung durch Aufnahme unter Beteiligung einer Aktiengesellschaft) bzw. §§ 109 bis 113 UmwG (Verschmelzung durch Aufnahme unter Beteiligung von Versicherungsvereinen auf Gegenseitigkeit) aus dem besonderen Teil Bezug nimmt. Die Einschränkung des Gesetzes, dass die Vorschriften nur Anwendung finden, soweit sich aus den folgenden Vorschriften nichts anderes ergibt, ist nur auf § 178 UmwG zu beziehen, weil § 178 UmwG die einzige Regelung für die Vollübertragung in dieser Konstellation ist. Des Weiteren nimmt § 178 Abs. 2 UmwG wiederum Bezug auf das Vorgenannte aus § 176 Abs. 2 bis 4 UmwG und erklärt, dass diese Vorgaben entsprechend anzuwenden sind.

Für öffentlich-rechtliche Versicherungsunternehmen als übernehmende Rechtsträger sind keine speziellen Regelungen im Besonderen Teil des UmwG zu finden, weil sie nach § 3 UmwG keine verschmelzungsfähigen Rechtsträger sind. Dementsprechend findet sich in § 178 Abs. 3 i.V.m. § 176 Abs. 4 UmwG eine Öffnungsklausel für Bundes- oder Landesrecht zu den Zustimmungserfordernissen eines Vertrages über die Vermögensübertragung. Zudem ist eine Vermögensübertragung mit einem öffentlich-rechtlichen Versicherungsunternehmen als übernehmender Rechtsträger nicht im Register der übernehmenden Gesellschaft einzutragen, weil sie nicht im Handelsregister gelistet sind. Die Eintragung erfolgt also ausschließlich beim Register des übertragenden Rechtsträgers der AG.

§ 179 UmwG regelt im Anschluss sodann die Vorschriften für die Anwendung der Spaltungsvorschriften bei der **Teilübertragung** für die Konstellation der Übertragung des Vermögens einer Versicherungs-AG auf VVaG oder öffentlich-rechtliche Versicherungsunternehmen.

§ 179 Abs. 2 UmwG gibt vor, dass bei dieser Art der Teilübertragung wiederum die vorstehenden Ausführungen Anwendung finden in Bezug auf §§ 176 Abs. 2 bis 4 sowie 178 Abs. 3 UmwG. Nach § 179 Abs. 1 UmwG sind ansonsten die allgemeinen bzw. die für die Gesellschaftsform spezifischen Vorschriften aus dem Dritten Buch über die Spaltung anzuwenden. Dies bedeutet für den übertragenden Rechtsträger der Versicherungs-AG, dass für sie §§ 126 bis 134 sowie 141 bis 146 UmwG gelten (welche teilweise jedoch für eine Teilübertragung unerheblich sind (Winter in Schmitt/Hörtnagl/Stratz, UmwG/UmwStG, 2018, § 179 UmwG, Rz. 4)). Da diese Vorschriften der Spaltung gemäß § 125 UmwG wiederum Bezug nehmen auf die Vorschriften der Verschmelzung, sind auch hier die Verschmelzungsvorschriften maßgeblich (also §§ 60 bis 72 UmwG). Die Spaltungsvorschriften unter Beteiligung von VVaG, welche sich in § 151 UmwG befinden, können außer Acht gelassen werden, weil sich hierin ausschließlich Vorschriften befinden, die einen VVaG als übertragenden Rechtsträger betreffen. Für ein öffentlich-rechtliches Versicherungsunternehmen als übernehmender Rechtsträger verweist § 179 Abs. 2, 2. Alt. UmwG auf § 178 Abs. 3 UmwG, sodass auf die obenstehenden Ausführungen dazu verwiesen wird.

4.4.3 Vermögensübertragung eines VVaG auf Versicherungs-AG oder öffentlich-rechtliche Versicherungsunternehmen

Die §§ 180 bis 184 UmwG regeln die Vermögensübertragung eines (großen) VVaG auf eine Versicherungs-AG bzw. ein öffentlich-rechtliches Versicherungsunternehmen. Dabei stellen die §§ 180 bis 183 UmwG für die Vollübertragung mehr Paragrafen dar, als in jedem anderen Teil des Vierten Buches des UmwG über die Vermögensübertragung vorhanden sind. § 184 enthält sodann für die Teilübertragung wiederum lediglich Verweisungen auf anderweitige Spaltungsvorschriften. Die in diesem Abschnitt aufgeführten Paragrafen gelten lediglich für große VVaG. Für kleine VVaG bestimmen sich die Regelungen nach den §§ 185 bis 187 UmwG („Kleinere Vereine" sind Vereine, die bestimmungsgemäß einen sachlich, örtlich oder dem Personenkreis nach eng begrenzten Wirkungskreis haben, vgl. § 210 Abs. 1 S. 1 VAG. Ob ein „kleinerer Verein" vorliegt, entscheidet die entsprechende Aufsichtsbehörde, § 210 Abs. 4 VAG).

§ 188 UmwG ist jedoch – wie bei den anderen Möglichkeiten einer **Vollübertragung** – eine Verweisungsnorm auf die Verschmelzungsvorschriften. Das heißt für die VVaG die Anwendung der §§ 4 bis 35 und 109 bis 113 UmwG und für die AG entsprechend §§ 4 bis 35 und 60 bis 72 UmwG. Für den öffentlich-rechtlichen Versicherungsverein bestimmen sich die anzuwendenden Vorschriften nach dem Bundes- oder Landesgesetz gem. § 180 Abs. 2 i.V.m. § 176 Abs. 4 UmwG. Für alle Verweisungen gilt aber die Einschränkung, dass in den nachfolgenden §§ 181 bis 183 UmwG nichts anderes bestimmt sein darf. Außer auf § 176 Abs. 4 UmwG wird in § 180 Abs. 2 UmwG noch auf § 176 Abs. 2 und 3 sowie auf § 178 Abs. 3 verwiesen, die entsprechend anzuwenden sind (s. hierzu oben). § 180 Abs. 3 UmwG schützt zusätzlich noch Mitglieder mit unentziehbaren Rechten, die einer Vermögensübertragung durch eine notariell beurkundete Erklärung zustimmen müssen.

§ 181 UmwG nimmt die Gewährung von einer Gegenleistung aus § 174 UmwG wieder auf, indem nochmals ausdrücklich eine Gegenleistung für jedes Mitglied bestimmt wird, welches mindestens drei Monate vor dem Abschluss des Vertrages Vereinsmitglied ist. In der Regel ist die Gegenleistung ein Barabfindung. Die Gegenleistung ist für alle Mitglieder gleich, außer es findet eine Verteilung nach der abschließenden Liste in § 181 Abs. 3 UmwG statt, der eine Festsetzung entweder nach der Höhe der jeweiligen Versicherungssumme, der Höhe der Beiträge, der Höhe der Deckungsrückstellung in der Lebensversicherung, eines in der Satzung festgelegten Maßstabes über die Verteilung des Überschusses oder des Vermögens oder der Dauer der Mitgliedschaft bestimmt. Eine Sicherheit für die Mitglieder gibt § 181 Abs. 4 UmwG, der auf Antrag eine Bestimmung der Gegenleistung durch das Gericht vorsieht, sofern eine Gegenleistung entgegen § 181 Abs. 1 UmwG nicht vereinbart wurde. Dieses Verfahren findet nach dem Spruchverfahrensgesetz statt (vgl. Stengel in Semler/Stengel, Umwandlungsgesetz, 2017, § 181 Rz. 20).

Des Weiteren trifft bei dieser Konstellation der Vermögensübertragung das Vertretungsorgan des übernehmenden Rechtsträgers eine Mitteilungs- bzw. Informationspflicht nach § 182 UmwG, sobald die Vermögensübertragung wirksam geworden ist. Danach hat das Vertretungsorgan allen Mitgliedern (des übertragenden Rechtsträgers) den Wortlaut des Vertrages in Textform mitzuteilen unter Hinweis auf eine gerichtliche Überprüfung der angemessenen Gegenleistung durch ein Spruchverfahren. Ob ein Spruchverfahren aber letztlich eingeleitet werden sollte, bestimmt sich zumeist auf Grundlage der Kenntniserlangung der Verteilung der Gegenleistung, weshalb die Übersendung des Beschlusses (zusätzlich zu dem Vertrag) sinnvoll erscheint (Stengel in Semler/Stengel, Umwandlungsgesetz, 2017, § 182 Rz. 3).

Für die vereinbarte Gegenleistung muss zudem nach § 183 UmwG ein Treuhänder bestellt werden. Die komplette Vermögensübertragung darf erst eingetragen werden, wenn der Treuhänder dem Gericht angezeigt hat, dass er im Besitz der Gegenleistung ist (§ 183 Abs. 1 S. 2 UmwG).

Für die **Teilübertragung** finden sich im Gesetz im Gegensatz zu den erweiterten Regelungen zur Vollübertragung in § 184 UmwG nur Verweisungen auf die Anwendung der Spaltungsvorschriften. Ähnlich wie bei § 179 UmwG entsprechen die Verweisungen wieder den allgemeinen Normen im Dritten i.V.m. dem Zweiten Buch des UmwG. Des Weiteren sind erneut §§ 176 Abs. 2 bis 4 und 178 Abs. 3 UmwG zu beachten und anzuwenden (s. hierzu oben).

4.4.4 Vermögensübertragung eines kleineren VVaG auf Versicherungs-AG oder öffentlich-rechtliche Versicherungsunternehmen

In den §§ 185 bis 187 UmwG sind die Vorschriften für die Übertragung des Vermögens von einem kleinen VVaG auf eine Versicherungs-AG oder ein öffentlich-rechtliches Versicherungsunternehmen normiert. Dabei wird nicht zwischen dem bisherigen Muster der Vollübertragung und der Teilübertragung unterschieden. § 185 UmwG bestimmt nämlich, dass eine Vermögensübertragung in der hiesigen Konstellation nur im Wege der **Vollübertragung** stattfinden darf.

Trotz der geringen Größe sind nach § 186 S. 1 UmwG die Vorschriften des Zweiten Abschnitts, also die Regelungen für den großen VVaG, entsprechend anzuwenden. Insoweit wird auf die entsprechenden oben stehenden Ausführungen verwiesen. Eine Besonderheit stellt jedoch § 186 S. 2 UmwG dar, der regelt, dass die Anmeldung zur Eintragung in das Register durch den Antrag einer Genehmigung der entsprechenden Aufsichtsbehörde und die Eintragung in das Register selbst sowie die Bekanntmachung durch die Bekanntmachung im Bundesanzeiger nach § 187 UmwG ersetzt wird. Diese Besonderheiten sind auf die fehlende Eintragung in einem Register zurückzuführen (Stengel in Semler/Stengel, Umwandlungsgesetz, 2017, § 186 Rz. 1).

Die Regelungen für die Bekanntmachung im Bundesanzeiger finden sich sodann darauffolgend in § 187 UmwG wieder, wobei diese Norm nach dem Wortlaut lediglich für Vermögensübertragungen einer kleine VVaG auf ein öffentlich-rechtliches Versicherungsunternehmen gilt. Dies ist darauf zurückzuführen, dass beide Rechtsträger in kein Register eingetragen sind (Decker in Henssler/Strohn, Gesellschaftsrecht, 4. Auflage 2019, § 187 UmwG Rz. 1). Die Bekanntmachung ist erst dann vorzunehmen, wenn von allen beteiligten Genehmigungsbehörden eine entsprechende Genehmigung für die Vermögensübertragung vorliegt. Die Genehmigungen selbst bestimmen sich nach § 14 Versicherungsaufsichtsgesetz (VAG). Die Bekanntmachung im Bundesanzeiger löst die Rechtsfolgen nach § 20 UmwG aus (Decker in Henssler/Strohn, Gesellschaftsrecht, 4. Auflage 2019, § 187 UmwG Rz. 1).

4.4.5 Vermögensübertragung eines öffentlich-rechtlichen Versicherungsunternehmens auf VVaG oder Versicherungs-AG

Bezüglich einer Vermögensübertragung eines öffentlich-rechtlichen Versicherungsunternehmens auf einen VVaG oder eine Versicherungs-AG werden die Vorschriften wieder in die Vollübertragung und die Teilübertragung unterteilt. Dabei gibt § 188 UmwG die anzuwendenden Verschmelzungsvorschriften für die Vollübertragung und § 189 UmwG die anzuwendenden Spaltungsvorschriften für die Teilübertragung vor. Die anzuwendenden Vorschriften gleichen im Prinzip den Vorschriften in den zuvor genannten Konstellationen. Der Verweis nimmt zu den Rechtsfolgen außerdem § 176 Abs. 3 UmwG in Bezug, der die Gesamtrechtsnachfolge sowie das Erlöschen des übertragenden Rechtsträgers unter Ausschluss der Anteilsgewährung bestimmt.

Die **Vollübertragung** beim öffentlich-rechtlichen Versicherungsunternehmen als übertragender Rechtsträger bestimmt sich demnach erneut nach § 176 Abs. 3 UmwG. Außerdem ist hier auch § 178 Abs. 3 UmwG zu beachten, demnach der Vertrag über die Vermögensübertragung gegebenenfalls der Zustimmung einer anderen Stelle bedarf, die sich nach dem Bundes- oder Landesrecht bestimmt. Aufgrund der fehlenden

Registereintragung des öffentlich-rechtlichen Versicherungsunternehmens kann § 186 S. 2 UmwG analog angewendet werden (vgl. §§ 188 Abs. 2 und 189 Abs.2 UmwG jeweils i.V.m. 176 Abs. 4 UmwG; Stengel in Semler/Stengel, Umwandlungsgesetz, 2017, § 188 UmwG Rz. 2; Winter weist in Schmitt/Hörtnagl/Stratz, UmwG/UmwStG, 2018, hingegen auf die materiell-rechtliche Unvollständigkeit hin, weil keine expliziten Regelungen für das öffentlich-rechtliche Versicherungsunternehmen getroffen werden (sowohl in § 188 als auch § 189 UmwG)). Der Antrag auf Genehmigung einer Vermögensübertragung ist bei der Aufsichtsbehörde des öffentlich-rechtlichen Versicherungsunternehmens zu stellen und die Eintragung der Vermögensübertragung erfolgt durch die Bekanntmachung im Bundesanzeiger.

Auf die übernehmenden Rechtsträger sind die Vorschriften der Verschmelzung zur Aufnahme zu beachten. Dies sind beim VVaG §§ 4 bis 35 UmwG sowie 109 bis 113 UmwG und bei der Versicherungs-AG §§ 4 bis 35 UmwG und §§ 60 bis 72 UmwG. Außerdem findet erneut § 176 Abs. 2 und 4 Anwendung (s. hierzu oben).

Für die **Teilübertragung** nach § 189 UmwG kommen wie nach § 188 für die Vollübertragung die bisher bereits genannten Vorschriften zur Anwendung. Dabei beziehen sich die Verweisungen für den übernehmenden VVaG und die übernehmende Versicherungs-AG auf das Dritte Buch über die Spaltung und die dort genannten Verweisungen auf das Zweite Buch über die Verschmelzung. Aus dem Dritten Buch sind dementsprechend für die VVaG die §§ 126 bis 134, 151 und 125 i.V.m. 4 bis 35 und 109 bis 113 UmwG einschlägig sowie für die AG §§ 126–134, 141 bis 146 und 125 i.V.m. 4 bis 35 und 60 bis 72 UmwG. Für das übertragende öffentlich-rechtliche Versicherungsunternehmen kommen die zuvor in § 188 UmwG genannten Vorschriften zur Anwendung.

Zuletzt sei noch erwähnt, dass die Vollübertragung eines öffentlich-rechtlichen Versicherungsunternehmens in der Praxis so gut wie bedeutungslos ist (Winter in Schmitt/Hörtnagl/Stratz, UmwG/UmwStG, 2018, § 188 UmwG Rz. 1; Stengel in Semler/Stengel, Umwandlungsgesetz, 2017, § 188 Rz. 1).

5. Formwechsel

Die Vorschriften zum Formwechsel finden sich in den §§ 190 bis 304 UmwG. Wie bei der Verschmelzung und der Spaltung findet eine Unterteilung in die allgemeinen Vorschriften und die besonderen Vorschriften statt. Die Allgemeinen Vorschriften in den §§ 190 bis 213 UmwG finden auf alle Vorgänge über einen Formwechsel Anwendung. Die besonderen Vorschriften in den §§ 214 bis 304 UmwG sind wiederum rechtsformspezifisch aufgeteilt:

Personengesellschaften	§§ 214–225c UmwG
Kapitalgesellschaften	§§ 226–257 UmwG
Eingetragene Genossenschaften	§§ 258–271 UmwG
Rechtsfähige Vereine	§§ 272–290 UmwG
Versicherungsverein auf Gegenseitigkeit	§§ 291–300 UmwG
Körperschaften und Anstalten des öffentlichen Rechts	§§ 301–304 UmwG

Der Unterschied, der im Gegensatz zu den anderen Umwandlungsarten am meisten ins Gewicht fällt, ist die **nicht vorhandene Vermögensübertragung**. Es handelt sich um eine **nicht übertragende Umwandlungsart**. Bei einem Formwechsel wechselt ein Rechtsträger lediglich das „Rechtskleid". Er bleibt im Prinzip erhalten und wechselt nur die Rechtsform. Man spricht von einem identitätswahrenden Formwechsel unter Anwendung des **Identitätsprinzips**, wobei dabei die rechtliche Identität und die wirtschaftliche Identität unterschieden werden kann.

Durch die eklatante Abgrenzung zu den anderen Umwandlungsarten finden sich relativ wenige Verweise auf die anderen Vorschriften des UmwG. Die Paragrafen für die Formwechsel sind daher recht umfangreich in das UmwG eingeflossen. Dies ist auf der Grundlage geschehen, dass das Rechtsinstitut des Formwechsels wesentliche Unterschiede in Bezug auf die Übertragungsvorgänge zu den anderen Umwandlungsarten aufweist. Da sich viele Paragrafen trotz fehlender Verweise sehr mit denen der Verschmelzung ähneln, wird in den folgenden Ausführungen insbesondere auf die abweichenden Besonderheiten Bezug genommen.

5.1 Allgemeines

Bei einem Formwechsel ist **nur ein Rechtsträger** beteiligt, weshalb hier kein Unterschied zwischen einem übertragenden und übernehmenden Rechtsträger gemacht werden kann. Im Gesetz gibt es auch anderweitige Möglichkeiten eines Formwechsels. Der Gesetzgeber hat bei der Einführung des Formwechsels jedoch darauf abgestellt, dass diese anderen Regelungen erhebliche Lücken enthalten. Dass es auch anderen Möglichkeiten einer Änderung der Rechtsform gibt, lässt sich alleine schon § 190 Abs. 2 UmwG entnehmen, der bestimmt, dass die Regelungen im UmwG nicht auf die anderen Formwechsel-Vorschriften in anderen Gesetzen Anwendung finden. Als Beispiel für einen Formwechsel außerhalb des UmwG ist die Umwandlung einer GbR in eine OHG oder KG bei Aufnahme einer geschäftlichen Tätigkeit zu nennen bzw. andersherum.

An einem Formwechsel ist lediglich ein einziger Rechtsträger beteiligt, sodass bei einem Formwechsel insbesondere auch **kein gegenseitiger Vertrag** (wie aus der Verschmelzung z.B. der Verschmelzungsvertrag bekannt ist) gefasst werden kann. Wichtig im Rahmen eines Formwechsels ist § 197 S. 1 UmwG, der bestimmt, dass die rechtsformspezifischen Vorschriften über die Gründung, die für die neu gewählte Rechtsform vorgeschrieben sind, eingehalten werden. Dabei sind Vorschriften über eine Mindestanzahl von Gründern und über die Bildung und Zusammensetzung eines ersten Aufsichtsrates gemäß § 197 S. 2 UmwG außen vor zu lassen. In der Praxis gilt dies für die **Genossenschaft** jedoch nur insoweit, als dass bei einem formwechselnden Rechtsträger in Form einer Kapitalgesellschaft oder eines e.V. nach einem Jahr die Gründerzahl auf die von § 4 GenG geforderte Anzahl (drei Personen) anzupassen ist (vgl. Mayer in

Widmann/Mayer, Umwandlungsrecht, Stand: September 2020, § 197 UmwG, Rz. 12; Winter in Schmitt/Hörtnagl/Stratz, UmwG/UmwStG, 2018, § 197 UmwG, Rn. 8, 10).

Das Rechtsinstitut des Formwechsels wurde insbesondere vor dem Hintergrund eingeführt, dass sich Unternehmen auch an zukünftige Gegebenheiten besser anpassen können. Deshalb darf bei einem Formwechsel auch die bisherige **Firma beibehalten** werden unter Ausschluss einer Bezeichnung, die auf die bisherige Rechtsform hindeutet. Bei einer Beibehaltung der Firma sind die entsprechend einschlägigen Vorschriften im HGB, GmbHG, AktG und GenG einzuhalten. § 19 HGB regelt hierbei die Zusatzbezeichnungen in der Firma für Einzelkaufleute, OHG und KG, § 4 GmbHG die Zusatzbezeichnung für die GmbH, § 4 AktG für die AG, § 279 AktG für die KGaA und § 3 GenG für die eingetragene Genossenschaft. Ist die neue Rechtsform die Form einer GbR, so erlischt die Firma nach § 200 Abs. 5 UmwG automatisch.

5.1.1 Möglichkeiten des Formwechsels

§ 191 UmwG bestimmt die Möglichkeiten eines Formwechsels und dabei die formwechselnden Rechtsträger. Dabei unterteilt sich § 191 in Abs. 1, der die Bestimmung der Rechtsträger, die ihre Rechtsform im Rahmen eines Formwechsels ändern können, enthält und in Abs. 2, der die Rechtsformen bestimmt, in die hineingewechselt werden darf.

Rechtsträger, die einen **Formwechsel durchführen dürfen**, sind:
- Personenhandelsgesellschaften (OHG, KG) und Partnerschaftsgesellschaften,
- Kapitalgesellschaften,
- eingetragene Genossenschaften,
- rechtsfähige Vereine,
- Versicherungsvereine auf Gegenseitigkeit,
- Körperschaften und Anstalten des öffentlichen Rechts.

Diese Unterteilung findet sich so auch für die Paragrafen der besonderen Vorschriften in den §§ 214 bis 304 UmwG wieder. Rechtsträger mit einer der genannten Rechtsformen dürfen im Rahmen des Formwechsels **in eine der folgenden Rechtsformen wechseln**:
- Gesellschaft bürgerlichen Rechts (GbR),
- Personenhandels- und Partnerschaftsgesellschaften,
- Kapitalgesellschaft,
- eingetragene Genossenschaft.

Es ist aber ausdrücklich darauf hinzuweisen, dass diese Rechtsträger zwar nach § 191 UmwG an einem Formwechsel teilnehmen dürfen, diese Möglichkeit jedoch durch die besonderen Vorschriften eingeschränkt werden kann, sodass gegebenenfalls teilweise Rechtsformen nicht alle möglichen Rechtsformen im Rahmen eines Formwechselns annehmen dürfen (vgl. hierzu das jeweilige rechtsformspezifische Unterkapitel).

§ 191 Abs. 3 UmwG bestimmt außerdem, dass auch aufgelöste Rechtsträger Teil eines Formwechsels sein können, sofern die Möglichkeit besteht, dass eine Fortführung des Rechtsträgers möglich erscheint und beschlossen werden könnte. Dies ist bereits aus der Verschmelzung und der Spaltung bekannt (§§ 3 Abs. 3, 124 Abs. 2 UmwG).

5.1.2 Identitätsprinzip

Wie bereits beschrieben, findet bei einem Formwechsel keine wirkliche Vermögensübertragung statt, da ein **identitätswahrender Formwechsel nach dem Grundsatz des Identitätsprinzips** stattfindet. Sowohl die wirtschaftlichen Grundlagen bleiben erhalten als auch die Anteilsinhaber dieselben bleiben. Der Gesetzgeber spricht von einer wirtschaftlichen Kontinuität vor und nach dem Formwechsel (vgl. Gesetzesbegründung, Einleitung zum Fünften Buch des UmwG, BT-Dr. 12/6699 vom 01.02.1994). Der Vermögensbestand bleibt also gleich; das Vermögen wird weder mit einem anderen zusammengeführt, noch gespalten bzw. aufgeteilt. Es ändert sich letztlich lediglich die Form der Organisation des Unternehmens, weshalb in der Gesetzesbegründung neben der **wirtschaftlichen Identität** auch von einer **rechtlichen Identität** gesprochen wird (vgl. Gesetzesbegründung, Einleitung zum Fünften Buch des UmwG, BT-Dr. 12/6699 vom 01.02.1994).

Beim Identitätsprinzip wird seit der Einführung des UmwG im Jahre 1994 bei der Vermögenszuordnung nicht mehr unterschieden zwischen Gesamthandsgesellschaften und einer juristischen Person (Winter in Schmitt/Hörtnagl/Stratz, UmwG/UmwStG, 2018, § 190 UmwG Rz. 5 ff. unter Nennung des Streitstandes). Der Gesetzgeber legt also die Voraussetzung zugrunde, dass es irrelevant ist, ob durch einen Formwechsel eine juristische Person errichtet wird oder eine Gesellschaft ihre Position als juristische Person verliert.

5.2 Ablauf des Formwechselverfahrens

Prinzipiell lässt sich ein einheitlicher **Verfahrensgang** in einem Formwechsel erkennen. Dieser lässt sich grob wie folgt zusammenfassen:

a) Formwechselbericht,
b) Formwechselbeschluss,
c) Anmeldung des Formwechsels,
d) Eintragung des Formwechsels und Rechtsfolgen.

5.2.1 Formwechselbericht

Ein Formwechsel findet mit nur einem beteiligten Rechtsträger statt. Aus diesem Grund findet man beim Formwechsel auch keinen Vertrag zwischen den beteiligten Rechtsträgern. Stattdessen muss bei einem Formwechsel lediglich ein **Formwechselbericht** nach § 192 UmwG erstattet bzw. erstellt werden. Der Formwechselbericht ist jedoch nach § 192 Abs. 2 UmwG auch verzichtbar, wenn an dem formwechselnden Rechtsträger nur ein Anteilsinhaber beteiligt ist. Dieser Verzicht ist dann notariell zu beurkunden.

Der Formwechselbericht muss ähnlich wie der Verschmelzungsbericht die **rechtlichen und wirtschaftlichen Erläuterungen** enthalten, welche auch zu **begründen** sind. Des Weiteren wird tatsächlich in diesem Fall auf die Verschmelzung verwiesen. § 192 Abs. 1 S. 2 UmwG nimmt insoweit § 8 Abs. 1 S. 2 bis 4 und Abs. 2 UmwG in Bezug.

5.2.2 Formwechselbeschluss

Um einen Formwechsel durchführen zu können, ist ein in einer Anteilsinhaberversammlung gefasster **Beschluss notwendig** (§ 193 Abs. 1 UmwG). § 193 UmwG entspricht § 13 UmwG für die Verschmelzung.

§ 194 UmwG bestimmt hingegen den **Inhalt des Umwandlungsbeschlusses** (also des Formwechselbeschlusses). Aufgrund des Inhaltes, der in dem Formwechselbeschluss zwingend aufgeführt werden muss, lässt sich § 194 UmwG mit dem Inhalt des Verschmelzungsvertrages für die Verschmelzung in § 5 UmwG vergleichen. Aufgrund der anderen Umwandlungsform sind jedoch nur weniger und abweichende Inhalte in den Formwechselbeschluss aufzunehmen.

Zunächst ist sowohl die neue Rechtsform als auch der Name bzw. die Firma des Rechtsträgers nach dem Formwechsel anzugeben (§ 194 Abs. 1 Nr. 1 und 2 UmwG). In § 194 Abs. 1 Nr. 3 UmwG lässt sich sodann das Identitätsprinzip erkennen, indem die Beteiligung der Anteilsinhaber angegeben wird, nachdem die Rechtsform gewechselt wurde. Dies hat unter Berücksichtigung der für die neue Rechtsform geltenden Vorschriften zu geschehen. Die Nr. 4 und 5 des § 194 Abs. 1 UmwG entsprechen im Prinzip den Nr. 4 und 7 von § 5 Abs. 1 UmwG. Wenn der Formwechselbeschluss nicht von einem Rechtsträger vorgenommen wird, der lediglich einen Anteilsinhaber hat oder wenn der Formwechselbeschluss nicht die Zustimmung aller Anteilsinhaber bedarf, um Gültigkeit zu erlangen, so ist in den Formwechselbeschluss auch ein Abfindungsangebot einzubringen (§ 194 Abs. 1 Nr. 6 UmwG), welches sich nach § 207 UmwG (Angebot der Barabfindung) richtet. Wie bei der Verschmelzung (§ 5 Abs. 1 Nr. 9 UmwG) finden auch in dem Formwechselbeschluss die Arbeitnehmer Berücksichtigung (§ 194 Abs. 1 Nr. 7 UmwG), sodass die Folgen des Formwechsels für Arbeitnehmer und deren Vertretungen in den Beschluss mit aufzunehmen sind.

Der Formwechselbeschluss ist mindestens einen Monat vor der Versammlung der Anteilsinhaber, die über den Beschluss abstimmen, an den Betriebsrat zu übersenden, falls dieser in dem Betrieb vorhanden ist (§ 194 Abs. 2 UmwG). Dies stellt in dem Zusammenhang mit dem Formwechsel die einzige, tatsächlich einzuhaltende Frist dar. Ist kein Betriebsrat vorhanden, so kann der Formwechselbeschluss theoretisch innerhalb eines Tages gefasst werden.

5.2.3 Anmeldung des Formwechsels

Die Anmeldung des Formwechsels bestimmt sich nach §§ 198 ff. UmwG. Nach § 198 Abs. 1 UmwG ist die Eintragung der neuen Rechtsform bei dem Register zur Eintragung anzumelden, in welchem der formwechselnde Rechtsträger bisher eingetragen ist. Ist der Rechtsträger bisher nicht in einem Register angemeldet oder findet mit dem Formwechsel eine Sitzverlegung statt oder ändert sich die Art des Registers maßgeblich, so hat die Anmeldung zur Eintragung bei dem zuständigen Register für die neue Rechtsform zu erfolgen (§ 198 Abs. 2 S. 1 und 2 UmwG). Wenn der Formwechsel in ein anderes Register eingetragen werden muss, als dem Register, in dem der formwechselnde Rechtsträger bislang eingetragen ist, so ist neben der Anmeldung zur Eintragung in das neue Register auch die Anmeldung **gleichzeitig** bei dem bisherigen Register vorzunehmen (§ 198 Abs. 2 S. 3 UmwG). Die Eintragung wird in dem alten Register dann erst mit der Eintragung in das neue Register wirksam und solange mit einem Vermerk darüber versehen. Dabei darf der Rechtsträger auch erst in das neue Register eingetragen werden, wenn die Anmeldung mit Vermerk in dem alten Register geschehen ist (§ 198 Abs. 2 S. 4 und 5 UmwG). § 198 Abs. 3 UmwG bestimmt außerdem, dass § 16 Abs. 2 und 3 UmwG über die **Negativ- und die Freigabeerklärung** im Rahmen der Anmeldung einer Verschmelzung Anwendung findet.

Gemäß § 199 UmwG sind der Anmeldung neben den „sonst erforderlichen Unterlagen", die sich auf den Einzelfall individuell bestimmen lassen, folgende Unterlagen beizufügen:

- Niederschrift des Umwandlungsbeschlusses,
- Zustimmungserklärungen der einzelnen Anteilsinhaber inklusive der Zustimmungserklärungen von nicht erschienenen Anteilsinhabern,
- der Umwandlungsbericht, bzw. Formwechselbericht oder eine entsprechende Verzichtserklärung,
- ein Nachweis über die rechtzeitige Zuleitung an den Betriebsrat nach § 194 Abs. 2 UmwG.

Die Anmeldung der Eintragung geschieht durch das für den neuen Rechtsträger zuständige Gericht auf Grundlage von § 10 HGB (in dem elektronischen System der jeweiligen Landesjustizverwaltung).

5.2.4 Eintragung des Formwechsels und Rechtsfolgen

Insbesondere die unterschiedlichen Wirkungen der Eintragung eines Formwechsels im Gegensatz zu den Wirkungen der Eintragung der anderen Umwandlungsarten lassen den wesentlichen Unterschied zwischen diesen Umwandlungsformen erkennen. Für den Formwechsel sind die **Wirkungen der Eintragung** in § 202 UmwG geregelt:

- Der formwechselnde Rechtsträger besteht in der neuen Rechtsform weiter.
- Wenn die Beteiligung nicht automatisch wegfällt, sind die Anteilsinhaber des formwechselnden Rechtsträgers an der Gesellschaft in der neuen Rechtsform unter den für diese Gesellschaftsform geltenden Vorschriften beteiligt und Rechte Dritter an den Anteilen oder Mitgliedschaften bestehen ebenfalls weiter.
- Etwaige Mängel einer notariellen Beurkundung des Beschlusses oder Zustimmungs- oder Verzichtserklärungen werden durch Eintragung geheilt.

Die Rechtsfolgen und Wirkungen werden mit Eintragung in das Register des Rechtsträgers in der neuen Rechtsform gültig (§ 202 Abs. 2 UmwG). Zudem verhält es sich – wie bei den anderen Umwandlungsarten (z.B. keine Entschmelzung nach der eingetragenen Verschmelzung) – so, dass eine **Rückgängigmachung** des Formwechsels nach Eintragung nicht mehr möglich ist (§ 202 Abs. 3 UmwG).

5.3 Möglichkeiten einer Einwendung gegen einen Formwechsel

Für den **Gläubigerschutz** und den Inhabern von **Sonderrechten** finden §§ 22 und 23 UmwG, die aus der Verschmelzung bekannt sind, entsprechende Anwendung. § 195 UmwG stellt die Möglichkeiten der **Klageerhebung** gegen den Formwechselbeschluss dar. Sie muss innerhalb von einem Monat ab Beschlussfassung erhoben werden (§ 195 Abs. 1 UmwG) und kann nicht auf ein zu niedrig bemessenes Verhältnis an den Anteilen oder Mitgliedschaften gestützt werden (§ 195 Abs. 2 UmwG). Dafür müsste der betroffene Anteilsinhaber einen Ausgleich durch bare Zuzahlung verlangen und gegebenenfalls ein Verfahren nach dem **Spruchverfahrensgesetz** nach § 196 UmwG einleiten, welcher Bezug auf § 15 Abs. 2 UmwG (Verbesserung des Umtauschverhältnisses in der Verschmelzung) nimmt.

Schadensersatzansprüche, die aufgrund des durchgeführten Formwechsels entstanden sind, können gegen die die Mitglieder des Vertretungsorgans bzw. – falls vorhanden – den Mitgliedern des Aufsichtsorgans als Gesamtschuldner geltend gemacht werden (§ 205 Abs. 1 S. 1 UmwG). Ausgenommen sind Mitglieder, die nachweisen können, dass sie ihre Sorgfaltspflicht bei Abschluss des Umwandlungsvertrages nicht verletzt haben (§§ 205 Abs. 1 S. 2 i.V.m. 25 Abs. 1 S. 2 UmwG). Für solche Schadensersatzansprüche gilt nicht die Regelverjährungsfrist von drei Jahren, denn die Verjährung nach § 205 Abs. 2 UmwG tritt erst nach fünf Jahren ein. Gemäß dem Verfahren in der Verschmelzung (vgl. § 26 UmwG) werden etwaige Schadensersatzansprüche durch einen gemeinsamen Vertreter geltend gemacht (§ 206 UmwG), weil die Entscheidung für und gegen alle betroffenen Anteilsinhaber wirkt (inter omnes-Wirkung).

Sollte eine **Barabfindung** in Anspruch genommen werden, kann dies verschiedene Hintergründe haben. Zur Geltendmachung wird in § 208 UmwG auf die Barabfindung bei der Verschmelzung (§ 30 UmwG i.V.m. § 15 Abs. 2 UmwG) verwiesen. Das Angebot einer Barabfindung kann gem. § 209 UmwG jedoch nur innerhalb von zwei Monaten ab Bekanntmachung der Eintragung des Formwechsels angenommen werden. Die Verbesserung des Barabfindungsangebots kann lediglich im Rahmen eines Spruchverfahrens nach dem Spruchverfahrensgesetz geltend gemacht werden. Eine Anfechtungsklage, die sich gegen die Wirksamkeit des Formwechselbeschlusses richtet, kann nach § 210 UmwG nicht auf ein zu niedrig empfundenes Abfindungsangebot gestützt werden.

Die sonstigen allgemeinen Regeln kennt man fast wortgleich – lediglich mit abweichenden Verweisen auf Paragrafen innerhalb des jeweiligen Buches – so bereits aus der Verschmelzung.

5.4 Rechtsformabhängige Besonderheiten

Wie bereits beschrieben, ergeben sich aus den **rechtsformspezifischen Vorschriften** in den §§ 214 bis 304 UmwG unter anderem Einschränkungen oder Ergänzungen, die im Zusammenhang mit einem Formwechsel zu beachten sind.

5.4.1 Formwechsel von Personenhandelsgesellschaften

Personenhandelsgesellschaften dürfen gemäß § 191 Abs. 1 UmwG nur die Rechtsform einer Kapitalgesellschaft oder einer eingetragenen Genossenschaft annehmen, wenn nicht gemäß § 145 HGB eine andere Art der Auseinandersetzung gewählt wurde (§ 214 Abs. 2 UmwG, z.B. Einbringung nach § 20 UmwStG, Realteilung oder Übernahme des Handelsgeschäfts durch einen Gesellschafter (Westerburg in Schmitt/Hörtnagl/Stratz, UmwG/UmwStG, 2018, § 214 UmwG Rz. 3)). Für die PartG bestimmen sich die möglichen Rechtsformen, in die gewechselt werden darf, nach § 225a UmwG. Damit ergeben sich die folgenden Möglichkeiten eines Formwechsels für die Personenhandelsgesellschaften:

OHG, KG, EWIV, PartG → GmbH, AG, KGaA, eG

Die EWIV ist im Zusammenhang mit einem Formwechsel wie eine OHG zu behandeln (Winter in Schmitt/Hörtnagl/Stratz, UmwG/UmwStG, 2018, § 191 UmwG Rz. 10). Auch ein Formwechsel von oder zu einer GbR ist weiterhin möglich, welcher sich jedoch nicht nach den Vorschriften für einen Formwechsel nach dem UmwG vollzieht, sondern nach den Regelungen der §§ 705 BGB, 105, 161 HGB. Für die PartG ergeben sich einzelne Regelungen aus den §§ 225a bis 225c UmwG, die jedoch weitestgehend auf andere Paragrafen verweisen und keine Besonderheiten darstellen.

Der in dem allgemeinen Teil geregelte **Umwandlungsbericht** ist entbehrlich, wenn alle Gesellschafter zur Geschäftsführung berechtigt sind und keiner ausgeschlossen wurde (§ 215 UmwG). Sollte er jedoch erforderlich sein, muss dieser nach den Anforderungen aus §§ 192, 207 UmwG nebst einer Ankündigung über den Formwechsel in Textform spätestens mit der Einberufung der Gesellschafterversammlung den Gesellschaftern übersendet werden (§ 216 UmwG).

Die **Beschlussfassung** orientiert sich stark an der Beschlussfassung in der Verschmelzung (§ 43 UmwG). Es müssen alle Gesellschafter, inklusive den nicht erschienenen Gesellschaftern, zustimmen und eine ¾-Mehrheit muss bei der Beschlussfassung erreicht werden, wenn eine Mehrheitsentscheidung im Gesellschaftsvertrag vorgesehen ist. Anders als bei der Verschmelzung müssen die Gesellschafter, welche bei einer Mehrheitsentscheidung zugestimmt haben, namentlich in der Niederschrift über den Beschluss genannt werden (§ 217 Abs. 1 und 2 UmwG). Die namentliche Nennung der zustimmenden Gesellschafter hängt mit § 219 UmwG zusammen, demnach die Gesellschafter gleichzeitig Gründer (unter Beachtung der spezifischen Gründungsvorschriften) der neuen Gesellschaft sind. Auf dieser Grundlage sind in den Umwandlungsbeschluss zwingend auch die neue Satzung bzw. der neue Gesellschaftsvertrag mit aufzunehmen (§ 218 Abs. 1 UmwG).

Ein zentraler Punkt bei einem Formwechsel stellt der **Kapitalschutz** (§ 220 UmwG) dar. So kann die Aufbringung der Kapitalausstattung, die für eine Gründung der gewünschten neuen Gesellschaftsform notwendig ist, nicht durch einen Formwechsel umgangen werden. Abzüglich etwaiger Schulden muss das Stammkapital der Gesellschaft voll vorhanden sein (§ 220 Abs. 1 UmwG). Dies stellt eine Spezifizierung der nach § 197 UmwG anzuwendenden Gründungsvorschriften dar (Westerburg in Schmitt/Hörtnagl/Stratz, UmwG/UmwStG, 2018, § 220 UmwG Rz. 1). Die Umgehung der besonderen Kapitalausstattung soll auch durch § 220 Abs. 3 UmwG weiter geschützt werden, indem dieser ausdrücklich die Gründungsprüfung für eine AG nach § 33 AktG in Bezug nimmt und diese zwingend vorschreibt. Dies wird insbesondere bei dem Formwechsel von einer Personenhandelsgesellschaft zu einer AG ausdrücklich normiert, weil hier ein besonderer Schutz besteht, weil nach einem Formwechsel strengere Kapitalerhaltungsvorschriften gelten. § 220 Abs. 2 UmwG bestimmt außerdem noch die Aufnahme von Angaben zum bisherigen Geschäftsverlauf und die Lage der Gesellschaft in den (Sach-)Gründungsbericht.

Bei einem Formwechsel in eine KGaA als Zielrechtsform sind zusätzlich §§ 218 Abs. 2, 221, 223 UmwG zu beachten, wobei diese in engem Zusammenhang zueinanderstehen. Sie bestimmen, dass an der KGaA mindestens ein persönlich haftender Gesellschafter beteiligt ist oder ein solcher beitreten muss. Nach § 221 UmwG muss ein Beitritt notariell beurkundet werden. Nach Beitritt ist die Satzung der KGaA von persönlich haftenden Gesellschaftern zu genehmigen. § 223 UmwG bestimmt dann noch zusätzlich, dass neben den Anlagen zur Anmeldung nach § 199 UmwG zusätzlich die Urkunden über den Beitritt von persönlich haftenden Gesellschaftern als Ausfertigung oder in öffentlich beglaubigter Form mit einzureichen sind.

5.4.2 Formwechsel von Kapitalgesellschaften

Der Abschnitt über den Formwechsel von **Kapitalgesellschaften** untergliedert sich in insgesamt vier Unterabschnitte. Dabei gibt es einen allgemeinen Teil für alle Formwechsel von Kapitalgesellschaften in den §§ 226 und 227 UmwG. Die nachfolgenden Unterabschnitte nehmen den Formwechsel von Kapitalgesellschaften in Personengesellschaften (§§ 228–237), in eine andere Kapitalgesellschaft (§§ 238–250) und in eine eingetragene Genossenschaft (§§ 251–257) in Bezug. Dies macht auch schon deutlich, welche Formwechsel zugelassen sind. Demnach dürfen Kapitalgesellschaften einen Formwechsel vornehmen, wenn die Zielgesellschaft die Form einer GbR, einer Personenhandelsgesellschaft, einer Partnerschaftsgesellschaft, einer anderen Form einer Kapitalgesellschaft oder einer eingetragenen Genossenschaft hat (§ 226 UmwG). Es ergeben sich also folgende Möglichkeiten eines Formwechsels:

- GmbH → GbR, OHG, KG, PartG, AG, KGaA, eG
- AG → GbR, OHG, KG, PartG, GmbH, KGaA, eG
- KGaA → GbR, OHG, KG, PartG, AG, GmbH, eG.

Bei einem Formwechsel in eine Personengesellschaft stellen die Vorschriften keine sonderlichen Neuerungen gegenüber den Vorschriften aus dem allgemeinen Teil bzw. aus dem verschmelzungsrechtlichen Teil dar. Nach § 228 UmwG ist der Formwechsel in eine Personengesellschaft nur möglich, wenn der Unternehmensgegenstand beim Wirksamwerden des Formwechsels den Vorschriften über die Gründung einer OHG genügt. Dabei wird insbesondere auf die Voraussetzung eines Handelsgewerbes i.S.v. § 1 HGB abgestellt und die darin in Abs. 2 normierte Anforderung eines nach Art und Umfang in kaufmännischer Weise eingerichteten Betriebes. Voraussetzung für einen Formwechsel nach § 228 Abs. 2 UmwG ist die Ausübung eines freien Berufs nach § 1 PartGG.

Da bei einer Kapitalgesellschaft eine Fremdgeschäftsführung möglich ist, werden die Gesellschafter über den Formwechsel informiert, wenn diese die Gesellschafterversammlung einberufen. § 230 UmwG verhält sich also im Verhältnis von der Geschäftsführung zu den Gesellschaftern wie das Verhältnis von den Gesellschaftern zu den nicht vertretungsberechtigten Gesellschaftern bei einem Formwechsel einer Personenhandelsgesellschaft. Ebenso verhält es sich mit dem **Abfindungsangebot** (§ 231 UmwG). Der zu fassende **Beschluss** selbst orientiert sich bei einem Formwechsel in eine Personengesellschaft nach dem Prinzip aus § 217 UmwG, nach dem alle anwesenden und nicht anwesenden Gesellschafter zustimmen müssen. Lediglich bei einem Formwechsel in eine KG wird mindestens eine ¾-Mehrheit der Stimmen (GmbH) bzw. des Grundkapitals (AG) vorgeschrieben. Bei dem Formwechsel in eine KGaA ist die Zustimmung der persönlich haftenden Gesellschafter erforderlich (zu den Anforderungen für die Beschlussfassung vgl. § 233 UmwG). Schließlich bestimmt sich der Inhalt des Beschlusses selbst nach § 194 UmwG und wird durch die in § 234 UmwG normierten Zusatzangaben ergänzt. Demnach sind auch der Sitz der Personengesellschaft, bei einem Formwechsel in eine KG die Aufführung der Kommanditisten nebst Einlagenhöhe und der Gesellschaftsvertrag der Personengesellschaft mit in den Beschluss aufzunehmen (§ 234 UmwG).

Umfangreicher werden die Paragrafen für einen Formwechsel einer **Kapitalgesellschaft in eine andere Kapitalgesellschaftsform**. Überwiegend stimmen die ersten Paragrafen aber inhaltlich vom Prinzip mit den vorherigen Vorschriften überein. Bei einem Formwechsel von der KGaA in eine AG ist jedoch auch eine geringere Mehrheit als ¾ ausreichend (§ 240, Abs. 1 S. 2 UmwG). Wichtig ist bei einem Formwechsel in einer Konstellation mit einer Kapitalgesellschaft als Zielrechtsform auch die Anwendung der **Gründungsvorschriften** und die Stellung der zustimmenden Gesellschafter als Gründer nach §§ 244 Abs. 1 und 245 UmwG. Bei der Anmeldung nach § 246 UmwG ist insbesondere die Nennung der Geschäftsführer bzw. der Vorstandsmitglieder mit einzureichen, nachdem die Anmeldung – wie bereits bekannt – durch die Vertretungsorgane zu erfolgen hat. Das Grundkapital wird zum Stammkapital bzw. andersherum bei entgegengesetztem Formwechsel (§ 247 UmwG). Beim Umtausch der Anteile sind nach § 248 UmwG die §§ 73, 226 AktG entsprechend anzuwenden. Der **Gläubigerschutz** richtet sich gem. § 249 UmwG nach § 224 UmwG (s. oben). Zudem sind bei der Notwendigkeit einer Kapitalerhöhung im Zusammenhang mit dem Formwechsel die anderen gesetzlichen Regelungen zu beachten (§ 243 Abs. 2 UmwG).

Bei einem Formwechsel in eine eG finden größtenteils die bereits beschriebenen Paragrafen Anwendung und es gibt wenig Besonderheiten. Zu erwähnen sind hier einzig der Fall der Mehrheitserfordernisse bei der Beschlussfassung in Abhängigkeit von Nachschüssen nach § 252 UmwG sowie das Guthaben nach § 256 UmwG. Tatsächlich ist der Formwechsel in eine eG ein Unterabschnitt, in dem es vermehrt zu Verweisen auf die vorherigen Unterabschnitte kommt.

Sollte die Satzung eine Nachschusspflicht von Mitgliedern vorsehen, ist die Zustimmung aller Gesellschafter zum Beschluss notwendig. Sollten die Mitglieder nicht mit einer Nachschusspflicht behelligt werden, so ist lediglich mindestens eine ¾-Mehrheit der Stimmen bzw. des Kapitals zur Beschlussfassung notwendig. § 260 UmwG beschäftigt sich mit dem Geschäftsguthaben der Mitglieder, welches gegebenenfalls auch von dem Formwechsel betroffen sein kann. Damit dies kontrolliert werden kann, muss die Genossenschaft unmittelbar nach der Eintragung des Formwechsels den Mitgliedern jeweils den Betrag des Geschäftsguthabens, Betrag und Zahl der Geschäftsanteile, eventuelle Nachschüsse oder auszuzahlendes Guthaben sowie die Haftsumme der Genossenschaft, wenn Nachschüsse zu leisten sind, in Textform mitteilen (§ 256 Abs. 3 UmwG). Sollte das Geschäftsguthaben höher sein als die Anteile, mit denen ein Mitglied an der Genossenschaft beteiligt ist, besteht die Möglichkeit einer baren Zuzahlung nach § 256 Abs. 2 UmwG.

5.4.3 Formwechsel anderer Gesellschaften (eG, Vereine, VVaG, Körperschaften und AöR)

Aufgrund der Tatsache, dass sich ein Formwechsel zumeist innerhalb der Personen- und Kapitalgesellschaften zuträgt, werden die Vorschriften für einen Formwechsel unter Beteiligung einer anderen Gesellschaftsform nur kurz zusammengefasst.

Die **eingetragene Genossenschaft** darf durch einen Formwechsel nur die Form einer Kapitalgesellschaft erlangen, wobei jedes Mitglied mindestens einen Geschäftsanteil, der auf volle Euro lautet oder mindestens eine volle Aktie erhält (§ 258 UmwG). Bei einer eG ist vor einem Formwechsel ein Prüfungsgutachten durch den Prüfungsverband nach § 259 UmwG einzuholen. Der danach folgende Ablauf orientiert sich an den Abläufen der bereits kennengelernten Formwechselmöglichkeiten. Auch bei dem Formwechsel wird den Anteilsinhabern nach Eintragung eine Mitteilung in Textform übersandt, woraufhin Aktionäre bei einem Formwechsel in eine AG oder KGaA verpflichtet sind, ihre Aktien abzuholen. Sollte diese Abholung nicht innerhalb von sechs Monaten erfolgen und eine dreimalige Androhung fruchtlos verlaufen, können die Anteile für Rechnung der Beteiligten veräußert werden (§ 268 Abs. 1 UmwG).

Ein **rechtsfähiger Verein** kann seine Form nur in eine Kapitalgesellschaft oder eine eingetragene Genossenschaft wechseln, wenn durch die Satzung oder das maßgebliche Landesrecht nichts anderes bestimmt ist (§ 272 UmwG). Beim Formwechsel eines rechtsfähigen Vereins wird bei der Zustimmungserfordernis bei der Beschlussfassung zwischen Sachverhalten unterschieden, bei denen sich der Zweck des Rechtsträgers wechselt und anderweitigen Sachverhalten (§ 275 Abs. 1 und 2 UmwG). Unter Berücksichtigung der richtigen Stelle zur Anmeldung bei einem nicht eingetragenen Verein nach § 278 UmwG und der Tatsache, dass die Beteiligung der Mitglieder am neuen Rechtsträger nach einem der in § 276 Abs. 2 UmwG aufgezählten Maßstäbe festgesetzt wird, gleicht der Fortgang des Formwechsels in dieser Konstellation erneut den bereits bekannten Vorschriften. Bei einem Formwechsel in eine eG (§§ 283 bis 290 UmwG) finden weitestgehend die allgemeinen Vorschriften Anwendung sowie parallel die Vorschriften, die bei einem Formwechsel einer Kapitalgesellschaft in eine eG Anwendung finden.

Ein **Versicherungsverein auf Gegenseitigkeit** kann nur die Form einer Aktiengesellschaft erlangen (§ 291 Abs. 1 UmwG) und dies auch nur, wenn er kein kleinerer Verein nach § 53 VAG ist. Die Vorschriften bei einem Formwechsel in dieser Konstellation (§§ 291 bis 300 UmwG) gleichen überwiegend denen zu einem Formwechsel unter Beteiligung eines rechtsfähigen Vereins (§§ 272 bis 290 UmwG).

Eine **rechtsfähige Körperschaft oder eine rechtsfähige Anstalt des öffentlichen Rechts** kann einen Formwechsel lediglich zur Rechtsform einer Kapitalgesellschaft vornehmen (§ 301 Abs. 1 UmwG). Voraussetzung hierfür ist zudem die Zulassung eines Formwechsels durch das für die Körperschaft oder Anstalt des öffentlichen Rechts maßgebende Bundes- oder Landesrecht (§ 301 Abs. 2 UmwG). Insgesamt wird für diese Art des Formwechsels auf die Vorschriften des allgemeinen Teils für den Formwechsel (§§ 190–213 UmwG) verwiesen, soweit nichts anderes durch das maßgebende Bundes- oder Landesrecht vorgesehen ist.

5.5 Formwechsel einer GmbH in eine GmbH & Co. KG und von einer GmbH & Co. KG in eine GmbH

Ein häufiger Fall eines Formwechsels findet unter Beteiligung einer GmbH & Co. KG statt. Die GmbH & Co. KG ist als Unterform der KG zu klassifizieren, weshalb § 190 Abs. 1 Nr. 1 und Abs. 2 Nr. 2 auch für die GmbH &

Co. KG gilt. Grundsätzlich gilt bei einem Formwechsel der **Identitätsgrundsatz**, insbesondere im Hinblick auf die personelle Identität (Bärwaldt/Wisniewski in: Prinz/Kahle, Beck'sches Handbuch der Personengesellschaften, 5. Auflage 2020, § 25, Rz. 68).

Im Rahmen eines Formwechsels einer GmbH in eine GmbH & Co. KG kann ein Komplementär der KG auch im Rahmen des Formwechsels neu beitreten (BGH vom 09.05.2005, II ZR 29/03, NZG 2005, 722). Dabei kann ein Mehrheitsgesellschafter des übertragenden Rechtsträgers den zukünftigen Komplementär durch Beschlussmehrheit bestimmen. Ein Zutritt eines neuen Gesellschafters zum Wirksamwerden des Formwechsels steht dem Prinzip der Mitgliedschaft und insbesondere auch unter dem Gesichtspunkt der Kontinuität der Mitgliedschaft nicht entgegen (BGH vom 09.05.2005, II ZR 29/03, NZG 2005, 722). Nach dieser Klarstellung des BGH ist es h.M., dass ein **gleichzeitiger Eintritt und Austritt von Mitgliedern im Rahmen eines Formwechsels mit dem UmwG vereinbar** ist (Westerburg in Schmitt/Hörtnagl/Stratz, UmwG/UmwStG, 2018, § 226 UmwG Rz. 3).

Ob der vom BGH aufgestellte Grundsatz, dass ein Beitritt eines Gesellschafters im Rahmen eines Formwechsels möglich ist, auch analog auf einen Austritt anzuwenden ist, ist noch nicht endgültig geklärt. In einem Urteil des Kammergerichts wurde ausgeführt, dass ein Austritt ebenfalls möglich ist, weil keine besondere Verbindung des persönlich haftenden Gesellschafters zu dem Vermögen der Gesellschaft besteht und damit ein Austritt des Gesellschafters möglich ist. Der Identitätsgrundsatz werde dadurch nicht berührt, weil im entschiedenen Fall die Gestaltungsmöglichkeit durch das Ausscheiden des Gesellschafters nicht der Kontinuität der Mitgliedschaft entgegenstünde. Mit den Vorschriften der Kontinuität der Mitgliedschaft soll lediglich gewährleistet werden, dass die bisherigen Gesellschafter weiterhin beteiligt sein können, was einem Austritt oder Beitritt jedoch nicht im Wege steht (KG vom 19.12.2018, 22 W 85/18, NZG 2019, 310). Dabei ist aber zu beachten, dass die Entscheidung lediglich den Fall einer nicht am Vermögen beteiligten Komplementärin behandelt. Demnach lassen sich nicht alle Fälle gleichermaßen hierunter subsumieren.

6. Andere Rechtsgebiete

Von einer Umwandlung nach dem Umwandlungsgesetz können neben den hauptsächlichen Kriterien im Rahmen eines Umwandlungsvorganges auch jede Menge andere Rechtsgebiete berührt werden, die im nachfolgenden kurz erwähnt werden sollen. Ein Blick auf diese Rechtsgebiete sollte insbesondere in der Vorbereitungsphase erfolgen. Ein Schwerpunkt liegt hierbei auf dem Arbeitsrecht, weil dieses Rechtsgebiet (im Gegensatz zu den anderen nachfolgenden Rechtsgebieten) fast bei jeder Umwandlung mit einbezogen werden muss.

6.1 Arbeitsrecht

Ein Hauptaugenmerk liegt auf dem Arbeitsrecht, weil ein Umwandlungsvorgang fast immer auch arbeitsrechtliche Konsequenzen mit sich bringt. Hierbei muss unterschieden werden zwischen dem **Individualarbeitsrecht**, welches vor allen Dingen die einzelnen Arbeitsverträge betrifft als auch das **Kollektivarbeitsrecht**, was sich beim Umwandlungsvorgang insbesondere auf die Anwendung von tarifvertraglichen Bestimmungen bezieht.

Es ist arbeitsrechtlich auch auf die **Übergangs- und Schlussvorschriften** im Siebten Buch des Umwandlungsgesetzes hinzuweisen. Dort wird in § 323 Abs. 1 UmwG bestimmt, dass sich eine kündigungsrechtliche Stellung eines Arbeitnehmers, der vor dem Wirksamwerden einer Spaltung in einem Arbeitsverhältnis bei dem übertragenden Rechtsträger steht, mindestens zwei Jahre nicht verschlechtern darf. Zudem wird in § 323 Abs. 2 UmwG bestimmt, dass bei einer Verschmelzung, Spaltung oder Vermögensübertragung im Rahmen eines schriftlichen Interessenausgleiches, in dem der jeweilige Arbeitnehmer spezifisch bezeichnet werden muss, einem bestimmten Betriebsteil zugeordnet werden kann und diese Zuordnung nur auf grobe Fehlerhaftigkeit überprüft werden kann. Der Interessenausgleich selbst und die diesbezüglichen Anforderungen richten sich nach § 112 BetrVG. Die Zuordnung geschieht in der Regel durch eine Namensliste, die als Anlage zum Interessenausgleich beigefügt werden kann (Langner in Schmitt/Hörtnagl/Stratz, UmwG/UmwStG, 2018, § 323 UmwG Rz. 15).

6.1.1 Individualarbeitsrecht

Im Individualarbeitsrecht ist § 324 UmwG einschlägig, der besagt, dass die Rechte und Pflichten bei **Betriebsübergang** sich nach § 613a Abs. 1, 4 bis 6 BGB richten. Diese bleiben bei einer Umwandlung von dem Übergang des Betriebes unberührt. Die bisher bei dem übertragenden Rechtsträger bestehenden Arbeitsverhältnisse gehen also nahtlos auf den übernehmenden Rechtsträger über. Ebenso verhält es sich mit Ansprüchen aus dem Arbeitsverhältnis, die ebenfalls auf den übernehmenden Rechtsträger übergehen. Insbesondere gehen auch Ansprüche aus bereits beendeten Arbeitsverhältnissen (z.B. Pensionsansprüche) über, für die der übernehmende Rechtsträger eigentlich nicht einzustehen hätte (Vossius in Widmann/Mayer, Umwandlungsrecht, Stand: September 2020, § 20 UmwG, Rz. 120). Zu den übergehenden Arbeitsverhältnissen gehören auch die Anstellungsverträge zu Organmitgliedern. Diese gehen unabhängig von dem Erlöschen der Organstellung selbst auf den übernehmenden Rechtsträger über. Aufsichtsratsmitglieder hingegen verlieren ihren Anspruch auf Vergütung mit dem Verlust des Amtes automatisch (Winter in Schmitt/Hörtnagl/Stratz, UmwG/UmwStG, 2018, § 20 UmwG, Rz. 49).

Der übertragende Rechtsträger darf das Arbeitsverhältnis nicht aufgrund des Betriebsübergangs **kündigen** (§ 324 UmwG i.V.m. § 613a Abs. 4 BGB). Eine Kündigung aus anderen Gründen bleibt von dem Kündigungsverbot unberührt.

Die in § 613a Abs. 6 BGB gegebene Möglichkeit eines Widerspruches gegen den Betriebsübergang wird im Umwandlungsgesetz nicht in Bezug genommen und macht auch keinen Sinn, weil der übertragende Rechtsträger mit Wirksamwerden des Umwandlungsvorganges in der Regel erlischt und das Arbeitsverhältnis dann ohne Vertragspartner bestünde. Von der Ansicht, einen Widerspruch als außerordentliche Kündigung zu behandeln, wird kein Gebrauch gemacht (Vossius in Widmann/Mayer, Umwandlungsrecht, Stand: September 2020, § 20 UmwG Rz. 119).

6.1.2 Kollektivarbeitsrecht

Im Rahmen des Kollektivarbeitsrechts sind insbesondere etwaige Betriebsvereinbarungen und Mitbestimmungsregelungen in den Blick zu nehmen.

Betriebsvereinbarungen bleiben bei einer Spaltung im Sinne des UmwG nach § 324 UmwG i.V.m. § 613a Abs. 1 BGB bestehen, wenn die **Betriebsidentität** weiter besteht und beim übernehmenden Rechtsträger entsprechende Vereinbarungen gelten oder nicht (Vossius in Widmann/Mayer, Umwandlungsrecht, Stand: September 2020, § 131 UmwG, Rz. 66). Werden beide Voraussetzungen nicht erfüllt, wandeln sich die kollektivrechtlichen Ansprüche nach § 613a Abs. 1 S. 2 BGB in Individualansprüche seitens der Arbeitnehmer um. Besteht die Betriebsidentität fort und sind bei dem übernehmenden Rechtsträger keine Betriebsvereinbarungen vorhanden, bestehen die alten Vereinbarungen fort (Vossius in Widmann/Mayer, Umwandlungsrecht, Stand: September 2020, § 20 UmwG, Rz. 132.).

Mitbestimmungsvereinbarungen finden insbesondere in § 325 UmwG Berücksichtigung, der jedoch nur die Umwandlungsform der Spaltung in Bezug nimmt. So wird ein Entfallen der Mitbestimmung durch Abspaltung oder Ausgliederung dadurch kompensiert, dass die Beteiligung der Arbeitnehmer im Aufsichtsrat bei einem übertragenden Rechtsträger nach dem Umwandlungsvorgang auch noch **fünf Jahre weiter** Anwendung finden. Eine Einschränkung findet hier nur statt, wenn die vorauszusetzende Mindestanzahl an Arbeitnehmern unterschritten wird. Durch die Einschränkung des § 325 Abs. 1 UmwG auf die Abspaltung und die Ausgliederung, kann man die Mitbestimmungsbeibehaltung leicht umgehen, z.B. durch eine Aufspaltung statt einer Abspaltung (Mayer in Widmann/Mayer, Umwandlungsrecht, Stand: September 2020, Einführung UmwG, Rz. 195).

Allgemein gesehen kann es im Rahmen eines Umwandlungsvorgangs also zu Gewinnen als auch Verlusten bei der Mitbestimmung kommen, wenn es zu einem Rechtsformwechsel kommt (Mayer in Widmann/Mayer, Umwandlungsrecht, Stand: September 2020, Einführung UmwG, Rz. 188). Durch die in den Mitbestimmungsgesetzen (DrittelbG, MontanMitbestG, MitbestErgG, MitbestG) gesetzten Schwellenwerte können sich (wie bereits oben unter Bezug auf § 325 UmwG ausgeführt) die Mitbestimmungsverhältnisse ebenfalls verändern. Insgesamt kann es bei ca. einem Viertel der möglichen Umwandlungsvorgänge zu einem Mitbestimmungsverlust kommen (Mayer in Widmann/Mayer, Umwandlungsrecht, Stand: September 2020, Einführung UmwG, Rz. 191 m.w.N.).

Die **kollektivarbeitsrechtlichen Auswirkungen** sollen im **Umwandlungsvertrag bzw. Umwandlungsplan** aufgezeigt werden. Sollten die Ausführungen in den entsprechenden Schriftstücken nicht erfolgen, bestehen aufgrund dessen jedoch keinerlei Anfechtungsgründe im Hinblick auf den Beschluss der Anteilseigner.

Auch **Tarifverträge** sind im Rahmen eines Umwandlungsvorganges zu betrachten. Grundsätzlich sind die Tarifverträge an eine Verbandsmitgliedschaft gebunden und unterliegen generell nicht der Gesamtrechtsnachfolge im Sinne des UmwG (Vossius in Widmann/Mayer, Umwandlungsrecht, Stand: September 2020, § 20 UmwG, Rz. 138). Wenn die beteiligten Rechtsträger jedoch Mitglieder im gleichen Verband sind, so gilt der Tarifvertrag für die Arbeitnehmer weiter fort. Ist der übertragende Rechtsträger in einem anderen Verband Mitglied, so finden die entsprechenden Tarifverträge des Verbands Anwendung, in dem der übernehmende Rechtsträger organisiert ist. Einzelne Abweichungen werden durch die analoge Anwendung von § 324 UmwG i.V.m. § 613a Abs. 1 S. 2 bis 4 BGB kompensiert. Dies gilt auch, wenn der übernehmende Rechtsträger nicht in einem Arbeitgeberverband organisiert ist (Vossius in Widmann/Mayer, Umwandlungsrecht, Stand: September 2020, § 20 UmwG, Rz. 141-144).

6.2 Kartellrecht

Überschneidungen zum Kartellrecht sollten unbedingt in der Vorbereitungsphase geprüft werden. Gegebenenfalls kann es dazu kommen, dass der Umwandlungsvorgang kartellrechtlich so relevant ist und eine negative Entscheidung bzw. ein Vollzugsverbot seitens der Behörden ausgesprochen werden kann. Für eine zwingend durchzuführende Fusionskontrolle und Prüfung durch die Kartellbehörden sind gewisse Voraussetzungen gegeben, die durch den Umwandlungsvorgang erfüllt sein müssen. Sind die Voraussetzungen erfüllt, ist der geplante Umwandlungsvorgang gemäß § 39 GWB beim Bundeskartellamt anzumelden. Bei der Beurteilung durch Kartellbehörden werden jedoch nur wirtschaftliche Ergebnisse beurteilt, sodass nicht jeder Umwandlungsvorgang gleichzeitig eine kartellrechtliche Überprüfung in Gang setzt.

Es ist zunächst zu prüfen, ob der Umwandlungsvorgang der **deutschen Fusionskontrolle** oder der **Fusionskontrolle auf europäischer Ebene** unterstellt ist. Das europäische Recht nach der EG-Fusionskontrollverordnung (FKVO) hat hierbei immer Vorrang, sodass eine Prüfung nach dem nationalen Kartellrecht bzw. eine Anwendung des nationalen Fusionskontrollrechts ausscheidet (Art. 21 Abs. 2 und 3 FKVO). Im deutschen Recht wurde dies in § 35 Abs. 3 des Gesetzes gegen Wettbewerbsbeschränkungen (GWB) umgesetzt. Insgesamt findet das europäische Fusionskontrollrecht im Gegensatz zum deutschen Recht eher wenig Anwendung.

Im deutschen Recht ist zu prüfen, ob ein Umwandlungsvorgang einen **Zusammenschlusstatbestand** im Sinne des GWB darstellt. Diese Tatbestände lassen sich in § 37 GWB herauslesen. Relevant für Umwandlungsvorgänge sind hier vor allen Dingen der Erwerb von Vermögen eines anderen Unternehmens (§ 37 Abs. 1 Nr. 1 GWB), der Erwerb der unmittelbaren oder mittelbaren Kontrolle (§ 37 Abs. 1 Nr. 2 GWB), der Erwerb von Anteilen (§ 37 Abs. 1 Nr. 3 GWB) oder sonstige wettbewerblich einflussnehmende Verbindungen von Unternehmen (§ 37 Abs. 1 Nr. 4 GWB). Sind mehrere Tatbestände innerhalb eines Umwandlungsvorganges berührt (z.B. Vermögenserwerb und Anteilserwerb), wird der Vorgang kartellrechtlich als einheitlicher Beurteilungsvorgang bearbeitet. Auch bereits verbundene Unternehmen können in den Tatbestand eines Zusammenschlusses nach § 37 GWB fallen. So bestimmt § 37 Abs. 2 GWB, dass ein Zusammenschlusstatbestand bei bereits verbundenen Unternehmen auch dann vorliegt, wenn die Unternehmensverbindung durch den Zusammenschluss wesentlich gestärkt wird. Bei der wesentlichen Stärkung kann hier bei der Beurteilung auf den Grad der Einflussnahme abgestellt werden.

Neben den genannten Zusammenschlusstatbeständen müssen mindestens zwei Unternehmen im Sinne des Kartellrechts beteiligt sein. Hier stellt das Kartellrecht lediglich auf die Teilnahme am geschäftlichen Verkehr ab. Bei einer Umwandlung zur Neugründung ist der übernehmende Rechtsträger im Kartellrecht nur als Unternehmen anzusehen, wenn die Gesellschafter des übertragenden Rechtsträgers zuvor bereits Unternehmen im kartellrechtlichen Sinne gewesen sind.

Falls ein Zusammenschluss im Sinne des GWB vorliegt, heißt dies noch nicht, dass eine Fusionskontrolle durch die Behörden stattfinden muss. § 35 GWB gibt einige **Umsatzschwellen** vor, die ebenfalls erfüllt sein müssen, damit eine Fusionskontrolle zwingend vorgeschrieben ist. § 35 Abs. 1 GWB bestimmt (neben spezifischeren Abwandlungen in den übrigen Absätzen), dass die beteiligten Unternehmen insgesamt und weltweit einen Umsatzerlös von mehr als 500 Millionen € haben müssen und mindestens eins der beteiligten Unternehmen im Inland einen Umsatzerlös von 25 Millionen € sowie ein anderes Unternehmen mindestens 5 Millionen € Umsatzerlös im Inland haben müssen, um der Fusionskontrolle zu unterfallen. Bei der Berechnung der Umsatzerlöse ist § 38 GWB zu beachten.

Insgesamt lässt sich zusammenfassen, dass eine Verschmelzung immer eine Prüfung voraussetzt, ob die Verschmelzung kartellrechtlicher Überprüfungen unterliegt. Hier sind sowohl der Vermögenserwerb als auch der Anteilserwerb gegeben, sodass bei Erreichen der Umsatzschwellen eine Pflicht zur Meldung bei dem Bundeskartellamt bestehen wird. Bei einem Spaltungsvorgang muss zwischen einer Spaltung durch Aufnahme und einer Spaltung durch Neugründung unterschieden werden. Bei einer Spaltung zur Neugründung ist in der Regel kein kartellrechtlich relevanter Vorgang zu finden, wohingegen bei einer Spaltung durch Aufnahme ein kartellrechtlich relevanter Vermögenserwerb vorliegen kann. Ein Formwechsel ist in der Regel kein kartellrechtlich relevanter Vorgang, wohingegen die Vermögensübertragung aufgrund des Vermögenserwerbs (z.B. im Rahmen der Gegenleistung, die aus einem wesentlichen Teil des Vermögens bestehen kann) wiederum ein kartellrechtlich relevanter Vorgang sein kann, die eine Fusionskontrolle auslösen kann.

Insgesamt sollte letztlich jeder Umwandlungsvorgang individuell gewürdigt werden und auf die möglichen Tatbestandsvoraussetzungen einer kartellrechtlichen Überprüfung geprüft werden. Eine pauschale Beurteilung aller Vorgänge ist nicht möglich.

Bei der Planung des Umwandlungsvorganges sollten außerdem die **Fristen** beachtet werden, die ein etwaiges kartellrechtliches Prüfungsverfahren mit sich bringt. Das Bundeskartellamt hat einen Monat Zeit (§ 40 Abs. 1 GWB) ab Anmeldung des Zusammenschlusses, um den Rechtsträgern mitzuteilen, ob in das sogenannte Hauptprüfverfahren eingetreten wird. Wird ein solches Hauptprüfverfahren eröffnet, hat das Bundeskartellamt vier Monate Zeit – ebenfalls ab dem Eingang der vollständigen Anmeldung –, um eine Verfügung zu erlassen. Erfolgt der Erlass der Verfügung nicht, gilt der Zusammenschluss – unter Ausschluss der in § 40 Abs. 2 GWB genannten Ausnahmen – als freigegeben. Wird ein Vollzugsverbot seitens des Bundeskartellamtes erlassen, kann eine Ministererlaubnis nach § 42 GWB beantragt werden, wenn ein gesamtwirtschaftlicher Vorteil oder ein Interesse der Allgemeinheit vorliegt.

6.3 Kapitalmarktrecht

Das Kapitalmarktrecht ist im Zusammenhang mit Umwandlungsvorgängen insbesondere unter der Berücksichtigung des **Schutzes von Minderheitsaktionären** einzubeziehen. Zwar finden sich im UmwG selbst schon anderweitige Regelungen, die den Schutz von Minderheiten berücksichtigen (Zustimmungserfordernis, Mehrheitserfordernis, Austrittsrecht in bestimmten Fällen, Umwandlungsprüfung und Prüfungsbericht). Jedoch findet nach h.M. eine **parallele Anwendung des Umwandlungsrechts und dem kapitalmarktrechtlichen Übernahmerecht** statt (Fleischer, NZG 2002, 545; Mayer in Widmann/Mayer, Umwandlungsrecht, Stand: September 2020, § 5 UmwG, Rz. 269, m.w.N. zum Streitstand).

So ist das WpÜG nach h.M. auch anzuwenden, wenn es zu dem Fall kommt, dass durch eine Übernahme eine Gesellschaft in die Kontrolle eines Aktionärs gelangt. Nach § 29 Abs. 1 WpÜG liegt die **Erlangung der Kontrolle** vor, wenn ein Aktionär mindestens 30 % der Anteile an der Zielgesellschaft hält. Unter diesem Gesichtspunkt der Kontrollerlangung sieht das WpÜG in § 35 vor, dass derjenige, der (unmittelbar oder mittelbar) die Kontrolle im Sinne des WpÜG über die Gesellschaft erlangt, unverzüglich (spätestens aber nach sieben Tagen) eine Mitteilung unter Angabe der Höhe des Stimmrechtsanteils zu veröffentlichen hat. Außerdem muss innerhalb von vier Wochen nach der Veröffentlichung eine Angebotsunterlage nach dem WpÜG bei der BaFin eingereicht werden, mit der ein Angebot (§ 2 Abs. 1 WpÜG) zur Übernahme von anderen Aktienanteilen gemacht wird.

Des Weiteren sollte man bei einer Umwandlung im Zusammenhang mit einer AG beachten, dass gegebenenfalls neu geschaffene Anteile im Rahmen einer Kapitalerhöhung und damit die Schaffung von neuen Aktien zu einer Prospektpflicht führen kann, wenn die AG börsennotiert ist.

7. Alternative Umstrukturierungsmöglichkeiten

7.1 Weg 1: Share Deal – Anteilskauf

Der **Weg 1** gilt als klassischer **Share Deal** mit folgenden Vor- und Nachteilen, die in einem dialektischen Verhältnis zueinanderstehen.

Pro	Contra
Trennung der Vermögenssphären, mit eigenen Bilanzen beider Kapitalgesellschaften	
	GmbH bleibt weiterhin als juristische Person bestehen; der Beteiligungserwerb- und Bilanzansatz bei der AG führt zu keinem Abschreibungspotential
Übersichtlichkeit der Verhältnisse, allerdings verbunden mit einem Gesellschafterwechsel	
	Übertragung der Beteiligung (= Erwerb der GmbH-Geschäftsanteile durch die AG) erfolgt gem. § 15 Abs. 3 GmbHG und bedarf der notariellen Beurkundung (Gebühren!)
Klarheit der Beteiligungsverhältnisse (sog. Trennungsprinzip)	
	Die übernehmende AG hat kein direktes Weisungsrecht gegenüber den Mitarbeitern der GmbH
Mit der Mehrheitsbeteiligung hat die AG ein Weisungsrecht gegenüber dem GmbH-Geschäftsführer (§ 37 GmbHG)	
	Mit dem Beteiligungserwerb sind – quotal – alle WG von dem Gesellschafterwechsel betroffen
Auch die bilanziell nicht erfassten WG (z.B. originäre immaterielle WG) sind mittelbar erfasst.	

7.2 Weg 2: Anteilskauf und Gewinn-/Beherrschungsvertrag

Hier gelten die identischen Aussagen zu Pro/Contra wie beim Weg 1.

Der Gewinn-(besser: Ergebnis-)abführungsvertrag führt – trotz der juristischen Selbständigkeit der (wirtschaftlich) abhängigen GmbH – zu einer stärkeren (Ergebnis-)Verzahnung beider Gesellschaften.

Der Gewinnabführungsvertrag (gem. §§ 291 ff. AktG) beinhaltet jedoch eine Haftung der herrschenden AG für Aktverbindlichkeiten der anhängigen GmbH.

☞ **Hinweis!**
In der Praxis wird der Gewinnabführungsvertrag durch eine steuerliche Organschaft gem. §§ 14 ff. KStG ergänzt (Voraussetzung: Ununterbrochene 5-jährige Laufzeit und finanzielle Eingliederung der Organtochter in die Organmutter). Dies wird ab einer Beteiligung von mehr als 50 % erreicht. Damit besteht die einzige Möglichkeit, steuerliche Verluste der abhängigen Gesellschaft mit den Ergebnissen der Organmutter auszugleichen.
(Die andere Möglichkeit, die sog. Teilwertabschreibung auf die erworbene Beteiligung, ist nur bei dauernder Wertminderung der abhängigen Gesellschaft möglich.)

7.3 Weg 3: Einbringung der GmbH (bzw. der GmbH-Geschäftsanteile) als Sacheinlage gegen Anteilsgewährung

Dieser Weg ist immer gangbar, aber mit dem Nachteil verbunden, dass die Altgesellschafter der übernehmenden AG an dem neuen (frischen) Vermögen beteiligt sein wollen.

Da die Auskehrungsmasse (an neuem Kapital) durch das eingebrachte Vermögen limitiert ist, ist dieser (Inkorporations-)Weg wirtschaftlich nur durchführbar, wenn er gleichzeitig mit einem **Bezugsrechtsausschluss** für die Altaktionäre verbunden ist.

Diesen Bezugsrechtsausschluss macht die Rechtsprechung von einer **sachlichen Rechtfertigung** abhängig, die an folgende Kriterien gebunden sind:
- Angemessenheit,
- Erforderlichkeit,
- Verhältnismäßigkeit.

Diese Komponenten-Trias muss vorliegen, damit gesellschaftsrechtlich ein wirksamer Ausschluss vorliegt.

7.4 Weg 4: Asset Deal – Kauf aller Wirtschaftsgüter im Wege der Einzelübertragung

Der **Weg (4)** ist der klassische **Asset-deal**, bei dem einzelne Wirtschaftsgüter erworben werden. Die dialektische Excel-Tabelle kann auch hier angewandt werden. Vor- und Nachteile sind hier ausgewogen vertreten.

Pro	Contra
Nach der „Rosinentheorie" können die WG ausgewählt werden, die einzeln übertragen werden	
	Einzelübertragungsakte erforderlich, z.B.: • bei Immobilien: Auflassung und Eintragung im Grundbuch gem. §§ 873, 925 BGB, • bei beweglichen Sachen: Übertragung und dingliche Einigung, § 929 BGB, • bei Forderungen und Rechten: Abtretung gem. §§ 398, 413 BGB, • bei Schulden die Zustimmung des Gläubigers.
Da Einzelübertragungsakte, können die (Tages-) Geschäfte vom Geschäftsführer (Vorstand) eigenmächtig durchgeführt werden (kein umfangreiches procedere).	

Pro	Contra
	Teurer Erwerbsvorgang (nicht liquiditätsschonend)
In den Bilanzen besteht durch den Erwerbsvorgang neues Abschreibungspotenzial bei den abnutzungsfähigen WG	
	Nach Erwerb aller WG (lauter) Auflösungsbeschluss der GmbH oder: Stehen-Lassen eines GmbH-Mantels

7.5 Weg 5: Eingliederung

Der **Weg (5) = Eingliederung** (gem. §§ 319 ff. AktG) ist nur bei der ausschließlichen Beteiligung von Aktiengesellschaften denkbar (bzw. bei einer Beteiligung der aufnehmenden AG in Höhe von 95 %):

Eine Analogie im GmbH-Recht wird in diesem Fall von der h.M. abgelehnt. Weg 5 ist nicht gangbar.

8. Auswirkungen des Entwurfs für ein Gesetz zur Modernisierung des Personengesellschaftsrechts

Am 20. April 2020 hat das Bundesministerium der Justiz und für Verbraucherschutz einen Entwurf für ein **Gesetz zur Modernisierung des Personengesellschaftsrechts** („Mauracher Entwurf“, benannt nach dem Schloss Maurach am Bodensee, auf dem die Abschlusstagung der Expertenkommission vom 4. bis 7. März 2020 stattfand) veröffentlicht. Die Auftaktsitzung der eingesetzten Expertenkommission fand bereits im Dezember 2018 statt. Die knapp anderthalb Jahre andauernden Verhandlungen über die Modernisierung des Personengesellschaftsrechts haben letztlich einen 211 Seiten umfassenden Gesetzesentwurf hervorgebracht, der weitreichende Anpassungen im Personengesellschaftsrecht vornimmt und dabei insgesamt 39 Gesetze berührt bzw. verändert. Insgesamt handelt es sich um einen ersten Entwurf, der noch den kompletten Gang durch die Gesetzgebungsinstanzen gehen muss und dementsprechend auch noch angepasst werden wird. Die nachfolgenden Ausführungen sollen lediglich eine erste Zusammenfassung darüber geben, welche Änderungen der Gesetzentwurf im direkten Zusammenhang mit dem UmwG bislang in Bezug nimmt.

Als Grundlage muss die Grundsatzentscheidung des BGH „ARGE Weißes Ross“ mit einbezogen werden, welche die Rechtsfähigkeit einer GbR anerkannt hat, sofern sie am Rechtsverkehr teilnimmt (BGH vom 29.01.2001, II ZR 331/00, BGHZ 146, 341). Eine Außen-GbR wird seitdem als (teil-)rechtsfähig angesehen unter Herstellung einer Analogie zu § 124 HGB, der die Rechtsfähigkeit für eine OHG bestimmt. Nach dieser Entscheidung hat sich eine Spaltung zwischen der Rechtsprechung und der Kautelarpraxis auf der einen Seite und dem Gesetz auf der anderen Seite entwickelt. Diese Spaltung soll durch die vorgeschlagenen Änderungen im Mauracher Entwurf behoben und die entsprechend notwendigen Anpassungen in den Gesetzen vorgenommen werden. Dies zeigt sich z.B. in § 115 HGB-E, in dem die Umsetzung der Entscheidung des BGH erkennbar wird. Der Umfang insgesamt lässt bereits vermuten, dass es sich um sehr „gewaltige“ Änderungen handelt, weshalb im Folgenden lediglich die Auswirkungen auf das Umwandlungsrecht näher betrachtet werden sollen.

Mit dem Gesetzentwurf soll insbesondere die **Gesellschaft bürgerlichen Rechts (GbR) in das Umwandlungsgesetz aufgenommen** werden.

Die bislang aufgeführten verschmelzungsfähigen Personengesellschaften in § 3 Abs. 1 Nr. 1 UmwG sollen durch „eingetragene Gesellschaften bürgerlichen Rechts“ ergänzt werden. Dies macht – allein dem Wortlaut nach – die Voraussetzung eines Registers für die GbR notwendig. Nicht eingetragene Gesellschaften bleiben weiterhin nicht verschmelzungsfähig. Mit der Änderung wären also letztlich nicht nur die Personenhandelsgesellschaften umwandlungsfähig. Die Notwendigkeit des Registers setzt sich in § 16 Abs. 1 S. 1 UmwG fort, denn die dort für die Anmeldung der Verschmelzung aufgeführten Register (Handelsregister, Partnerschaftsregister, Genossenschaftsregister oder Vereinsregister) sollen dem Gesetzentwurf nach durch das sogenannte „**Gesellschaftsregister**“ ergänzt werden. Dies verdeutlicht nochmals die im Prinzip bestehende Registerpflicht für eine Umwandlung. Die weitreichenden Änderungen im UmwG finden im Zweiten Buch über die Verschmelzung ihren Niederschlag.

Den für die jeweiligen gesellschaftsformabhängigen besonderen Vorschriften in dem zweiten Teil des zweiten Buches über die Verschmelzung soll ein neuer Unterabschnitt über die Verschmelzung unter Beteiligung von Gesellschaften bürgerlichen Rechts vorangestellt werden. Der bisherige erste Unterabschnitt (Verschmelzung unter Beteiligung von Personenhandelsgesellschaften) wird der zweite Unterabschnitt und der bisherige zweite Unterabschnitt (Verschmelzung unter Beteiligung von Partnerschaftsgesellschaften) wird der neue dritte Unterabschnitt.

Der neue erste Unterabschnitt übernimmt große Teile der bisherigen Vorschriften des jetzigen ersten Unterabschnitts, sodass die Regelungen für die GbR als Grundlage für die weiteren Verschmelzungsvorschriften dienen sollen. Dies entspricht dem vom Gesetzgeber im UmwG bereits zuvor angewendeten sogenannten

„Baukastenprinzip“. Insoweit wird mit vielen Verweisen auf vorstehende Vorschriften gearbeitet. Die GbR als Grundform der Personengesellschaften wird also sinnvollerweise an den Anfang des Abschnitts gestellt.

Die Regelungen nach dem neuen Gesetzentwurf übernehmen die jetzt gültigen Vorschriften für die Personenhandelsgesellschaften wie folgt:

	Neuer §	**Alter §**
1.	**§ 39**	**§ 39**
	→ Es sind lediglich Anpassungen der gesellschaftsformspezifischen Regelungen vorgenommen worden, sodass der auf die OHG anzuwendende Verweis auf § 145 HGB weggefallen ist und die „Personenhandelsgesellschaft“ durch die „Gesellschaft bürgerlichen Rechts“ ersetzt wurde.	
2.	**§ 39a**	**§ 41**
	→ Es wurden die Worte „Personenhandelsgesellschaft“ lediglich durch „Gesellschaft bürgerlichen Rechts“ ersetzt. Der bisher daraus abgeleitete Bezug auf § 114 HGB („Geschäftsführung“ bei der OHG) gilt nicht mehr, sodass jetzt ein Bezug auf §§ 709, 710 BGB hergestellt werden muss.	
3.	**§ 39b**	**§ 41**
	→ In der Übernahme der Vorschriften wurde in diesem Paragrafen die „Geschäftsführung“ in die „Befugnis der Geschäftsführung“ geändert.	
4.	**§ 39c Abs. 1**	**§ 43 Abs. 1**
	→ wortgleich übernommen	
5.	**§ 39c Abs. 2**	**§ 43 Abs. 2 S. 1 und 2**
	→ wortgleich übernommen	
6.	**§ 39d**	**neu**
	→ Diese neue Vorschrift bestimmt, dass eine Verschmelzung zu unterbleiben hat, wenn ein Gesellschafter eines übernehmenden Rechtsträgers Widerspruch gegen den Beschluss der Gesellschafterversammlung einlegt, wenn der übernehmende Rechtsträger eine GbR ist oder wenn ein Anteilsinhaber eines übertragenden Rechtsträgers der Verschmelzung widerspricht, wenn der übernehmende Rechtsträger eine GbR ist. Diese Vorschrift ist vor allem bezüglich der jeweiligen Haftungsmehrung für die Gesellschafter eingeführt worden. Mit der Vorschrift soll also klargestellt werden, dass die Zustimmung zu den Mehrheitsverhältnissen im Gesellschaftsvertrag durch einen Gesellschafter nicht dazu führt, dass er den Beschluss über die Verschmelzung hinzunehmen hat.	
7.	**§ 39e**	**§ 44**
	→ wortgleich übernommen, lediglich die „Personenhandelsgesellschaft“ wurde wiederum durch die „Gesellschaft bürgerlichen Rechts“ ersetzt und die entsprechenden §§-Angaben angepasst.	
8.	**§ 39f**	**neu**
	→ diese Vorschrift beinhaltet den bisherigen § 45 UmwG	
9.	**§ 41 (aufgehoben)**	**geht in § 39a auf**
10.	**§ 42 (aufgehoben)**	**geht in § 39b auf**

	Neuer §	Alter §
11.	§ 43	§ 43 Abs. 2 S. 3
	→ wortgleich übernommen	
12.	§ 44	neu
	→ Der neue § 44 erklärt die Vorschriften für die Verschmelzung unter Beteiligung einer Gesellschaft bürgerlichen Rechts (§ 39 bis § 39f mit Ausnahme des § 39d) auch für die Personenhandelsgesellschaften für anwendbar.	
13.	§ 45 (aufgehoben)	geht in § 39f auf

Mit dem bereits angesprochenen Baukastenprinzip und den im UmwG vorgesehenen Verweisungen, ist eine eingetragene GbR nach § 124 UmwG sodann **auch spaltungsfähig**.

Zu erwähnen ist im Zusammenhang mit einer Umwandlung auch der Vorgang des im Entwurf benannten „**Statuswechsel**". Der Statuswechsel soll im BGB geregelt werden und sieht vor, dass sich eine bereits in einem Register eingetragene Personenhandelsgesellschaft durch einen Statuswechsel **in ein anderes Register umtragen** lassen kann. Im Unterschied zu einem Formwechsel, den man mit dem Statuswechsel vergleichen könnte, ist der Statuswechsel für z.B. die Konstellation gedacht, dass eine eingetragene GbR ihre Geschäftstätigkeit soweit ausweitet, dass sie als OHG eintragungspflichtig werden würde. Dann kann der Einfachheit halber eine Umtragung aus dem Gesellschaftsregister in das für eine OHG zuständige Handelsregister erfolgen. Diese Art eines Formwechsels ist bislang automatisch bei Aufnahme bzw. Niederlegung der geschäftlichen Tätigkeit im Rahmen der Vorschriften des BGB erfolgt. Die Expertenkommission spricht hier von einer rein deklaratorischen Wirkung eines Statuswechsels. Die Umtragung soll dabei unter Eintragung eines Fortsetzungsvermerks beim abgebenden Register erfolgen, sodass keine „versehentliche Löschung" der Gesellschaft auftreten kann.

Leider kann nicht gesagt werden, wann die Beratungen über den Entwurf abgeschlossen sein werdn – bislang haben verschiedene Verbände die Möglichkeit bekommen, hierzu Stellung zu nehmen. Genau so wenig kann sicher bestimmt werden, welche Zeit es braucht, um die Errichtung des neuen Gesellschaftsregisters durchzuführen. Dafür müssten vor allen Dingen sowohl technische als auch organisatorische Vorkehrungen auf verschiedenen Ebenen geschaffen werden. Erst nach der Einrichtung kann ein entsprechendes Gesetz überhaupt in Kraft treten, unabhängig davon, wann der Gesetzgeber über den Entwurf abstimmt. Sodann wird eine neue Einordnung des Gesetzes notwendig werden.

Stichwortverzeichnis

A

B

C

D

E

F

G

Z